本著作受浙江省社科规划后期资助项目资助出版（项目号为：19HQZZ23）

浙江省哲学社会科学规划
后期资助课题成果文库

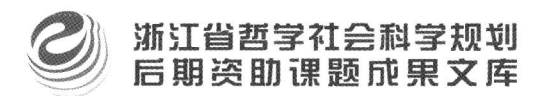

政治哲学的正义之维：
以罗尔斯为中心

刁小行 著

中国社会科学出版社

图书在版编目(CIP)数据

政治哲学的正义之维——以罗尔斯为中心 / 刁小行著. —北京：中国社会科学出版社，2022.8

（浙江省哲学社会科学规划后期资助课题成果文库）

ISBN 978-7-5227-0184-4

Ⅰ.①政… Ⅱ.①刁… Ⅲ.①罗尔斯（Rawls, John Bordley 1921-2002）—政治哲学—正义—研究 Ⅳ.B712.59

中国版本图书馆CIP数据核字（2022）第079148号

出 版 人	赵剑英
责任编辑	宫京蕾
责任校对	秦 婵
责任印制	李寡寡

出　　版	中国社会科学出版社
社　　址	北京鼓楼西大街甲158号
邮　　编	100720
网　　址	http：//www.csspw.cn
发 行 部	010-84083685
门 市 部	010-84029450
经　　销	新华书店及其他书店

印刷装订	北京君升印刷有限公司
版　　次	2022年8月第1版
印　　次	2022年8月第1次印刷

开　　本	710×1000　1/16
印　　张	16.25
插　　页	2
字　　数	270千字
定　　价	89.00元

凡购买中国社会科学出版社图书，如有质量问题请与本社营销中心联系调换
电话：010-84083683
版权所有　侵权必究

序　言

作为共享的正义[*]

——兼论中国社会发展的不平衡问题

张国清

政治学是一门主要研究国家、政党、政府、市场、社会组织等公共事物及其运行方式的事关重大利益的权威性分配的社会科学。作为政治学基础学科，政治哲学探讨的一个主题是社会正义：如何配置自然和社会资源，促进国民财富不断涌流，保障社会成员分享公平的收入份额，并获得学习、工作和生活的均等机会？换言之，如何兼顾效率与公平，既调动财富创造者的积极性，又缩小社会成员间的贫富差距？正如克莱顿和威廉姆斯指出的那样，"从最广泛意义上讲，社会正义问题……事关不同个体或团体间利益和负担的分配"[①]，不仅涉及社会成员的切身利益，而且涉及他们对未来社会的预期。"经过长期努力，中国特色社会主义进入了新时代，这是我国发展新的历史方位。这标志着我国社会主要矛盾已经转化为人民日益增长的美好生活需要和不平衡不充分的发展之间的矛盾。"[②] 这是习近平同志在中共十九大报告中提出的有关当前中国社会主要矛盾的新表述，为讨论"共享"和"共享发展"议题提供了理论指导。

笔者提出一种"作为共享的正义"（justice as sharing）理论，从共享正

---

[*] 本文最初刊登在《浙江学刊》2018年第1期，有修改。

[①] Matthew Clayton and Andrew Williams (eds), *Social Justice*, Oxford: Wiley-Blackwel, 2004, p.1.

[②] 习近平：《决胜全面建成小康社会　夺取新时代中国特色社会主义伟大胜利》，《人民日报》2017年10月19日。

义视角探讨社会成员拥有平等地分享公共事物的权利和自由的实际可能性，探索解决新时代中国特色社会主义阶段由社会发展不平衡导致的诸多难题。

一 效率、公平与发展的不平衡性

正义或公平观念像人类文明一样古老。从古希腊开始，哲学家围绕正义问题展开了广泛争论，涉及正义感、公民权利与自由、正义制度、政治正义、社会正义、法律正义或司法正义、全球正义等议题。虽然他们就上述议题没有达成共识，但有助于我们认清公共事物的性质。其中一种观点是，作为美德之一，正义同其他三个美德——智慧、勇敢和节制——相区分，并确定正义为城邦或国家的本质属性。用亚里士多德的话来说："正义是在城邦中维系人与人关系的纽带。"[①]

1. 效率与公平的矛盾

在哲学家围绕正义问题的诸多争论中，如何处理效率与公平的关系是一大难题。一般而言，市场追求效率，社会追求公平。市场在资源配置中发挥决定性作用，以促成人财物的自由流动，创造社会需要的商品、服务和价值。在市场中，人们根据能力、机会、勤奋和表现来获取收入和财富，包括荣誉、地位和尊严。天赋和运气也成为人们取得成功的关键因素。市场决定财富和收入的初次分配。公平似乎不是每个市场参与者应当思考的问题。市场追求效率，必然导致财富和资源向少数人集中。市场自身无法解决社会贫富分化问题。

作为效率和公平的仲裁者和协调者，政府在解决贫富分化问题上扮演的角色便凸显了出来。然而，在政治哲学史上，一直存在怀疑政府作为仲裁者和协调者角色的声音。比如，古代希腊诡辩家色拉舒马霍斯断定，政府只代表强者，"正义是强者的利益"[②]。哈耶克和诺齐克等提出保守主义正义理论，主张"最弱意义的国家"观念，反对政府干预市场。两种论调看似矛盾，实质是一样的：国家和政府没有理由为弱者提供特别的社会支持。相比之下，有一种主张国家和政府应当代表弱者的正义理论，它赋予国家、政府等社会基本制度以道德属性，强调优先保护弱者权益、维护

[①] Aristotle, *Politics*, 1252b36, in The Basice Works of Aristotle, ed. By Richard Mckeon, New York: Randon House, 1941, p.1130.

[②] Plato, *The Republic of Plato*, the Third Edition, p.15.

弱者利益的正当性。比如，罗尔斯提道："正义是社会制度的首要美德，正像真实是思想体系的首要美德一样。一种理论，无论它多么精致、简洁，如果它不真实，就必须加以拒绝或修正；同样，如果法律和制度不正义，无论它们多么有效率和有条理，都必须加以改造或废除。"① 这是一种具有鲜明道德取向的正义理论。

按照后一种正义理论，市场不仅应当追求效率，而且必须处理好社会公平问题。换言之，社会公平问题是自由市场的本质性问题。如果市场本身不能解决社会公平问题，那么就应当由其他社会制度比如政府来解决它。社会公平问题也就是社会正义问题。于是，围绕社会正义问题展开争论的哲学家分成了两派，一派是肯定论者，另一派是怀疑论者。

2. 社会正义的肯定论者

柏拉图、亚里士多德、霍布斯、康德、罗尔斯和森等人认为，拥有正义感和道德能力是人之为人的前提，社会正义尤其是分配正义对美好社会是实质性的。人们对正义存在主观的理解偏差，但把正义作为社会制度的首要美德来强调是不太会错的。人们拥有正义感和共享正义知识是建设国家、社会等公共事物的人性基础。罗尔斯甚至诅咒道："假如成员权力服从于合理目标的通情达理的正义的万民社会（或良序社会）是不可能的，人多是不讲道德的，纵使并非不可救药地玩世不恭或以自我为中心，那么我们会和康德一起发出疑问，人是否值得苟活于世上？"②

为了反驳优先追求效率的功利主义正义观，罗尔斯设计了"良序社会"（well-ordered society）。在那样的社会里，"（1）每个人都接受、也知道别人接受同样的正义原则；（2）基本的社会制度普遍地满足，也普遍为人所知地满足这些原则。在这种情况下，尽管人们可能相互提出过分的要求，但他们总还承认一种共同的观点，不同的要求可以按这种观点来裁定。如果说人们对自己的利益的爱好使他们必然相互提防，那么他们共同的正义感又使他们牢固的合作成为可能。在目标互异的个人中间，一种共有的正义观建立起公民友谊的纽带，对正义的普遍欲望限制着对其他目标的追逐。我们可以认为，一种公共的正义观构成了一个良序的人类联合体

---

① John Rawls, *A Theory of Justice*, Revised Edition, Cambridge, MA: Harvard University Press, 1999, p. 3.

② John Rawls, *Political Liberalism*, New York: Columbia University Press, 2005, p. 128.

的基本宪章"。① 这样的社会"在社会基本制度层面确立作为社会目标的公平正义,在人民层面树立人民对社会基本制度的普遍信任,在基层社区层面建立稳定、体面的社会共同体,在公共政策层面建立向社会低层倾斜的公共利益调节机制,在哲学、宗教和道德观念领域建立友善、宽容而仁慈的价值冲突和解机制"②。

按照罗尔斯正义理论,良序社会无关于效率。然而,假如没有充足的资源和财富,社会就无法进行实际分配。理想社会必须具有充足的资源和财富,追求效率才能实现财富最大化和资源利用最优化。良序社会能否满足市场追求效率的要求,是一个有待检验的问题。

3. 社会正义的怀疑论者

洛克、休谟、斯密、哈耶克、诺齐克等人大多怀疑正义是社会制度的首要美德。他们认为,天赋及其权力和利益是人享有的自然权利。每个人可以自由处置其天赋,市场能够满足每个人自由处置其天赋权利的要求。人的天赋差异不构成分配正义的理由。政府应当尽量不干预市场的自由交易。哈耶克拒绝罗尔斯在分配正义方面所做的努力,表示"罗尔斯渴望的世界,绝不是文明的世界。通过把差异强制归结为运气,它将一笔勾销绝大多数可能的新发现"③。诺齐克强调"个人拥有权利,有些事情是任何人和任何群体都对他们做不得的"④。社会正义的怀疑论者反对借国家之手来实现正义,主张在最弱意义上理解国家的功能,使之限于"防止暴力、偷盗和欺诈,保证合约实施等"⑤,取缔罗尔斯论证的国家具有重新分配财富和资源的功能。哈耶克甚至断言,"对于由自由人组成的社会来说,'社会正义'之类说法其实没有什么意义"⑥。

---

① [美] 罗尔斯:《正义论》(修订版),何怀宏、何包钢、廖申白译,中国社会科学出版社 2009 年版,第 4 页。

② 张国清:《罗尔斯的良序社会理论及其批判》,《复旦学报》2014 年第 4 期。

③ Friedrich August Hayek, *The Fatal Conceit: the Errors of Socialism*, London&New York: Routledge, 1988, p. 74.

④ Robert Nozick, *Anarchy, State and Utopia*, Oxford UK and Cambridge US: Blackwell Press, 1974, p. ix.

⑤ Robert Nozick, *Anarchy, State and Utopia*, p. ix.

⑥ [英] 哈耶克:《哈耶克论文集》,邓正来译,首都经济贸易大学出版社 2001 年版,第 177 页 (译文略有改动)。

长期以来，人们建设并完善着以私有制为基础、以私人占有为目的的社会制度，一种排他的"自我所有权"（self-ownership）制度，难以共享许多美好的事物。怀疑论者看重的这种制度，在保障人们拥有诸多基本权利和自由的同时，阻碍着他们寻求更加广泛的权利和自由。然而在现实中，实现效率往往比实现公平要容易一些。与效率相比，公平是强制性制度构建的结果。哈耶克甚至认为，公平违反人的自由本性，"力图实现'社会'公平的各种努力与维护由自由人组成的和平社会不相容"①。

4. 效率与公平的矛盾的克服

只追求效率而忽视公平的社会，不是人们向往的理想社会。只追求公平而忽视效率的社会，也不是人们想要的理想社会。假如存在既保全自我所有权又实现社会正义的某个办法，那将为实践社会正义找到两全之策。它就是兼顾效率和公平的社会，它将"既提升社会创造财富和克服贫困的能力，又造就公平正义的社会秩序"②。共享发展理念正是这样的两全之策，将为正确处理效率与公平关系指明方向。共享发展理念发展了马克思主义政治与社会哲学，为解决社会正义问题，实现社会发展目标指明了方向。

与之呼应，笔者提出一种共享正义理论，并尝试对其做出哲学论证，使之成为建设共享社会的基础理论。"现存制度依据理想正义给出判断，理想正义理论则为追求正义社会提供目标。"③ 无论在小范围的社区意义上，还是在大范围的国家意义上，人类社会应当是基于社会正义的共同体。社会正义的重心在于分配正义，分配正义本质上是一种作为共享的正义。共享社会是实现了共享正义的社会。以建设共享社会为目标，政府的首要任务不在于创造新的财富，而在于实现其治下的人民对公共财富的均等分配和对公共资源的均等分享。

今天，我们正在努力建设的新时代中国特色社会主义社会正是这样的社会。正如习近平在中共十九大报告中指出的那样："要贯彻新发展理念，建设现代化经济体系。深化供给侧结构性改革；加快建设创新型国

---

① ［英］哈耶克：《哈耶克论文集》，第179页。

② Hans-Hermann Hoppe, *A Theory of Socialism and Capitalism: Economics, Politics, and Ethics*, Boston, Dordrech and London: Kluwer Academic Publisher, 2010, p. 9.

③ Gerald Gaus, *The Tyranny of the Ideal*, *Justice in a Diverse Society*, Princeton, NJ: Princeton University Press, 2016, p. 5.

家；实施乡村振兴战略；实施区域协调发展战略；加快完善社会主义市场经济体制；推动形成全面开放新格局。"① 同其他四大发展理念一起，共享发展理念已经成为中国人民的共识，它正好处于共享正义理论和共享社会实践的中间。

二 "共享"和"共享正义"

俗话说，有难同担，有福共享。所谓"共享"，就是"人人有份"的意思。只要你是某个共同体成员，你就享有与其他成员相同的学习、工作、生活的机会和条件。"共享"意味着，除非特殊规定，共同体及其派生机构不能剥夺任何一个人作为其成员而享有的均等地进行学习、工作和生活的资格和条件。人际平等是共享的前提。"因为所有人都是平等的，所以他们应当获得平等的份额。在许多语境下，这个假定凭直觉看似正确：我们应当获得相同的法律保护，在民主选举时获得相同数量的选票，作为公民获得相同的权利。但是在经济语境下，按照相同份额进行分配是有争议的。因为存在以下冲突的直觉：个体根据其所是和所行获得其应得。"② 共享有自己的适用领域和范围。富足相对于贫困，充裕相对于匮乏，共享基本资源将缩小富人和穷人的差距。共享正义理论将从政治哲学上论证人人平等地共享基本资源的合理性。为了理解共享正义理论，进而理解共享社会，我们须先了解"共享"的含义、性质和人性基础。

1."共享"的含义

"共享"在英语中的对应单词有"share""shared""to share"和"sharing"。"共享"有多层含义。比如，罗尔斯提及的相关表述主要有：

（1）"亚里士多德曾经说过，人的独特性在于，拥有正义和不义感，分享有关正义的通识（sharing a common understanding of justice），造就城邦"③。

---

① 习近平：《决胜全面建成小康社会 夺取新时代中国特色社会主义伟大胜利》，《人民日报》2017年10月19日。

② Sherwood Thompson (ed.), *Encyclopedia of Diversity and Social Justice*, Lanham: Rowman&Littlefield, 2014, p.6.

③ John Rawls, *A Theory of Justice*, Revised Edition, p.214.

(2)"公平分享(to share fairly)社会合作的好处和负担"①。

(3)"平等共担风险"(equal sharing of risk)②。

(4)"分摊成本"(sharing the costs)③。

(5)"分担负担"(sharing the burdens)④。

(6)"分配正义"意味着每个人获得"公平的份额(a fair share)"⑤。

上述表述囊括了"共享"的主要含义。人必须先有属于某个团体的"共享身份和成员资格"⑥，才能分享公共事物，进而支持他人与自己一起共享公共事物。凡是可以共享的事物，一般具有"公共"的属性。"共享"有三个维度。一是共有，即全体国民共享国家和政府控制的公共财产所有权，共享主体是全体国民。二是分享，即个人私有财产使用权的有偿分享，将所有权与使用权进行了分离。三是共享，即共享"天然公共财产"的公共权益，其共享主体为整个人类。正所谓，"且夫天地之间，物各有主，苟非吾之所有，虽一毫而莫取。惟江上之清风，与山间之明月，耳得之而为声，目遇之而成色，取之无禁，用之不竭，是造物主之无尽藏也，而吾与子之所共适"⑦。

当罗尔斯谈论"共享"时，他讨论到的"共享"对象既包括美好事物，比如，"社会合作的好处""公平份额"，也包括不美好事物，比如大家"分摊的成本""分担的负担"。因此，"共享"的关键含义是，作为共同体成员，大家同甘共苦，"平等共担风险"，"公平分享社会合作的好处和负担"。

相比之下，在汉语语境中，"共享"很少同"正义"联系在一起。"共享"意味着"利益均沾""见者有份"，极端的说法是"一人得道，鸡犬升天"，往往同美好事物主要是眼前利益联系在一起，却很少同广泛

---

① John Rawls, *A Theory of Justice*, Revised Edition, p. 6.

② John Rawls, *A Theory of Justice*, Revised Edition, p. 145.

③ John Rawls, *A Theory of Justice*, Revised Edition, p. 250.

④ John Rawls, *A Theory of Justice*, Revised Edition, p. 253.

⑤ John Rawls, *A Theory of Justice*, Revised Edition, p. 96.

⑥ Gillian Brock, *Global Justice, A Cosmopolitan Account*, Oxford and New York: Oxford University Press, 2009, p. 93.

⑦ (北宋)苏轼:《前赤壁赋》，见吴楚材等《古文观止》(下)，中华书局1959年版，第508—509页。

的公共事物联系在一起，尤其难以同超越个人、家庭甚至族群的正当事物联系在一起。换言之，汉语"共享"回避"重大社会利益的权威性分配"。忽视"共享"的哲学基础及相关论证，造成中国社会基本结构存在重大缺憾："与当代的社会正义概念相比，中国古代的正义观念可能更缺少权利的意识，更多的是对道德正当性的意识。"①

"共享"是一个比较晚近的政治概念，其前提是可分享的公共权力和不可分享的个人权利的确立，缺少个体权利意识的正义观，谈不上是具有"共享"含义的正义观。在中国政治文化中，"共享"不是作为个体的政治社会权利提出来的，多是基于血缘和等级、区别对待的，往往只是针对某些特殊社会团体或政治团体的。在中国哲学史上，儒家推崇"亲亲相隐"和"爱有差等"，使共享成为不可能，但很少有人对它们作出深刻的反省与批评。刘清平为此评论道："通过肯定血缘亲情的至上地位，尤其是通过肯定人们可以把慈孝友悌的血亲规范凌驾于其他一切行为准则之上，它实际上就等于是容忍、认可乃至赞许那些为了维护血亲团体性的特殊利益、而不惜违背社会群体性的普遍准则的腐败现象。"② 照此推论，无论"亲亲相隐"，还是"爱有差等"，凡是局限于特殊阶层和团体的"共享"都不具有正当性，只会败坏公共事物，败坏人对正义事物的向往。不是建立在每个人的正义感和道德判断力基础上的共享，实际上就是腐败。比如权贵或裙带资本主义，形成赤裸裸的权力和资本合谋关系，腐败、权钱交易或"权力寻租"盛行，只给特殊社会团体或特殊阶层带来实际利益。这些丑恶现象同"亲亲相隐""爱有差等"等中国传统政治思想多少有些关联。因此，"共享"不是基于人际自然关系或血亲关系，推崇"亲亲相隐""爱有差等"等基于慈孝友悌的血亲规范，不能成为共享正义的哲学基础。同儒家相比，老庄等道家提倡损有余以补不足的"天均"③思想。有学者将老子的思想同罗尔斯的正义观相提并论："罗尔斯对'原初状态'的追求，对正义原则及优先原则的偏爱，对不公平根源的探索体现了他的弱者关怀思想。而老子关于政府'为而后不为'、真圣

---

① 陈少峰：《正义的公平》，人民出版社2009年版，第32页。
② 刘清平：《美德还是腐败？——析〈孟子〉中有关舜的两个案例》，《哲学研究》2002年第2期。
③ （战国）庄子：《庄子注疏》，郭象注，成玄英疏，中华书局2011年版，第40页。

人的先人后己、高贵和贫贱转化统一、关注弱者德行的论述，同样透露出老子对弱者的深切关心。"① 不过，与罗尔斯论证的自由平等的个体相比，基于"天地齐一，万物并生"的自然哲学观念，老子等道家的正义主体并不限于人类，是一种不着边际的"泛生物"主体。按照小国寡民的静态的桃花源式社会理念，国家或政府成为整个社会的单纯负担或恶的对象。在这一点上，道家正义理论更类似于哈耶克和诺齐克的保守主义正义理论。道家推崇的"无为而治"政治哲学基调，难以支撑起共享正义理论的大厦。

那么，"共享"是如何可能的？这既是一个理论问题，又是一个实践问题。在有关共享、共享发展和共享社会的所有讨论中，如果"共享"在学理上无法得到辩护，那么我们的实践努力便是徒劳的。

2. 共享的性质

（1）共享的均等性。共享对自由并非不关重要的，但是自由不是共享的首要价值，平等才是共享的首要价值。"政府保证每一位公民，作为社会权利，而不是作为慈善，享有最低标准的收入、营养、健康、安全、教育和住房。"② 在国家层面上，共享主体是所有社会成员，共享客体是向所有社会成员开放的公共事物及其公共福利，包括公共负担。笔者在此区分了两种权利，一种是在自由市场中得到实现的权利，是社会成员享有的自由、自愿公平交易的权利，这种权利的最大特点是对等性。哈耶克和诺齐克都强调这种权利的首要价值。人的自我所有权是可以进行交易的。相比之下，政治权利和社会权利不是在市场中实现的权利，虽然有人拿它们进行交易，但是，这样的交易是非法的，因为社会成员不必经过市场交易就应当具有这样的权利。它们是社会成员人人共享的公共福利或国家福利，均等性而非对等性是其最大特点。

对等性权利以追求效率为目标，均等性权利则以追求公平为目标。后者属于基于社会正义理论而建立起来的社会基本制度调节的政治权利和社会权利。社会正义由政治正义和分配正义组成，前者以制度方式确认人们

---

① 孟凡拼：《弱者关怀：罗尔斯与老子正义思想之契合》，《商丘师范学院学报》2008年第8期。

② Harold L. Willensky, *Rich Democracies: Political Economy, Public Policy and Performance*, Berkeley, CA: University Press of Califonia, 2002, p.211.

的权利，后者公平地分配由国家和社会支配的资源和利益。分配正义一般分为市场分配正义和社会分配正义。二者最大的差别是，前者以劳动力、生产资料和资本作为分配正义的衡量尺度，后者以成员资格、身份和地位作为分配正义的衡量尺度。前者以土地、劳动、资本等生产要素为基础，以土地、工资、利润等形式，只有狭义的分配概念，没有广泛的共享概念。而后者相反，其共享概念更为广泛和彻底。按照社会应得理论，"在对于社会基本资源的分享上，每个人皆应有其社会应有，得其社会应得。在分配正义上，社会应得是可能的"①。

（2）共享的公共性或非排他性。共享"意味着某事物被共同拥有，并由集体管理"②。共享是一个非排他性概念。它表示每个社会成员都有资格和机会参与分享公共事物的好处和负担。共享涉及"私有财产"、政府控制的"公共财产"和"天然公共财产"三类资源。由于"私有财产"具有排他性，是无法共享或难以共享的。同样地，大量"公共财产"也具有排他性，是无法共享或难以共享的。"天然公共财产"不受政府控制，也不受私人控制，包括河流、海洋、空气、空地、乡间小路等具有公共物品的性质，③它们是人们共享的主要资源。除了基于财产概念的资源以外，共享还涉及大量非排他性社会资源，比如学习、工作、生活的机会、资格和条件等。社会成员能够均等分享的资源越多，社会越平等，社会成员越感到生活的幸福与自由。相反，可共享的资源越少，成员之间的竞争越激烈，为争取学习、工作和生活的机会越疲于奔命，社会越不平等，他们便越是感到生活的不幸与压力。因此，扩大共享社会资源的范围，是缓解社会成员之社会压力的重要途径。

（3）共享的法定性。共享是人为的或法定的，是特定社会政治制度设计或安排的结果。共享是有条件的，共享主体必须遵守社会习惯、习俗、法律法规等生活、学习和工作准则。由于人们生活、学习和工作于不同社会条件之中，共享着不同的公共事物。人与人因为共享的公共事物的差异，而划分为不同的社会成员和不同的社会阶层。每个领域都有不同的

---

① 张国清：《分配正义与社会应得》，《中国社会科学》2015年第5期。

② [美]里夫金：《零边际成本社会》，赛迪研究专家组译，中信出版社2014年版，第196页。

③ [美]里夫金：《零边际成本社会》，赛迪研究专家组译，中信出版社2014年版，第159页。

规定和要求,他们只有符合那些规定,满足那些要求,他们对公共事物的共享才具有合法性。共享以基本制度为依据,基本制度对共享主体有具体的条件限制或资质限制。达到某些特殊条件或具有特定资质的主体,就能共享相应的公共事物。

(4) 共享的渐进性。人类文明进步表现为可共享的公共事物的广度和深度的逐渐推进。当人类社会生产能力和生活水平达到一定程度,社会资源和财富不再成为稀缺资源,特定的社会制度为共享提供制度安排,共享便成为可以实现的社会目标。当然,实现资源共享是一个渐进过程。资源共享可分为"个人所得"和"社会应得"两大基本权益。由于人的出身、禀赋、背景和运气等偶然差异所产生的个人"私有财产",属于个人所得,可用于市场交易,也可用于人际分享,这取决于个人意愿。由此产生的"自然所得"必然存在人际差异,但受宪法和法律保护。这种差异难以改变。相比之下,人的社会应得,即每个人共享公共财产和公共权益的份额,不取决于其出身、禀赋、背景和运气,不取决于人的健康、精力、理智和想象力,而取决于人的社会成员资格及其在社会基本结构中的地位。换句话说,基于平等的社会地位和政治身份,每个社会成员都具有能够从社会中获得并平等享有公共财产和公共权益的权利。"社会应得是社会基本制度的结果,而不是个人幸运或者不幸的结果,分配正义意味着人在社会经济意义上得其应得,而不在个人偶然运气上得其所得。"[1] 社会应得使人的成员资格优先于人的自我所有权,当人类社会生产能力和生活水平达到一定程度,社会资源和财富不再成为稀缺资源,特定的社会制度为共享提供制度安排,共享便成为可以实现的社会目标。

3. 共享的人性基础

在共享主体身上,"共享"是一种超越个体自生自发情感局限性的意愿和能力,同人的正义感和道德判断力相一致,却往往与人性中的自私性和占有欲或者资本的目标相背离。

马克思说过,"如果有百分之二十的利润,资本就会蠢蠢欲动;如果有百分之五十的利润,资本就会冒险;如果有百分之一百的利润,资本就敢于冒绞首的危险;如果有百分之三百的利润,资本就敢于践踏人间一切

---

[1] 张国清:《分配正义与社会应得》,《中国社会科学》2015年第5期。

法律"①。一切资本活动都以利润最大化或占有为目的。资本家都是冲着利润才去冒险的。在资本主义生产方式和生活方式占据主导地位的国家,共享要么是不可能的,要么是极其有限的。

然而,人性还有超越自私而寻求善、正义和共享的一面。共享与人类追求善和正义的努力相一致。像善和正义一样,共享是人类追求的一种普遍价值,共享社会是人类追求的理想社会。孟子曾经提出独乐乐不若与人乐乐、与少乐乐不若与众乐乐的共享哲学主张,② 表达了一种跨越社会等级的普遍大爱,一种人人皆有的"恻隐之心"。正如罗蒂所说:"道德两难不是理性和情感冲突的结果,而是两个不同自我、两个不同自我描述、给予某人生活以意义的两种不同方式冲突的结果。……我们并不因为自己在人类中具有成员资格而具有一个核心的、真正的自我,一个响应理性召唤的自我。相反,……自我是一个叙事的重心。在一些非传统的社会里,大多数人都有数种这样的叙事,任由自己处理,因此具有数个不同的道德同一性。"③ 就处理道德两难而言,不存在康德哲学事先预备的"标准答案"或德沃金断定在裁决疑难案件时存在的"正确答案"。④

从主观上考虑,共享以主体间情感共鸣为前提。正如阿里克桑德尔所说:"正义依赖于团结,依赖于同他人相处时萌生的休戚与共情感,依赖于我们成为比自身更宏大的某个总体之一部分的某种感觉。"⑤ 同情具有普遍性,对他人苦难的同情,不受时间、地域或国界的限制。这种同情将转化为对所有在世成员的责任要求,"对所有人给予平等关切的要求表明,为了满足需要而担负全球责任是完全可行的。这样的关切支持担负责任去限制各团体,使每个团体获得大致相同的资源。除了家庭和友人,我们与之同甘共苦的团体成员都是陌生人。……人们会对远在他乡的人表示

---

① [德] 马克思:《资本论》(第一卷),人民出版社1975年版,第829页。

② 《孟子·梁惠王下》。其原文为:"曰:独乐乐,与人乐乐,孰乐? 曰:不若与人。曰:与少乐乐,与众乐乐,孰乐? 曰:不若与众。"

③ Richard Rorty, *Philosophy as Cultural Politics*, p. 45.

④ Ronald Dworkin, *A Matter of Principle*, Cambridge, MA: Harvard University Press, 1985, p. 3.

⑤ Jeffrey G. Alexander, *The Civil Spere*, Oxford and New York: Oxford University, 2006, p. 13.

同情"。① 恻隐之心跨越时空限制,是一种人人皆有的普通情感。

人们要建立共享的社会关系,同情心是必要的,但不是充分的。只有每个人拥有正义感和有关正义的通用知识,才是共享成为可能的充分的人性基础。人人皆有的正义感不属于人的特别能力;有关正义的通用知识不属于专业知识。拥有正义感,作为一种能力,不属于智力,而属于人的基本道德判断力。它们当然是需要培养的,但是,在文明社会里,只要接受过一定的基础教育或家庭教育,任何一个公民都将具备这样的道德能力。这种能力普遍地为任何正常的个体所具备。这是一种抑恶扬善、明辨是非的能力。不过,由于人的慷慨的有限性,人所面对的可共享的自然资源和社会资源,尤其是财富的有限性,人的正义感会受到束缚,甚至被遮蔽。这是在历史上共享正义难以得到普遍承认的原因。因为同情既是普遍的,又是不确定的,个人的慷慨是任意的或独断的。所以,假如共享只停留在个人主观独断层面,真正需要帮助的个体或团体往往得不到资助,共享正义必须突破个人正义感的局限性。

作为对同情不确定性和慷慨有限性的克服,总体性社会正义或分配正义制度是必要的。人们获得平等的社会成员资格是共享正义的社会条件。随着人类文明的进步,随着先进社会制度的设立,原来被遮蔽的人的共享意愿,人类愿意与他人共享美好事物的意愿得到肯定和发扬光大,这不是一种简单的博爱精神,而是人类生存的实际需要。当我们摆脱个人视角,将人类作为整体来看时,人类共享要求就变得真实而可信。共享不是要求特殊个人做出单纯牺牲,而是要求每个个体做出奉献。这种奉献既成就他人,也成就自身。这是共享的哲学内涵,也是作为共享的正义得到正当性辩护的理由。

4. 共享正义理论是共享社会的政治哲学基础理论

换言之,共享正义理论是共享社会的基本理论。"作为共享的正义"或"共享正义"指的是,借助于特殊社会基本制度,每个社会成员在最大限度上拥有平等地分享公共事物(包括其利益与负担)的权利和自由。共享正义是一种制度正义,一种社会结构意义上的基本制度安排而实现的正义。它不是依靠个人主观意愿和实践行动来实现的,而是根据社会基本

---

① John Baker and Richard Jones, "Resspossibility for Needs", in Gillian Brock (ed.), *Necessary Goods, Our Responsibilities to Meet Others Needs*, Lanham, MD: Rowman&Littlefield, 1998, p.229.

制度的刚性设计来实现的。它致力于解决在经济和社会领域，人们对自然资源和社会资源的均等分享问题。

共享正义是对分配正义的限制性规定，要求平等地分享社会合作的成本和好处，保证每个人在公共物品、岗位、机会和服务分配中得到"公平的份额"，包括均等地承担社会责任、义务和负担。"即使别人忽视了本应承担的责任，你也要尽到公平分担的责任。"[1] 共享正义是共享社会的基本原则，将把分配正义广泛应用于社会资源分配领域。"所有社会初始益品都得到平等分配：每个人都拥有相同的权利和义务，甚至收入和财富是共享的。"[2] 共享正义是共享发展理念的制度化，把后者融入社会基本制度设计当中。落实共享发展理念，不得背离共享正义这一核心环节。

以共享正义观为哲学基础，共享社会不想改变人在出身、禀赋、背景和运气方面的差异，因为那样的改变在实践上是困难的。相反，那些个人差异仍然保留着并且被鼓励着。在社会资源分配策略上，共享社会不把关注重心放到对私有财产包括个人财富或个人收入的再分配上，而是放到对由国家和社会掌握的公共财富和社会资源的共享上。假如分配正义没有达到共享正义的要求，那么人人生而平等的理念便没有实现。在共享社会里，人人可以均等地共享的社会基本资源，不能仅仅归结为可量化的公共财富，还包括向所有社会成员开放的各种机会、岗位和荣誉。公共财富只是社会资源的一部分，社会成员可以分享的社会资源比公共财富无论种类还是范围都要广泛得多。共享社会将为社会成员均等地分享社会资源打开巨大的操作空间，从而实现在分配正义上从关注公共财富向关注社会资源的策略转向。

三　落实"共享发展"理念，解决发展不平衡问题

"如果人的选择和行动是自愿的，那么他是自由的，也即是免于他人或国家强加的外部阻碍或限制的。在经济和政治领域，个人私下选择越不

---

[1] David Miller, *Justice for Earthlings: Essays in Political Philosophy*, Cambridge, UK: Cambridge University Press, 2013, p. 13.

[2] David Miller, *Justice for Earthlings: Essays in Political Philosophy*, Cambridge, UK: Cambridge University Press, 2013, p. 13.

受约束，其获得的福分也就越大。"① 社会发展的主要问题是公平问题。由于人的出身、身份、地位、能力和机遇存在差异，人享有自然资源和社会资源的资格、机会、份额、水平、潜力和预期存在差异；由于自然条件和社会条件不同，在自然资源和社会资源方面，包括涉及民生的公共政策方面，不同的社会和政府存在不同的供应能力；由于存在着区域发展水平、城乡发展水平、行业发展水平差距，导致了不同社会阶层在财富、收入、机会等方面的差距。其解决办法在于全面深化改革，推行共享发展理念，"创造更加公平正义的社会环境，不断克服各种有违公平正义的现象，使改革发展成果更多更公平惠及全体人民"。②

因此，共享发展理念不仅有经济含义，而且有政治含义。基于共享正义理论，共享发展理念有明确的政治目标。共享是全民共享、全面共享、共建共享和渐进共享。共享发展将实在地增进人民的获得感和幸福感。这种获得感不仅是收入和财富方面的，而且是机会和资源方面的。共享的对象不仅有物质的，而且有精神的。

1. 共享发展理念和共享正义理论具有内在一致性，将促进共享经济的发展，引导现有产权制度变革，使之更有利于人民群众的根本利益

产权制度是法权制度的重要组成部分，产权观念也是重要的法权观念。在现有产权观念中，产权是经济所有制关系的法律表现形式，包括财产的所有权、占有权、支配权、使用权、收益权和处置权等。诺齐克、哈耶克等自由主义学者强调自我所有权的完备性、不可让渡性或神圣不可侵犯性。他们强调，个人权利是至上的，合法的个人权利优先于也高于公共权力，纵使君王权力也不得欺凌个人权利。任何个人和团体皆不得妨碍、侵占、剥夺属于他人的权利。"国家不得迫使一些公民去援助其他公民，不得以强制手段禁止人民追求自利的活动。"③ 个人自我所有权以及依附其上的权利和利益是竞争性的、排他的。

由于存在着资源占有比例的巨大差异，财富和资源在自由市场中不断向极少数资本家、经营者和社会上层聚集，过分集中的私有财富、财产和

---

① Sebastiano Bavetta, Pietro Navarra&Dario Maimone, *Freedom and the Pursuit of Happiness: An Economic and Political Perspective*, New York: Cambridge University Press, 2014, p.6.

② 习近平：《切实把思想统一到党的十八届三中全会精神上来》，《求是》2014年第1期。

③ Robert Nozick, *Anarchy, State and Utopia*, Oxford UK and Cambridge US: Blackwell Press, 1974, p.xi.

其他资源因其排他性导致产权交易和流通的僵化，市场经济发展受到阻碍。因此，过分强调自我所有权的完备性、不可让渡性或不可侵犯性，不利于人财物的自由流动，不利于市场经济的自由发展，也不利于人民共享经济社会发展的成果。在这方面，共享经济先行者 Uber、滴滴、Airbnb 等在有效地利用所有权方面取得突破，有利于挖掘和利用闲置的资源、时间、机会、知识和信息等，为发展共享社会提供了新思路。比如，"2015年初，Airbnb 已拥有超过 100 万间房间，因其采用的是盘活存量住房，而非买地盖楼等重资本投入，降低了酒店业的新增投资需求"。①

共享经济将更有效地利用各种资源，包括提高私有财产的利用效率。但是，共享经济难以从根本上挑战或改变现有产权制度，难以缓和贫富分化加剧的趋势。共享经济无益于增进社会公平，在分配正义方面无甚作为。共享经济是自由经济的一种新形式，在提高效率方面作了新尝试，但无关乎社会正义。之所以如此，是因为建设共享社会需要特殊的制度安排，社会主义公有制度是其制度前提。必须指出的是，虽然资本主义和社会主义趋同理论在学术界颇为流行，但是两者差异是不容怀疑的。有学者表示，"侵害（aggression）、契约、资本主义和社会主义诸概念可以通过所有权（property，财产）得到定义：'侵害'指对所有权的侵害；'契约'指在所有权拥有者之间建立的无侵害关系；'社会主义'指侵害所有权的制度化政策；'资本主义'指承认所有权和契约的制度化政策"②。这样的见解是片面的，但它抓住了两者差异的一个本质方面。马克思对资本主义局限性的批判仍然有效，那种局限性正是自由市场的局限性。相比之下，社会主义是"再分配财产所有权的制度化政策"③。社会主义共享社会将解构最坚固的财产所有权堡垒，重构人的社会关系，使人们"从给予和分享中获得快乐，而不是从积聚财物和剥削中获得快乐"，"让自己和自己的同胞得到全面发展，使之成为生活的最高目标"④。落实共享发展理念的制度基础是社会主义公有制，没有社会主义公有制作保障，共享是

---

① 彭文生：《共享经济是新的经济增长点》，《证券日报》2015 年 9 月 12 日。
② Hans-Hermann Hoppe, *A Theory of Socialism and Capitalism: Economics, Politics, and Ethics*, Boston, Dordrech and London: Kluwer Academic Publisher, 2010, p. 18.
③ Hans-Hermann Hoppe, *A Theory of Socialism and Capitalism: Economics, Politics, and Ethics*, Boston, Dordrech and London: Kluwer Academic Publisher, 2010, p. 33.
④ [美] 弗洛姆：《占有还是存在》，李穆等译，世界图书出版公司 2015 年版，第 159 页。

不可能的。

当然，社会共享并不想简单地消灭私有制，而是鼓励善于创造财富的人继续去创造财富。在经济意义上，富人还是富人，穷人还是穷人，人人享有相等的财富是做不到的。关键在于，在社会意义上，穷人和富人在社会资源共享上应该享有均等的权利，也就是说，他们拥有同样的社会权利。共享社会将改变在社会资源共享方面严格按照社会等级、收入差距、家庭或个体的特定社会身份来划分的做法。

2. 共享发展理念将变革政府管理方式，并增强社会主义公有经济

市场与政府有着微妙的关系。不同层级的政府，尤其是基层政府在资源配置中仍然起着决定性作用，影响着经济和社会利益的分配。共享社会鼓励非公有经济发展，最大限度地调动社会的财力、物力和人力，激活各种社会发展因素。政府将注重资源市场化配置之后的参与者利益保障、公共资源归属和增值部分的分配问题。共享社会将变革当前政府管理方式，促进政府职能转变，提高政府治理能力，使政府、市场与社会的职能取得动态平衡。与此同时，在社会主义公有经济尤其是国有经济占据主导地位的条件下，要求政府退出市场是无理的。因为社会主义公有经济是实现共享发展的重要途径，政府是社会主义公有经济尤其是国有经济的主体。所以，"必须重视公有制经济的地位和作用，不断壮大国有经济，振兴集体经济，提高劳动收入份额，采用各种综合调节措施，以便制止贫富分化和促进全体人民的共同富裕"[1]。

3. 共享发展理念将改善社会分层结构

社会分层指人的社会地位差异结构，本质上由人们占有资源份额不同和社会地位差异所产生。在社会分层结构中，不仅存在着基于职业差异而形成的各种身份阶层，而且存在基于收入、财富、资源占有量等因素而形成的经济、社会、政治和文化等级阶层。[2]

现有社会分层结构最显著地体现在城乡二元结构当中。城镇与乡村无论在人口、收入、机会、资源方面，还是在公共基础设施、基本公共服务方面，都存在巨大的差异。社会经济发展没有有效扭转中国城乡二元结构，城乡贫富差距日益拉大，呈现两极化趋势。在城镇化过程中，不同城

---

[1] 程恩富、张建刚：《坚持公有制经济为主体与促进共同富裕》，《求是学刊》2013年第1期。
[2] 李强：《社会分层与社会空间领域的公平、公正》，《中国人民大学学报》2012年第1期。

市之间的发展水平、同一城市各行业的发展水平、各阶层人员的收入水平等也是高度分化的。

现有社会结构是分层、等级化和固化的。在这样的结构中，人口、技术、资本等流动性不足，阶层等级差别明显，中低阶层获得感低下，不同阶层的资源占有份额和资源分配比例不均衡。其产生原因，既有个人特质、自然环境和社会条件的差异，也有社会制度因素。在改变社会分层结构过程中，即使政府采纳罗尔斯差别正义原则，优先照顾最低收入阶层，在社会经济政策方面向其倾斜，但是，无论如何倾斜，都无法改变社会底层收入低下的状况。政府实行差别正义原则，只是一种程度性改善，而不是一种制度性改变。尤其在社会分层与阶层固化情况下，低收入者仍是低收入者，即使政策倾斜也难以改变其低收入状况，更难以改变其固定的社会阶层地位。

共享社会有望借助于资源共享和机会共享，打通社会阶层隔阂，利用私人占有或公共占有的闲置资源，满足其他阶层成员的需求，创造更多可共享的商品、机会和服务。通过阶层良性互助，中下阶层将改善自身的糟糕处境。因此，改善社会分层结构，既依赖于可共享社会资源的不断丰富，也依赖于社会成员共享能力的不断提高，还依赖于创立不同阶层共享自然和社会资源的机制。

4. 共享发展理念将为消除贫困提供解决方案，共享正义理论则将为实现共享社会提供哲学基础

"贫困不只是个物质匮乏问题。它还事关人的尊严、正义、基本自由和基本人权。"[1] 黑格尔早就指出，"如何消除贫困是一大难题。它一直困扰着社会，在现代尤其如此"[2]。共享发展理念将为消除贫困提供解决方案。经济增长是解决绝对贫困的主要手段。"1990年以来，亚太地区出乎意料的增长，已经让大约3亿人摆脱了极端贫困，中国占了最大份

---

[1] Thomas Pogge (ed.), *Freedom from Poverty as a Human Right: Who Owes What to the Very Poor*, Oxford and New York: Oxford University Press, 2007, p. vii.

[2] [德] 黑格尔：《法哲学原理》，范扬、张企泰译，商务印书馆1961年版，第245页（译文有较大修订）。另参阅 Georg W. F. Hegel, *Philosophy of Right*, trans. by S. W. Dyde, Amherst and New York: Prometheus Books, 1996, p. 189.

额。"① 但是，经济增长不能解决贫富差距问题。如果单纯依赖市场，那么"富人变得越富，而穷人变得越穷。基尼系数……表明，在过去10年里，21个国家中的15个国家的收入不平等在加大"。②

精准扶贫是实现共享社会的重要进路。共享社会将消灭绝对贫困，保障每个公民的生存权和发展权。在共享正义理论指导下，政府实施分配正义，具体化为发展性原则、均衡性原则和包容性原则。

（1）发展性原则。"贯彻落实新发展理念、适应把握引领经济发展新常态，必须在适度扩大总需求的同时，着力推进供给侧结构性改革，使供给能力满足广大人民日益增长、不断升级和个性化的物质文化和生态环境需要。"③ 发展是共享的逻辑起点，经济可持续增长是建设共享社会的基础。发展与共享的关系好比做大蛋糕和分享蛋糕的关系。做大蛋糕，才能更多更好地分享蛋糕。共享发展理念兼顾效率与公平，两者不可偏废。一味追求效率，必定陷入贫富两极分化和收入差距拉大的困境，背离中国改革的初衷。过分追求公平，会抑制人的创造力。只有坚持效率与公平兼顾的可持续的发展性原则，人民的幸福生活才能细水长流。

（2）均衡性原则。共享发展强调政治、经济、文化、社会、生态等全面协调发展，既强调区域经济的协调性，又强调总体发展的平衡性。但在财富和收入分配层面，共享的均衡性原则强调对弱者的帮扶。共享正义旨在实现人民在争取经济社会岗位和职位方面的机会均等，而不是财富和收入的均等。均衡发展不是平均发展，共享社会不会剥夺人民合法创造的财富，不会出现劫富济贫的做法。但是，"人人均等地分享社会基本资源是分配正义的根本要求"④。政府为缩小贫富差距而努力，为缩小城乡发展水平差距而努力，并在政策和制度上做出具体规定。

（3）包容性原则。这个原则同包容性增长或包容性发展联系在一起。

---

① Economic and Social Commission for Asia and the Pacific of United Nations (ed.), *Economic and Social Survey of Asia and the Pacific* 2008: *Sustaining Growth and Sharing Prosperity*, New York, 2008, p. 4.

② Economic and Social Commission for Asia and the Pacific of United Nations (ed.), *Economic and Social Survey of Asia and the Pacific* 2008: *Sustaining Growth and Sharing Prosperity*, New York, 2008, p. 4.

③ 《中华人民共和国国民经济和社会发展第十三个五年规划纲要》，《人民日报》2016年3月18日。

④ 张国清：《分配正义在中国：问题与解决》，《国际社会科学杂志》2015年第1期。

包容性增长一般用于讨论世界经济，表示在经济全球化冲击下，处于边缘的相对落后的国家和地区也能像发达国家那样实现经济增长。正如前世界银行首席经济学家斯特恩（Nicholas Stern）指出的那样："全球经济一体化有助于消除贫困而非相反。不过，世界经济将变得更具包容性：全球市场增长不应当继续与有着 20 亿人口的国家失之交臂。富裕国家能做很多事情，通过援助和贸易政策，帮助目前处于边缘的国家走上一体化道路。"① 包容性原则既适用于国际环境，也适用于国内环境。在经济与社会领域，包容性原则倡导，在全球范围内，各国人民公平合理地分享经济增长成果，寻求社会经济协调发展和可持续发展。在政治、文化和精神领域，包容性原则承认人际社会差异和文化多样性，承认存在不同社会阶层、收入差距和财富差别。社会是一个整体，其发展离不开各社会力量的贡献。

共享不仅是一个经济学概念，而且是一个政治学概念。落实共享发展理念，实现共享正义，建成共享社会，是国家和政府的责任。国家作为社会资源或公共资源的掌控者，既要促进国民财富增长，也要维护社会正义，协调不同社会阶层利益，为全体人民谋福祉。

四 开启更加公平的人类文明之路

如前所述，共享正义是落实共享发展的初始原则，共享正义理论是实现社会共享的哲学基础。实践共享发展理念、实现社会共享的关键在于合理的制度设计和特定的制度安排。显然，不是所有的社会形态都能实现共享正义。社会主义社会是实现共享正义的可靠社会形态。为人类社会找到共享发展之路，正是社会主义的伟大性所在。

1. 实践共享发展理念，推进社会共享建设，将为构筑自由人的联合体打下坚实基础

1516 年，莫尔发表《乌托邦》，社会主义学说至今已有 500 余年历史。社会主义学说的核心假设是，私有制乃万恶之源。"任何地方私有制存在，所有的人凭现金价值衡量所有的事物，那么，一个国家就难以有正义和繁荣。"② 资本主义社会是把人对资本和金钱——包括人追求金钱的

---

① Paul Collier and David Dollar, *Globalization, Growth, and Poverty: Building an Inclusive World Economy*, New York: Oxford University Press, 2002, p. xi.

② ［英］莫尔：《乌托邦》，戴镏龄译，商务印书馆 1982 年版，第 42 页。

才能——的崇拜推向极端的拜物教社会。相比之下，社会主义者设想的社会是取缔私有制、实行财产公有、消灭阶级差别和按需分配所得的社会。"在公共利益不受损害的范围内，所有公民应该除了从事体力劳动，还有尽可能将充裕的时间用于精神上的自由及开拓，他们认为这才是人生的快乐。"① 共享社会没有取缔私有制，但找到了克服其局限性的办法。它将是基本解决贫富两极分化问题，缩小城乡发展水平差距，实现共同富裕的社会。"世界历史进程决定，中国只有选择社会主义，进而选择中国特色社会主义，才能实现现代化。"② 共享社会是刚性制度安排的结果，只有沿着社会主义道路才能建成共享社会。

2. 在注重共享发展和倡导社会共享的社会里，政府、市场和社会既有分工，又有合作

落实共享发展理念，实现共享正义主要是政府的责任。在分配正义方面，市场主要参与初次分配，政府主要实施二次分配，各方共同努力，才能实现共享发展，推进社会共享。政府将"正确处理公平和效率关系，坚持居民收入增长和经济增长同步、劳动报酬提高和劳动生产率提高同步，持续增加城乡居民收入，规范初次分配，加大再分配调节力度，调整优化国民收入分配格局，努力缩小全社会收入差距"。③ 效率和公平往往此消彼长，是不兼容的。注重共享发展的社会将兼顾效率和公平，重视人民的获得感，以制度、法规和政策来巩固人民的获得感。政府鼓励企业追求效率，实现经济利益和效率的最大化，又鼓励企业通过分享发展为社会提供公共服务。由多方创造的共享平台将重新配置和利用闲置资源，为政府承担部分公共职能。注重共享发展的社会通过特殊制度安排，把人的创造力引向更有利于实现共享正义和社会共享的方向。

3. 注重共享发展的社会以物质共享为基础，追求人际精神分享，形成自由、平等、民主、和平、关怀、友善、合作等同社会主义核心价值观高度吻合的共享价值观

随着社会共享程度的提高，人们共享的范围从物质领域延伸到精神领

---

① [英] 莫尔：《乌托邦》，戴镏龄译，商务印书馆1982年版，第60页。
② 王伟光：《马克思主义中国化的当代理论成果——学习习近平总书记系列重要讲话精神》，《中国社会科学》2015年第10期。
③ 《中华人民共和国国民经济和社会发展第十三个五年规划纲要》，《人民日报》2016年3月18日。

域。注重共享发展的社会提倡公共精神和公共价值,互帮互助成为日常生活的组成部分。"无论我们走到哪儿,都会受到欢迎,得到他人的帮助"①,这种情形在社会主义社会中将变得更加普遍。像注重共享发展的社会重视合作、利他、诚信等价值观一样,共享将作为一种价值观,受到整个社会的推崇。除了资源共享,注重共享发展的社会也是技能共享、智慧共享、价值共享的社会,不仅给社会带来物质利益和实际便利,而且对社会成员起着净化心灵、提升觉悟的作用。注重共享发展,倡导社会共享,把与共享相吻合的新价值观注入社会主义事业之中,既造就新人,又改造社会,进一步推进社会主义改革和发展。

4. 注重共享发展的社会将在更大范围内实现社会正义

注重共享发展的社会以共享正义为基本原则,重视人际平等,强调"基于成员资格的社会应得"②。注重共享发展的社会将克服市场对社会正义的忽视或侵蚀,强调在社会意义上实现每个成员平等享有基于平等社会地位和政治身份所获得的社会权利和经济利益,关注普通民众享有的基本社会价值。政府在社会正义方面积极地扮演协调者和仲裁者角色,给予人民在教育、就业、医疗、社保、养老等方面的均等机会或公共福利,增进人民团结与社会和谐。

有人主张个人应得,认为正义就是应得,应得是我们在创造财富过程中每个人按照个人的能力、勤奋、运气等获得的东西,是因人而异的。的确,每个人都有他的应得,它按照对等原则来实现。笔者承认基于对等的个人应得,但是更强调基于社会基本制度保证为每个社会成员提供的均等权利。"均等"的意思是,每个个体除了获得个人应得,还应该有社会应得。社会应得理论的核心主张是,不管个体是什么出身,无论乡下村民,还是城里市民,在共享社会基础资源方面,都应当给予均等机会。要明确区分社会应得和个人应得,不应只讲个人应得,却不讲社会应得。

社会应得必定涉及共享正义。共享正义是分配正义的细化。假如分配正义没有达到共享正义的要求,那么在经济和社会意义上,人人生而平等的理念便没有实现。按照共享正义理论,在共享社会里,人人可以均等共

---

① Tom Slee, *What's Yours is Mine: Against the Sharing Economy*, New York&London: OR Books, 2015, p. 14.

② 张国清:《分配正义与社会应得》,《中国社会科学》2015 年第 5 期。

享的社会基本资源,不仅包括可量化的公共财富,而且包括向所有社会成员开放的机会、岗位和荣誉。共享社会将为社会成员均等分享社会资源打开空间,实现在分配正义上从关注个人财富和公共财富的再分配向关注社会资源的均等分享的策略转向。

5. 实现共同富裕和共同享有,中国社会主义将获得充分的制度自信

在改革开放初期,邓小平提出了共同富裕思想,使之成为社会主义制度"不能动摇的原则"①,"社会主义的目的就是要全国人民共同富裕,不是两极分化"②。最近,习近平进一步提出共同享有理念:"我们要随时随刻倾听人民呼声、回应人民期待,保证人民平等参与、平等发展权利,维护社会公平正义,在学有所教、劳有所得、病有所医、老有所养、住有所居上持续取得新进展,不断实现好、维护好、发展好最广大人民根本利益,使发展成果更多更公平惠及全体人民,在经济社会不断发展的基础上,朝着共同富裕方向稳步前进"③,发展了邓小平的共同富裕思想,体现了社会主义的本质要求和以人民为中心的发展理念。构筑注重共享发展的社会,兼顾效率和公平,并把公平置于首要位置,"实现每个人的自由全面发展,是马克思主义理论一以贯之的最高理想、价值追求和逻辑起点,共建共享发展成果是未来理想社会的基本特征"。④ 社会主义制度自信将随着建设注重共享发展的社会实践成就得到进一步确立。

综上所述,共享正义理论是共享发展理念的哲学基础,也是共享发展理念的思想内核。建设注重共享发展的社会,是一项事关人类文明发展方向和目标的宏大事业。保护每个社会成员的合法收入和财富,是国家和政府的政治责任。均等地分享社会基本资源,是每个社会成员享有的社会和经济权利。在人际收入差别和财富差距存在扩大化趋势的情况下,政府调节人际收入差别和财富差距是必要的,也是合理的。政府既要全面保护个人的自我所有权,又要保障所有社会成员享有均等地分享社会基本资源的权利。沿着这个政治逻辑,社会主义既承认和保护个人合法的私有财产和利益,又维护和增加人民可共享的国有财富与社会资源。扩大可共享的社会资源的范围,是缓解社

---

① 《邓小平年谱(1975—1997)》(下),中央文献出版社 2004 年版,第 1253 页。
② 《邓小平文选》第三卷,人民出版社 1993 年版,第 110 页。
③ 《习近平在第十二届全国人民代表大会第一次会议上的讲话》,《人民日报》2013 年 3 月 18 日。
④ 董振华:《共享发展理念的马克思主义世界观方法论探析》,《哲学研究》2016 年第 6 期。

会成员社会压力的重要途径。共享发展理念及其实践将更充分地彰显社会主义基本制度的优越性，更接近马克思和恩格斯当年设想的"自由人的联合体"理念。这将是一条越走越宽广的人类文明之路。

最后，以习近平十九大报告的一句话作为结束语："我国社会主要矛盾的变化是关系全局的历史性变化，对党和国家工作提出了许多新要求。我们要在继续推动发展的基础上，着力解决好发展不平衡不充分问题，大力提升发展质量和效益，更好满足人民在经济、政治、文化、社会、生态等方面日益增长的需要，更好推动人的全面发展、社会全面进步。"①

---

① 习近平：《决胜全面建成小康社会 夺取新时代中国特色社会主义伟大胜利》，《人民日报》2017年10月19日。

目　　录

第一章　政治哲学的道德场景 ……………………………… (1)
　第一节　自然主义与理性主义 ……………………………… (1)
　　事实与价值之辩 …………………………………………… (2)
　　语言与逻辑之辩 …………………………………………… (4)
　第二节　功利主义与直觉主义 ……………………………… (6)
　　道德功利主义 ……………………………………………… (6)
　　直觉主义与功利主义之辩 ………………………………… (12)
　第三节　伦理学与政治 ……………………………………… (14)
　　自由与平等的困境 ………………………………………… (15)
　　罗尔斯的正义方案 ………………………………………… (16)

第二章　近代知识模式与政治哲学的变革 ………………… (20)
　第一节　近代知识模式的嬗变 ……………………………… (20)
　　事实与价值 ………………………………………………… (21)
　　主体与客体 ………………………………………………… (22)
　　个体与整体 ………………………………………………… (22)
　　理论与实践 ………………………………………………… (23)
　第二节　政治哲学的变革 …………………………………… (24)
　　政治与道德的理性剥离 …………………………………… (25)
　　自由主义与保守主义之辩 ………………………………… (29)
　第三节　政治哲学与正义 …………………………………… (36)

第三章　罗尔斯与政治哲学的复兴 ………………………… (45)
　第一节　政治哲学的现代复兴 ……………………………… (45)
　第二节　罗尔斯的正义理论 ………………………………… (48)
　　原初状态 …………………………………………………… (48)

人的观念……………………………………………………（52）
　　　个人与共同体………………………………………………（54）
　　　普遍主义与多元主义………………………………………（57）
　　　善观念与道德偏好…………………………………………（58）
　　　无知之幕与价值选择………………………………………（61）
　第三节　自由主义与社群主义之辩……………………………（64）
第四章　罗尔斯与契约论传统………………………………………（67）
　第一节　社会契约与正义的环境………………………………（68）
　第二节　契约论传统及其现代形式……………………………（76）
　　　格劳秀斯与早期契约论……………………………………（77）
　　　罗尔斯与休谟的契约论……………………………………（80）
　　　罗尔斯与康德的契约论……………………………………（82）
　第三节　罗尔斯的道德契约论…………………………………（91）
第五章　社群主义的类型及其对罗尔斯的批评……………………（98）
　第一节　哲学社群主义：桑德尔与自我观念…………………（98）
　第二节　古典社群主义之一：麦金太尔与美德………………（115）
　第三节　古典社群主义之二：泰勒与共同体…………………（136）
　第四节　政治社群主义：沃尔泽与复合平等…………………（153）
第六章　罗尔斯正义理论的证立……………………………………（199）
　第一节　道德证立………………………………………………（199）
　第二节　最小值极大化规则……………………………………（202）
　第三节　反思平衡的道德方法论………………………………（206）
结　语…………………………………………………………………（211）
参考文献………………………………………………………………（220）
后　记…………………………………………………………………（232）

第一章

政治哲学的道德场景

哲学对以前认为理所当然的信念采取批判态度。道德哲学则对以前认为理所当然的是非善恶，应该做什么和不应该做什么的信念持批判态度。当在新旧观念之间存在明显的冲突时，往往就对假定提出批判性的质疑。在古代希腊社会，正如在许多其他社会一样，理所当然地认为道德规则是绝对的，如禁止杀人等基本的道德原则，是绝对的和得到普遍认可的。但人们也会对旧的假定发生疑问：基本道德原则对所有人、所有时候都是绝对的——客观有效的。但你如何检验这个信念呢？你如何着手来找到合适的理由接受或拒斥这个信念呢？我们知道如何检验关于事实的可疑信念，但不大可能对价值这样做。我们看不到、摸不到正确或错误。我们不能根据感官的证据达到我们的道德信念。

第一节 自然主义与理性主义

道德上认可与反对的事物，是类似于还是不同于感性知觉的辨别？我不赞成的观点无疑是主观的，依赖我的结构。18世纪哲学家大卫·休谟（David Hume）曾就此问题发表过自己的看法："以被认为恶的任何行动，例如蓄意谋杀为例。从各个方面来考察它，看看你是否找到了你称为恶的事实。但是不管你如何看它，你只能找到感情、动机、意志和思想。在这种场合，不存在其他任何事实。只要你考虑这个对象，恶总是回避你。你绝不可能找到恶，直到你将你的注意转向你自己心中，发现在你心中升起的一种对这种行动不赞成的感情为止。这是事实，但它是感情的对象，不是理性的对象。它在你自身内，不在对象内。因此，当你宣称某一行动或品格是恶的时，你指的不是什么东西，而是由于你的本性的结构，你再仔细考虑它时有了一种谴责的感情。所以，可以将恶和善与声音、颜色、冷热比较，根据现代哲学，它们不是对象的质，而是心中的知觉……"① 他认为，反对或谴责的感情完全由于观察者的自然结构所致，并不依赖关于对象的事实。但同时他也认为，在道德感情与感性知觉之间、在恶的质与颜色和声音的质之间存在着鲜明的类似。休谟会同意，谋杀的行动客观上不同于救生的行动，在他的伦理学的其他部分，他表明，行动的后果（救生时的愉快后果，谋杀时的不愉快后果）牵涉观察者的同情和反感，从而引起他赞成或反对的感情。在上面所引的段落中，休谟的论点是，眼下的事实（谋杀者的妒忌感情，他要偷受害者钱的欲望，他的蓄意开枪的行动，他处理尸体的想法）没有一件可以构成我们归于谋杀者的恶的质。休谟将它与被感知的声音、颜色和冷热进行类比，隐含着他将它们看作是同样的；但事实上这种相似性是不确切的。在物理原因与被感知的结果之间存在着密切的相关。拥有正常听力的听者仅当他的耳朵受到特定性质的振动作用时，他才听到特定的声音；拥有正常视力的观察者仅当他的眼睛受到特定波长光的作用时，他才看到不同深浅的红色。但在道德感情中不存在这样的类似。

事实与价值之辩

事实上，道德准则的差异并不像表面上显现的那样严重。不同社会和不同人群赋予可能相互竞争的价值的相对权重是各不相同的。但道德准则之间的差异，并不像乍一看来那么严重，也许毕竟在道德判断中存在着某种近似的普遍性，正如在感性知觉中一样。不管在不同社会之间，还是在同一个社会内部，道德判断的差异并不像看起来那样彻头彻尾。当将价值判断的不一致与事实判断的不一致进行比较时，真正的困难是，难以找到客观的检验标准来解决价值判断的不一致。休谟用人性的普遍倾向来解释道德。我们都有同情其他人（和动物）类似愿望和感情的自然倾向，这就是为什么我们赞成帮助别人得到他们想要的东西，为什么我们不赞成对他们做违背他们意愿的事情的原因。根据这一观点，道德上赞成的感受是同情这一自然倾向的结果。同情是在想象中分享他人的感受。我们设身处地，因而能像他们

---

① David Hume, *Treatise of Human Nature*, Book III, L. A. Selby-Bigge (ed.), Clarendon Press, 1978, p. i. 1.

一样感受。道德判断的这种观点是一种自然主义观念,① 它使伦理学依赖"人性",依赖"心理学"。根据同情作出解释并不是唯一形式的自然主义伦理观。休谟与亚当·斯密都认为同情是人性的关键因素,尤其是人性影响社会生活,同情这个因素是伦理学最重要的事情;但同时很多哲学家也认为人性根本上是完全唯我论的,道德是竞争和恐惧的产物,道德上的不赞成与不符合自我利益的恐惧密切相关,道德与审慎没有真正区别。道德自然主义认为伦理学依赖人性,通常采用心理学、自然感情和愿望来解释伦理学,几乎所有人都拥有同样的基本的心理倾向,这是道德准则统一性的基础。反对自然主义伦理学理论的观点则认为,伦理学包含某种绝对真理,就像在知识理论中,哲学理性主义认为真正的知识靠理性获得,并且是一个必然真理的问题,类似于数学和形式逻辑的真理。在理性主义者看来,真理是必然的和普遍的。通过感官获得或建立于感官资料上的所有信息,严格说来不是知识的对象,因为它不是必然的和普遍的。从感官获得的信息并不是必然的,而仅是"可能的",即它可能仅仅是在特定场合或某些场合碰巧是真的。为了说明伦理学的概念,最具相关性的那种经验不是感官的经验,而是感受和愿望的经验。所以,在知识理论中主张经验主义的哲学家,往往在伦理学中是自然主义者。

理性主义者认为,道德判断必然是真的,价值判断并不依赖感性知觉经验这一事实。这就是为什么理性主义者要将伦理判断与数学判断相比较。数学判断在意义上也是普遍的。普遍性往往与必然性连在一起,道德判断隐含着做出诺言必然带来履行诺言的义务,道德判断的意义通常包括必然性和普遍性。某些理性主义哲学家(尤其是伊曼努尔·康德)强调道德原则的普遍和必然性质,而对原则之间的冲突没有给予充分的注意。然而,大多数人认识到原则的普遍性受到发生冲突的限制。但这并不削弱理性主义者反对对道德判断的自然主义解释的论证。因此,我们有两种可供选择的对道德判断的解释,有两种可供选择的哲学观点:伦理学自然主义和伦理学理性主义。在 18 世纪,两者之间的争论集中于这样的问题:伦理学是一个感情问题,还是一个理性问题?而到了 20 世纪,焦点问题集中在对道德判断的逻辑特点的关注上。

---

① 在伦理学中,"自然主义"也通常被用来将价值术语定义为等于描述某一自然事实的词语的理论,如"善"就是指"快乐"或"愿望"的理论。

语言与逻辑之辩

18世纪关于理性和感觉的争论集中在认识论问题上，不过看起来像心理学问题。那时的哲学家常常写道我们道德观念的起源，仿佛都要给出一个因果说明或发生学说明。同样的情况也适用于17世纪和18世纪的一般认识论探究理性主义与经验主义关于实在世界知识的争论，往往呈现为仿佛是个心理学争论：知识是理性还是感性知觉引起的结果？为了避免混乱，20世纪哲学家明确区分了逻辑学研究与心理学研究。许多哲学家将注意力集中于用以表达观念的语言，这有助于避免将观念看作可在意识中直接内省的心理学实体的习惯。当人们在考虑观念之间的逻辑关系时，必须考察用词或其他书写符号表达的观念。这就是为什么20世纪哲学花了那么多时间研究语言，尤其是意义的一个主要原因。认识论的老问题用新的伪装重新出现。18世纪经验主义的精神在20世纪的逻辑经验主义（或逻辑实证主义）中复活。早期经验主义强调真正的知识依赖经验，后期逻辑经验主义或实证主义则认为一个命题的意义（在形式逻辑和纯数学以外）依赖它能够被经验证实或否证的方式。

因此，伦理学中理性主义与自然主义之间的争论在20世纪的延续，主要是对作为表达道德判断的语句意义的探究。按照这种观点，自然主义理论认为道德判断描述说话人的感情，是关于道德判断意义的个体主观主义理论（the Individually Subjectivist Theory）。这个理论试图向我们解释"×是正确的（或错误的）"究竟意味着什么。一个语句的意义决定于它的逻辑结构及其使用的情境。一个语句的合适使用是它的实际正常使用，一个语句的意义来自它的使用。因此，"×是正确的"和"我赞成×"不可能具有同样的意义，个体主观主义理论就是错误的。因此，伦理学谓语不是描述说话人或社会的情感。逻辑实证主义者持有的表现主义理论（the Expressive Theory）[1] 提供了一个更为精巧的解释，试图避免主观主义理论的逻辑困难。按照这种观点，包括道德判断在内的价值判断都在表达或表

---

[1] 表现主义理论可在艾耶尔的《语言、真理与逻辑》（A. J. Ayer, *Language, Truth and Logic*, 1936）第6章中找到。阿尔弗雷德·艾耶尔爵士将其称为情感理论，大多数其他作者也是如此。笔者认为这个名称是有误导性的，因为主观主义理论也用情感或感情解释道德判断。用"表现"这个词描述艾耶尔理论的独特特点更好。

示情感。但表现主义理论也未能避免它试图绕过的困难，事实上它受到了与它意欲代替的主观主义理论同样的反对。因此，将价值判断与感情的表达作直截了当的比较通常是不正确的，因为应用价值术语都有标准，它可要求特殊的价值判断依赖标准，这样就有了理性的要素。

迄今笔者已经讨论的两类理论——主观主义理论和表现主义理论，都主张价值判断是非理性的。这种主张站不住脚。我们已经看到，特殊的价值判断可基于理由，因此在这个意义上是合乎理性的，而普遍价值判断必定具有普遍的合理性要素。然而，并不能由此得出结论说，我们必须采取直截了当的理性主义理论：像数学命题一样，普遍道德判断是必然真理。这种观点也遇到逻辑困难。理性主义理论将价值看作一类事实，但不是感觉或感受经验所知的事实，而是理性理解所知的事实。这种思想路线导致另一个不同种类的理论——规范主义，[①] 它集中于价值语言的实际性质。价值判断不是对事情如何的陈述。它们也不单是表达说话人感受什么。它们是对听者的劝勉，意在影响行动。主观主义者和明确的理性主义者都将价值判断与事实陈述相比较。就"应该"这个词而言，这似乎是十分合理的，并没有新东西。18世纪的理性主义者，尤其是康德谈到"应该"的道德判断是"命令陈述"；他区分了道德的"绝对至上命令与审慎和熟练的'相对至上命令'"。旧的理论（自然律理论）仍然将道德原则与法律进行比较，认为它们是普遍的命令；在《旧约》中基本道德原则被叫作"诫"，用命令式陈述进行表达，如"尊敬你的父母""你不要行窃"。

海厄教授提出的规范主义理论也对道德规范的理性性质进行了许多规定。海厄复活了康德伦理学理论的关键性要素，再一次强调了普遍性特征。在其看来，普遍性表示了含有"应该"一词的所有道德判断的特征。他认为，这种道德判断不同于专有命令，恰好是因为它能够被普遍化。一个命令一般只针对某一特殊的人或人群，仅适用于某一特定的境况，一个道德规范则不止于此。那么除了"应该"以外，其他价值术语又如何呢？形容词"对的"和"错的"可与"应该"和"不应该"等同。一个对的行动就是应该做的行动，一个错的行动就是不应该做的行动。然而，"好的"和"坏的"则颇为不同，它们完全没有这种明显的规范力。"对的"

[①] 参阅 R. M 海厄《道德语言》(*The Language of Morals*, 1952) 和《自由与理性》(*Freedom and Reason*, 1963)。

和"错的"这两个词,像"应该"和"不应该"一样,一般应用于行动。"好的"和"坏的"则应用于事物和人。规范主义理论认为,"好的"和"坏的"这些词不是用作命令,而是用作赞许和不赞许,它们是对选择提出建议。当我们选择"好的"这个词时,我们假定对应用于满足特定愿望的标准存在着广泛的一致。因此,规范主义的解释既考虑到"好的"这个词的实用性质,也考虑到它的理性性质。海厄在区分功用意义上的"好"与道德意义上的"好"时,将后者看作仿效的建议,而不是选择的建议。因此可以说,价值判断之所以不同于事实陈述,因为它属于语言的语用式范畴,而不是叙述式范畴。价值判断并不描述世界,它们主要是在规定行动或表达反应,但这并不意味着价值判断就是非理性的或不理性的。因为基于理由、可普遍应用于一类场合和大多数人的规定和评价,是合乎理性的。

第二节　功利主义与直觉主义

道德的标准是什么?使正确的行动成为正确的是什么?功利主义对这个问题给出了一个答案。按照功利主义的看法,如果一个行动有利于促进幸福,它就是正确的。这个理论解释说,幸福是快乐的总和。快乐是好的,痛苦和不快乐是坏的。如果行动产生好的东西,消除或防止坏的东西,也就是说,如果它们产生幸福或快乐,消除或防止不幸或痛苦,它们就是正确的。更确切地说,如果你认为一个行动可能产生最大量的幸福,即它能比你可得到的任何其他行动产生更多的幸福,消除或防止更多的不幸,它就是正确的。

道德功利主义

有一种功利主义观点认为,快乐或幸福不是唯一的本身好的事情。按照这种形式的功利主义理论,其他美好的事情包括美德、爱情、知识(或真理)和美。传统的功利主义试图使事情尽可能简单化,说快乐是唯一内在的好,其他这些东西都是因快乐而有价值,或者它们本身包含快乐,或者它们有可能产生快乐。在这里,我们就需要区别作为目的的好与作为手段的好。如果某件事情因它自己而有价值,作为目的它是好的,它就是内在地好的;如果一件事情因它产生的别的事情而有价值,那么作为手段它是好的。功利主义通常认为正确的行动是有用的行动，作为手段是好的；事实上正确是一种有效性，但将有效性限于好的目的，正确的行动是为了好的目的而有用和有效的。古典功利主义主张，应予重视的唯一目的是产生快乐或幸福，消除或防止痛苦或不幸；这是应予重视的唯一目的，因为快乐和痛苦作为目的是好的和坏的，本身是好的和坏的唯一事情。古典功利主义往往被称作快乐功利主义（来自希腊语 hedone，意为快乐），因为它认为唯有快乐作为目的是好的。而那种主张除了快乐以外的其他东西（美德、爱情、知识、美）作为目的也是好的功利主义，往往被称为理想功利主义。这两种都被称为功利主义，因为它们都坚持认为一个行动是正确的唯一理由是它的效用，它有利于产生本身是好的结果。

　　快乐功利主义认同美德、爱情、知识和美是好的，但它否认它们的好独立于快乐的好。它主张，它们是好的，或者是因为它们是可欣赏的（令人快乐的），或者它们是快乐的手段。让我们分别分析一下这四种美好。

　　首先来看美德。美德或道德的好可采取两种形式。一是因为是正确而做正确事情的习惯或倾向，发自义务感的行动。二是发自其他某些可称许的动机，如仁慈、怜悯、勇敢等而采取行动的习惯或倾向。快乐功利主义认为，这两类倾向作为手段都是好的。正确的行动作为手段是有价值的，因为它们的效用而有价值。发自义务感的行动，因为它们正确而做正确的事情，同样是有用的，因为它推动我们去做这些正确的（即有用的）行动。除了义务感以外，其他善的动机同样是有用的，像仁慈、怜悯和勇敢都是有价值的，因为它们的目的是产生快乐，或消除痛苦或痛苦的可能危险。一个仁慈的人是努力有利于他人的人，使他人快乐的人。怜悯推动我们去帮助处于危难中的人，去消除痛苦或不幸。勇敢是为了防止危险而甘冒风险。快乐功利主义主张，美德的价值在于它增加幸福或减少不幸的效用。当没有什么希望给别人产生更大的幸福时而牺牲你自己的幸福，这是不值得赞许的，而是有勇无谋——严格地说这是错误的，因为它不必要地减少了幸福。同样的条件也适用于第二种形式的美德，即发自义务感的行动。无意义的义务感也不值得赞许，如这种义务感使圣西米翁·斯泰利兹（St. Simeon Stylites）[①] 花费了他的一生坐在柱顶上，只是为了显示他能忍

---

　　① 公元390？—459？年，叙利亚僧侣，在安提科（Antioch）附近的柱顶上生活和祈祷达30年之久。

耐得住。

其次以爱情为例。按照快乐功利主义的观点，爱情是有价值的，既因它包含的幸福，也因它产生的作为后果的幸福。爱情本身是一种愉快的心理状态，作为动机起作用，它为被爱的人产生幸福。没有必要认为它的价值与幸福的价值是分离的。

再次来看知识。与追求知识或真理相联系的价值也是以两种方式从幸福的价值衍生的。大多数知识都有利于增进幸福，探索知识本身对许多人而言就是愉快的，因为它满足人类好奇心的自然特征。有时追求知识，像展现勇气一样，不是有用的。如果某一特定部分知识没有用，不会满足研究者，快乐功利主义会说，这种知识没有价值，它是无聊的废话。理想功利主义者认为知识本身是好的，承诺将价值赋予追求所有知识，而不管它有什么特点。

最后再谈美的价值，也就是鉴赏和创造美的价值。快乐功利主义主张，美学鉴赏的价值仅仅在于这一事实：它是愉快的经验。美学创造的价值有两重性质，它对从事艺术的艺术家是愉快的，而它也往往是有用的，因为它的目的是给潜在的观众或听众以美学享受。

古典快乐功利主义比理想功利主义显得更为激进。古典功利主义总是将他们的伦理学理论作为法律和社会改革的基础，而大多数理想功利主义支持者集中于个人和美学的价值，认为实际的社会后果过于遥远，他们难以表达可靠的意见。因此，古典快乐功利主义基本观点可以这样总结：唯一本身好的东西是快乐，所有其他好的东西之所以有价值，不是因为它们包含快乐，就是因为它们是达到快乐的手段。另外，针对古典功利主义的一般观点，我们一般都要追问谁的快乐值得重视，古典功利主义给出的回答是任何人和所有人，而且不仅是人类的快乐。许多动物能够体验快乐，当然也能够感受痛苦。按照快乐主义的观点，快乐是好的，痛苦是坏的，不管它们发生在什么地方。当然，一个人的行动不会对世界上所有生物的幸福都有显著的作用，功利主义也不要求一个人考虑到他的可能行动带来的所有细枝末节的后果。这个理论告诉我们，在判定我们应该做什么时，我们必须考虑到对受到显著影响的所有人和其他生物的幸福和不幸的可能后果。

通常认为，古典功利主义基本都主张人们行动的动机在于他自己的最大幸福，这是一个事实的和心理的必然。杰里米·边沁，19世纪公认的古典功利主义领袖，就认为人们的行动通常出自自我利益的动机。边沁以前的思想家认为，可以将唯我论心理学与功利主义伦理学结合起来。他们认为（1）作为心理学事实，每个人的所作所为确实且必然是为了使他的幸福达到最大限度，以及（2）作为伦理学原则，每个人的行动应该使普遍的幸福达到最大限度。但这两种观点的简单结合将是矛盾的。第二个命题认为，每个人的行动，其目的应该使普遍幸福达到最大限度，这隐含着我们的行动有可能出自无私的动机，将普遍幸福，而不是我们自己的幸福作为我们的目的。然而，第一个命题隐含着，我们决不能从无私的动机出发行动，而总是必然被自我利益所驱使。边沁事实上采取的就是这种矛盾的立场。持唯我论心理学观点的功利主义者一般都会尝试避免这种矛盾，他们否认促进普遍幸福的行动是无私的。他们认为，一个审慎的人明白他需要别人的帮助来实现他自己的最大限度的幸福，他应该为他们做些事来劝诱他们的帮助。也就是说，这些哲学家将每个人的行动应该使普遍幸福达到最大限度这一伦理学原则看作审慎原则：每个人应该这样做以作为达到他获得最大限度幸福这一根本目的的手段。这实际意味着，"一个人应该促进普遍幸福"的伦理学原则实际上是指，如果不可避免的自我利益动机由如何最佳地获得自己利益的审慎理解力所指导，那么人们必然会这样做。

某些功利主义者也尝试用其他方式避免这种矛盾，他们所用的理论可称为神学功利主义。根据这种观点，促进普遍幸福是上帝的目的，它不受自我利益的人性的局限。虽然无私的行善对于人在心理学上是不可能的，但这是上帝本性不可或缺的部分。它通过为人们规定服从或违背他的命令会有奖惩，安排让关注自我利益的人服务于它的无私目的。戒律本身旨在实现上帝的目的：使其所有创造物实现快乐。根据这种观点，道德义务又是审慎的义务。一个人应该服从上帝的意志，如同他应该遵照医生的医嘱一样；如果他这样做了对他更好；如果他不这样做则对他更糟。

将唯我论心理学与功利主义伦理学标准结合起来的世俗和神学理论，均为18世纪一些思想家所持有，但他们并不是功利主义的主流。在边沁前后占主导地位的功利主义者，采取的是这样的观点：人既能从无私动机出发行动，也能从有私动机出发行动。他们论证说，我们可以通过达到功利主义的道德标准来促进普遍幸福，这或者是出自单纯的行善，又或者是因为对其他人的需要和愿望所具有的同情。

上文谈到两种伦理自然主义观念，一种依靠对人性的唯我论解释，另一种依靠突出同情的作用。在谈到功利主义时，这两种自然主义又出现了，但这并非意味着自然主义与功利主义之间有必然的联系。在伦理学理论中有许多自然主义者，他们通常采取人性的唯我论观点，但并不赞成功利主义的伦理学标准。有一些非唯我论的自然主义者，他们在人类心理学观点中强调行善和同情，而在伦理学标准的解释中则反对功利主义，并将这两者结合起来。如杰出的快乐功利主义者，亨利·西季维克（Henry Sidgwick）就拒斥自然主义，认为它作为伦理学的基础是不合理的。但通常来讲，功利主义者在主流上而言是接受自然主义的，并且是非唯我论的自然主义。

但这并不意味着这些功利主义者对人性都采取一种不切实际的利他主义观点。以边沁为代表的功利主义者普遍强调自我利益的动机作用。当功利主义考虑伦理学与法律和政府的关系时，自我利益的动机就影响着这个理论。19世纪的功利主义者［边沁及其追随者，尤其是詹姆士·密尔（James Mill）、约翰·斯图亚特·密尔（John Stuart Mill）、约翰·奥斯汀（John Austin）］通常都关注伦理学的社会和政治含义，尤其是法律制度的作用。他们是改革者；他们以哲学激进派闻名；他们用他们的伦理学哲学理论作为法律和政治改革纲领的基础；他们认为，道德上正确行动的标准是为尽可能多的人尽可能多地增进幸福（或减少不幸），即"最大多数人的最大幸福"。但是，虽然人们在其私人生活的多数行动中能够遵循伦理标准，但期望这种行动会影响社会生活就值得讨论了。一般来说，大多数人的行动是以他们自己的幸福和自我利益为目的的。功利主义主要需要说明的是法律和政府的职能与人们自我利益的动机和有效地追求伦理标准之间究竟存在多大的联系。假定人们采取行动一般服务于自己的利益，那么，如何能使他们的行动服务于所有人的利益，或至少是大多数人的利益呢？

在经济学领域，19世纪古典功利主义者遵循亚当·斯密的观点，认为存在利益的自然和谐。虽然在经济生活中每个人的目的是获得他自己的好处，但最后的总结果对作为整体的社会而言就可能带来最佳的好处。政府干预经济扰乱了自然和谐，结果是效率降低，国家总产品减少。所以，经济学的秘诀是放任自流，不要政府干预，完全自由。但这里需要指出的是，虽然古典功利主义者主张采取放任自流的经济观，但这并不意味着就社会生活的其他方面而言，功利主义者就当然认为存在利益的自然和谐。事实上，需要法制和政府来实现利益的人工和谐。法律的首要目的是保护人身和财产安全。政府的主要工作是通过制定和实施法律来保障社会的利益（幸福）。法律的有效性来自于制裁，如监禁、罚款、要求赔偿。功利主义理论主张法律的存在是为了促进共同体的幸福。这样一来，功利主义就明确地给出了一个道德上正确的行动所应遵循的简单而普遍的标准，同时它也采用同样的原则作为政府和法律的理论基础。

本质而言，这个理论其实是神学功利主义的世俗版本。按照神学功利主义的观点，上帝具有行善的目的，使其创造物实现幸福，并劝导执着追求自我利益的个体服务于行善的目的，对服从其命令的人允诺进入天堂以作为奖赏，对违背其命令的人罚入地狱以作为威胁。按照世俗功利主义，政府具有（或应该具有）行善的目的，实现最大多数人的最大幸福，劝诱不完全追求自我利益的人服务于公益，对不服从其法律的人进行现世的刑罚。

根据功利主义理论，任何痛苦的或不愉快的事情都是坏的。惩罚所带来的不愉快仅作为必要的恶，只有为预防更大的恶所必需，才是可辩护的。但是如果惩罚是恶，那么它应该不超过必需的程度。如果一个罪行，一个危害社会的行动，可被不那么重的惩罚防止，那么使用超过必需程度的惩罚就是错误的，因为这意味着总的结果是引起了比必需更大的痛苦。根据功利主义理论，处以更严厉的惩罚在道德上是错误的。

按照功利主义的看法，法律公正的整个制度是个效用问题。公正观念本身也是如此。功利主义认为惩罚是一个威慑问题。惩罚的另一理论（报应理论）坚持认为，必须引入公正赏罚的概念：惩罚是有正当理由的，因为它是理应受到的，处以惩罚是为了过去已经做过的事情，不是（至少不仅是）为了预防未来危害的后果。对此，功利主义进行了辩护，它认为用赏罚分明来论证实际上与用效用来论证没有不同，因为赏罚分明依赖效用。我们说一个人做好事而理应受奖（即他应该受益，因为他使人受益），因为奖励有益于鼓励他和其他人做好事。同理，我们说一个人因干了坏事理应受罚（即他应该受苦，因为他使人受苦），因为他做了与效用相反的事，因为惩罚有益于劝阻他和其他人未来不做危害人的事。像其他美德一样，公正因它的效用而有价值。

显然，功利主义在很多方面是具有很强说服力的，它试图通过"最大多数人的最大幸福"这个简单而有力的效用标准,将伦理学、法律和政府联系起来。它是一种着眼于未来后果的学说,通过参照未来为现在辩护。功利主义在道德哲学史上占据很高的位置,是一种深具吸引力的道德哲学,它可以引发人们无限的想象力,给人以智慧启迪。

直觉主义与功利主义之辩

功利主义无疑具有极大的吸引力,但它同样存在着较大的局限性,诸多道德哲学理论都对其进行了不同程度的批判,这些理论中最重要的可以算是道德直觉主义。理性主义哲学家一般都持有道德直觉主义理论,他们试图通过运用理性"直觉"或悟性达到道德判断。功利主义者声称直觉主义存在缺陷,而他们自己的理论可以克服这些缺陷。

直觉主义认为,存在若干正确行动的原则,每一原则作为一类行动或义务的标准。它认为,原则是不证自明的,理性直觉知道它们是真的。如此使用的"直觉"一词,与无法解释的预感这种直觉概念(如当人们谈到女人的直觉时)无关。它仅是指悟性。它来源于一个拉丁词,原来意指注视某物,因此隐喻地用作智力上的"看",正如"把握"和"掌握"曾从身体动作概念转变为智力动作概念一样。理性主义哲学家首先将"直觉"概念运用在说明对逻辑学和数学不证自明真理的悟性方面,它包括结论从演绎推论的前提下得出的不证自明的必然性。还有很多哲学家将"直觉"概念应用于对道德原则的悟性,主张这些原则与逻辑学和数学的不证自明真理极为类似。直觉主义者通常认为,原则规定下列所有或大多数行动范畴。

(1) 促进其他人的幸福

(2) 不对其他人施以伤害

(3) 对人公正[可指(a)按功对待,或(b)平等对待,或(c)按需对待]

(4) 告诉真相(或更正确地说,不欺骗。因为告诉其他人我们知道的所有真相,这不是对他们的道德义务,而是强加于他们的荒谬的负担)

(5) 信守诺言(包括履行契约,如偿还债务,之所以有义务这样做是因其由诺言引起)

(6) 感恩

(7) 促进自己的幸福(审慎行事)

（8）坚持和促进自己的美德（自重）

以上这些所谓不证自明的原则并不是所有直觉主义者都援引的，或并不是将它们以同样的方式进行分类。虽然直觉主义者对其"原则清单"所包括的内容方面并不一定完全一致，但他们在批评功利主义方面是一致的。他们认为，功利主义的普遍缺陷是：它限定了一对最重要的原则，但忽视了其他原则。它挑选的原则意在展望未来的后果，而忽视了那些依赖过去的原则（如按照功绩、信守诺言、感恩而实行公正）以及那些适用效力与时间无关的原则（如说出真相、平等和对公正概念的需要）。

直觉主义对功利主义的两个批判意见具有相当的说服力。这两个批判意见也正是功利主义所尽力避免的，下面让我们来分别看一下。

（1）第一个反对意见是直觉主义原则的所谓自明性。功利主义所主张的效用原则本身又如何呢？它是否自明？如果不，如何达到自明？有相当一些功利主义者曾辩护说效用原则是自明的。他们的辩护理由是主张尽可能增进幸福的效用原则是正确的，所有人对这一点都是认同的，对此没有争议，显然它是自明的。然而，问题在于人们并非普遍同意这一原则，因为使一个人幸福未必与使其他人幸福完全一致。人们全都自然而然地要自己幸福，全都自然而然地追求它，促进一个人自己的幸福，这当然没有错。但它是否与使其他人幸福完全一致呢？再说推进其他人也能同样幸福是道德义务吗？由于功利主义者对直觉主义所主张的审慎行事原则是否是道德义务原则存在怀疑和歧异，那么对最大幸福原则，即人们具有道德义务促使可能受到影响的所有人（我们自己与其他人一样）的幸福达到最大限度的原则，也必然存在怀疑。这个原则与直觉主义者的审慎行事原则一样具有不确定性。它显然不能被认为是绝对的不证自明的。

当然，还有很多功利主义者认为，人们接受效用原则与自明性之间不存在必然关系。包括直觉主义者在内的理性主义者都认为不管是在逻辑学和数学，还是在伦理学中，自明的真理是仅靠理性的理解力才能获得的一类关于世界的真正知识。不想与自明有什么关系的功利主义者在知识理论中是经验主义者，所以他们在伦理学理论中则是自然主义者。他们相信关于世界的真正知识总是依赖感觉或感受的经验。逻辑学和数学的真理性并不带给我们关于世界的任何信息；它们是必然的和普遍的，因为它们依赖语言和符号的定义和人造的规则；在某种意义上它们是同义反复。效用原则与之完全不同。功利主义者认为它肯定是一种真正的知识，而经验主义的（或自然主义的）功利主义者则论证我们可以从感受的经验中获得效用原则。他们认为，虽然我们本能地对我们自己的幸福感受感到温暖，通过同情我们也对其他人的幸福有相同的感受，这可能导致我们追求自己幸福和他人幸福的不同心理机制，说明我们对促进自己幸福和促进他人幸福方面存在不同的态度。因此，功利主义者没有澄清的是，他们自己如何能够从这些实证的心理学事实进而作出规范性判断：认为同样地对待所有人的幸福，不管是自己的幸福，还是他人的幸福，是合乎理性的或正确的。

（2）对直觉主义的第二个反对意见涉及原则之间冲突的可能性。功利主义者声称提供了一个基础原则，它可用作解决冲突的标准。但功利主义真的提供给我们这样一个原则了吗？它主张，正确的行动是产生最大多数人最大幸福的行动。这个标准里面含有两个因素：一是这个标准促使我们产生尽可能多的幸福，以及尽可能广泛地分配幸福，因此，所谓的效用原则或最大幸福事实上是效用原则加上公正分配原则；二是它倾向采纳平均主义的公正概念，用边沁的话说，就是"每一个人都是一个人，谁也不比一个人更多"[1]。

综合以上两点，我们可以看出功利主义最大局限或许在于，它简单抽象地考量快乐或幸福的量，而忽视使之幸福或不幸的人。如果道德的目的是实现人的幸福，但这并不能得出结论就可以认为增加人数应该优先于现存个体的生活质量。功利主义计算幸福本身的量的想法是不切实际的。功利主义的失误是执着于估算幸福本身的量，而没有看到幸福概念隶属于人的概念。幸福对伦理学之所以重要，就在于它是人的主要目的。

第三节 伦理学与政治

伦理学与政治在本质精神方面似乎是相互对立的，因为伦理学追求利益的利他主义，而政治则内在地必须将自我利益放在人性中首要位置加以考量。政治形态的差异尤其集中体现在正义和自由两个概念上。每个人都支持正义，但对它的解释却存在很大不同；同样，每个人都支持自由但在理解上却未必是同样的自由。政治左派给予"社会正义"以优先地位，

---

[1] Jeremy, Bentham, *An Introduction to the Principles of Morals and Legislation*. New York: Hafner, 1948, p. 5.

主张朝着更大的平等和消除贫困方向进行社会改革；右派所主张的"社会正义"则更重视法律秩序、稳定性、鼓励企业和功绩等价值，同时右派也强调自由，将它与企业、国家最小限度的干预、鼓励人们自治联系起来。左派比较重视国家干预、社会团结互助的必要性，也就是"社会正义"。这并不是说左派不重视自由。相反，它强调自由是一种基本的价值，要作为社会目标加以保持，但在经济生活中自由应保持克制。或者更准确地说，这种主张也适合于民主派的左派。那些不相信民主的人（他们也许是政治上的左派，也许是右派）则有较大不同，他们不关心通常理解的自由；反之，他们维护对自由的一种特殊解释，主张为了国家的集体利益可以牺牲个人利益。

自由与平等的困境

正义和自由是政治思想的两个基本概念。每个社会都需要维持某种结构，每一个深思熟虑的社会需要某种关于这种结构的概念。正义正是社会价值的基本概念，它使社会团结在一起。但由于每一个社会都是由不同的个体组成的，在社会团结与个体体验的感情之间必定会发生张力。这一点充分表现在自由的概念中。所以，将正义和自由彼此加以对照：正义是社会价值，而自由则非常关注个人，随时准备维护个人权利，反对国家要求。然而，正义并非只有一个侧面，它往往与自由联合起来，作为个体反对整体社会的理由。

正义是一个复杂的概念。它既出现在法律中，也出现在伦理学中，应该说法律的整体就是在关注正义。在伦理学中，正义是最重要的社会价值，也是最重要的社会美德。法律中的正义和伦理学中的正义是不同的，但并非分离的概念。正义的观念总是具有伦理学的色彩，当在法律中使用它时，或应用于作为整体的法律制度中时，它提醒人们，一般理解的法律不单是一组要实施的规则，法律更有其伦理学的目的。

但什么是正义的？对于正义概念总是存在两种不同的又显然不相容的观念。首先是取决于功过的正义观念，这一观念在刑法公正以及社会伦理学的公平概念中可以看到。刑法公正是一个惩罚犯法有罪的人的问题，惩罚无辜的人显然是不公正的。同样，公正的奖励必须与功绩有关：奖励或奖金应该给理应得到它的人。在这样一种正义观念中，分配效益或承担负担的决定因素是功过。按照这种观点，正义要求我们将所有人看作具有同等价值和具有同等要求。偏爱一些人，而歧视另一些人是不公正的。我们应该为穷人、病人、残疾人做些特别的事情，因为与大多数人相比，他们处于不利地位。我们应该尽我们的可能，努力使他们达到或接近与更幸运的人的平等地位。

给穷人更多，是因为他们拥有更少；这是试图减少不平等，接近人人平等的理想，这是完全的正义。然而，种种的歧视无论在效果上还是在方法上，都是非平等主义的；它们增加了现存的不平等。具备特殊才能的个人，已经拥有了优于普通人的有利条件。如果你给他特殊奖励，或特殊奖金，或特别好的工作，你就增加了他的有利条件。这样做对社会也许是有用的，因为给这个有特殊才能的人委以特殊的工作，他做这种工作与那些并不那么有才能的人比较起来，无疑会给社会带来更多的效益。因此，训练有才能的个人，委以负责的工作，付给他们较高的工资作为鼓励，是有意义的。这在社会上是有用的，但并不能因此而意味着它就是正义的。按照这种观点，除了帮助地位低的人与其他人接近平等外，严格的正义要求我们同样地对待每一个人。这是第二种正义观念，它也具有相当强的说服力。然而，正义的这两种观念是彼此不相容的。我们如何在它们之间作出判定？有没有合乎理性的方法在它们之间作出抉择？因为这两种正义观念对我们的道德意识而言，都具有很强的直觉上的吸引力。

罗尔斯的正义方案

约翰·罗尔斯（John Rawls）在用合乎理性的方法解决正义原则的选择问题方面，提出了独创性的建议。他利用假设性的社会契约方法，这种方法试图避免诉诸道德直觉而解决这个矛盾问题。社会契约论是早期政治哲学里非常流行的概念，罗尔斯让我们想象有一些人，它们知道社会科学的普遍规律，但对所有具体事实一无所知，包括他们自己的能力，他们自己的历史，他们在社会中的地位，还有这个社会的时间和地点。在这样的背景下，要求他们达成分配利益和负担的原则。罗尔斯继续说，我们可以设想，他们根据自我利益来考虑这个问题，努力使他们的收益达到最大限度，负担减到最小限度，但他们不知道他们自己在社会系统中究竟处于什么位置。他们也许处在社会等级的顶端，也许处在社会底层。罗尔斯指出，因此他们会设法为处于等级底层的人创造尽可能好的条件，因为他们自己也极有可能处于底层。他们的决定虽然是受自我利益的驱使，但由于

"无知之幕"的存在，最终会形成不偏不倚的有利于每个人利益的结果。按照罗尔斯的观点，这就是公正或公平的观念：通过体制安排可以实现不偏不倚地让每个人得益，我们可以通过想象在每个人对个人境况无知的背景下，通过订立社会契约来达到对正义的理解。

罗尔斯并没有表明，可以将正义概念等同于自我利益观念。正义在两个人之间基本上是不偏不倚的。即如果你问你自己在任何境况下，什么是对一个问题的公正或公平的解决，你不应该根据自我利益来考虑，而将你自己置于优于他人的地位。但这里存在的问题是，如果只是告诉人们根据关于正义的道德直觉来考虑公平问题，他们将很可能提出不同的和矛盾的答案。根据自我利益来进行合乎理性的计算，或许可以避免仅凭援引正义的道德直觉所带来的问题，但这种计算通常不能使我们达到我们所期望的不偏不倚的结果。在对个人境况一无所知的"无知之幕"的情况下进行自我利益的计算，无疑可以增进不偏不倚性的结果。即如果在任何可能的情况下，我不得不考虑我自己的利益，其实我也就是在考虑所有人的利益，而不仅只是在考虑我自己的利益。

那么，在对具体事实一无所知的情况下，人们订立这种假设性契约的结果会是怎样的呢？根据罗尔斯的观点，在"无知之幕"的自然状态下，人们首先会尽可能地通过确立最基本的平等自由来保证基本的自我利益，在这样的前提下，人们再通过同意"有差别的平等"来改善提高每个人的境况，包括那些处于最不利地位的人的基本状况。后一个原则就是罗尔斯所称的"差别原则"，这个原则允许不平等的存在，但这种不平等应是"公平的不平等"，即它最终可以给处于最不利地位的人们带来利益的改善，最终也会改善整个社会的普遍利益。但如果利益的增加只有利于特权集团，而丝毫没有改善穷人的命运，那么这种不平等就是非正义的。

罗尔斯的正义观念赋予公平的平等概念以优先地位。当然它也支持"差别原则"，即不平等之所以可以得到辩护，仅是因为它最终有利于处于最不利地位的人们改善自我利益。换言之，根据社会效用的最终结果是有利于帮助穷人的这个理由，不平等才可得到辩护。因此，罗尔斯的正义观念支持将平等/需要概念置于优先地位，包括借鉴了功利主义的普遍效用原则，但这种效用原则排除基于功过本身的评价。这种正义观念在一定程度上解决了在两个传统概念之间进行抉择的难题。

然而，事实上，罗尔斯的正义观念并非纯粹依靠人们对自我利益的理性计算，"基本自由平等原则"和"差别原则"也未必一定是完全合乎理性的。如罗尔斯的"差别原则"通过诉诸道德正义感来强调穷人的利益。但是，罗尔斯是否成功地表明，如果人们对个人境况一无所知，人们还会诉诸自我利益或正义感吗？

罗尔斯假定，一个合乎理性的追求自我利益的人总是寻求稳健的策略，他会将注意力更多地用来考量如果自己运气不佳，如何避免自己的境况变得太糟。假设"无知之幕"背后的订约者思考两个可供选择的社会：一个社会仿效激进的福利国家政策，总想为处于社会等级底层的人提供更多支持，但这样做会不可避免地要对其他人课以高税，因此处于该社会的人们都不会太富；第二个社会对穷人仍然给予支持，但并不像福利国家政策那么激进，它会给某些拥有特殊才能的人留有机会，他们可以通过自己的特殊才能、特殊努力或纯粹靠运气来更好地改善自己的处境。如果我们问这两个社会中哪一个是更为公正的社会，我们也许会凭借道德直觉认为会是第一个社会；但如果我们进一步追问，人们在对自己的能力和运气究竟会如何一无所知的前提下，单纯追求自我利益的人会在这两个社会中选择哪一个，他会情愿选择第一个吗？为什么他必然会采用稳健的策略？为什么他不会尝试一定的风险策略呢？他会认为在第二个社会，即使他掉到了社会底层，他也不会太糟，他总有机会成为幸运的少数人之一。

自我利益概念本身其实并不意味着在作出抉择时，应该偏好小心翼翼还是果敢大胆。罗尔斯假定追求自我利益的人将会小心翼翼，而不是果敢大胆，这其实并不必然正确。如果追求自我利益的人宁愿选择果敢大胆，而不是小心翼翼，那么罗尔斯第一个正义原则的假定将正好相反。第一个正义原则要求最大限度的平等自由，这其实假定了参与社会契约并从自我利益的角度进行抉择的人们，将把所有人的最大限度自由置于优先地位。罗尔斯对基本自由平等而不是其他种类的平等（如物质利益的平等）的规定是值得肯定的。但根据其正义原则，我们并不能保证从社会抽象出来的一个追求自我利益的人，必然会给予基本自由平等以最高的优先地位。

罗尔斯所设定的"无知之幕"其实未能真实展现人们的文化心理学效应。在"美国梦"的文化背景中，一个现代的美国人会将个人自由置于更高的价值序列；他要自由地做他自己的事情，他对他自己能够果敢大胆地接受自由所带来的可能风险有充分的信心。在其他社会文化中，艰难的条件可能会使大多数人更为担心害怕，认为如果要生活下去，对自由的限制将是不可避免的。罗尔斯假定追求自我利益的人在作出抉择时，对他自己的境况一无所知，不受特定社会经验的影响，这是完全可以理解的。但我们不能因此而断定，人们在选择罗尔斯第一正义原则时，他们的抉择会果敢大胆，而不是小心翼翼；而在选择第二正义原则时，他们的抉择会小心翼翼，而不是果敢大胆。

　　总而言之，罗尔斯的社会契约方法，并未能给我们提供一个合乎理性的方法，在两个对立的正义概念之间作出判定。这一方法的目的是达到不偏不倚。其实通过在一定程度上限制人们对自我利益的判断而达到不偏不倚的结果，可以运用想象性同情心的能力来实现。设身处地地为别人着想就是为自己着想。这事实上就是正义的心理学基础，就是罗尔斯所承认的实现正义原则的关键，应该诉诸人们的正义感。正义原则欲阐明关注穷人的需要与自我利益之间的相关性，就涉及一种与穷人的自我认同。这里需要提出的问题是，保持对处于弱势地位的人们的同情心，这种道德义务是否是一个正义的义务。

第二章

近代知识模式与政治哲学的变革

福柯在其《词与物》中，探讨了 16 世纪以来近代知识的基本模式，研究了知识模式对于知识建构的影响力。他认为，西方近代知识的建构及其特征，是西方人特定"知识模式"的产物。[①] 由此可见，我们绝不能低估模式对于知识建构的影响力。自从近代以来，人类进入思想发展最为活跃的时期，而这个时期的西方政治哲学的发展也显得异常繁荣。人类自近代以来在思维发展史上出现了众多的模式上的革命性变化，这些变化不仅对西方政治哲学的政治思维模式在近现代的突破性发展产生了非常直接的影响，同时也带来了西方政治哲学在发展内容上的巨大改变，某些与古典政治哲学迥然有别的思想纷纷出场并且脱颖而出。

人们可以通过研究近代以来的思维模式的发展状况，来重新审视西方政治哲学思维模式的突破性发展的认识论根源。也许人们难以具体地说明为什么某种十分精彩的思想会出现在西方政治哲学史上的某个阶段，为什么在近代之后有关权力、普遍权利、社会契约论、代议制民主等全新的政治哲学概念会如泉水般涌出，为什么尽管诞生了罗尔斯的正义论，西方政治哲学在整个 20 世纪呈现出的仍是一种衰败的景象。

第一节　近代知识模式的嬗变

正是带着对这类问题的思考与解答，我们不仅看到了近代以来人类思维模式上的一系列革命性变化对于西方政治哲学的思维模式的发展所产生的深刻的认识论影响，而且也对西方政治哲学在 20 世纪的发展困境的认

[①] ［法］福柯：《词与物：人文科学考古学》，参见冯俊等《后现代主义哲学讲演录》，商务印书馆 2003 年版，第 419 页。

识论根源有了更加深入的了解。总体而言,思维模式、政治思维模式以及政治哲学的发展状况之间形成了一种链条关系:思维模式影响政治思维模式的发展,而政治思维模式又对政治哲学的发展状况产生直接的影响。在20世纪,由于缺乏来自思维模式方面的革命性变化,致使政治思维模式同样陷入困顿之中,而这也便导致当代西方政治哲学在整体思想上并没有真正超越19世纪,它们所延续的仍然是19世纪及其之前的有关自由主义与保守主义、现实主义与理想主义等问题的争论。

近代以前,认识史的发展经历了异常曲折的过程。哲学产生之初,哲学家们对主体的认识能力抱有天真的信念,满怀信心地相信人类的智慧能够找出世界的本原,进而解释世界上的一切事物和现象。但是,在认识的过程中,主体把握客体的复杂性很快就暴露出来了。一般而论,自近代以来,人类在思维模式上首先进行的是事实与价值的理性分离,这次分离的主要意义在于使科学与宗教分离开来,从而使科学有了独立发展的可能性;主体与客体的理性分离是近代思维模式史上最为重要的一次分离,这次分离使人类最终完成了主体性建构;个体与整体的理性分离是近代思维模式史上最为深刻的一次分离,这次分离不仅巩固了主体与客体的理性分离的成果,而且也使张扬个性成为可能;理论与实践的理性分离则主要是由马克思主义实践观来完成的。

事实与价值

近代思维模式史上首先发生的便是事实与价值的理性分离,在近代之前西方经历了中世纪、文艺复兴和近代实验科学的兴起。"宗教自然观、社会、国家制度,一切都受到了最无情的批判:一切都必须在理性的法庭面前为自己的存在做辩护或放弃存在的权利。思维着的悟性成了衡量一切的唯一尺度。"[1] 这种"思维着的悟性"以当时的实验科学方法为其特征,在思维方式上受到形而上学的影响,以它为尺度所进行的理性批判的结果是关于知识、事实、真理的经验主义或理性主义倾向,以及关于价值问题的意志主义或非理性主义倾向。科学、知识、事实、真理仅仅被理解为可以用实验科学方式加以经验验证和逻辑论证的东西,而价值(如伦理、宗教的问题)则被看作是与科学无关的东西,在这里不能应用事实、真理、

---

[1] [德] 黑格尔:《逻辑学》上卷,商务印书馆1966年版,第167页。

标准等概念。从此以后，价值问题与事实问题逐渐走向对立，成为两个性质不同的领域。

主体与客体

近代以前的认识史，主要是关于主体之外的客体的认知。而近代以来的认识论，则主要转向主体对认识自身的反省研究，一方面可以说构成了认识史中的反省的认识阶段，另一方面则可以说构成了认识史中主体与客体的分离真正形成阶段。主体对自身认识进行反省研究，这种思维模式所带来的积极结果是：一方面，由于人类的认识主体意识得以确立，而且人类的主体意识得到了高扬，因此，众多的认识领域都得到了蓬勃的发展；另一方面，由于人类的主体性不再受到包裹、遮蔽，围绕着人类的主体性而展开的社会理论体系得到了迅速地建立与发展。但这种理性分离也带来不利的后果：二元论成为了日后的一大难题。

个体与整体

当亚里士多德极力强调人是政治动物时，在他那里，个体实际上是融入整体之中的，是缺乏自身独立性的。个体与整体不相分离这种思维模式在中世纪的经院哲学中达到了顶峰。在中世纪，个体只是神的奴婢，是缺乏其独立的人格与尊严的，但正是中世纪后期的唯名论与唯实论之争，引发了人们对个体与整体关系的深入思考，并为个体与整体的理性分离做了铺垫。

近代社会是以张扬个性，追求个体自由和人权为开端的，因此，关于个体与整体相分离的构想在近代早期就得到了确立。但是，这种构想以思维模式的形式固定下来，却是经过了莱布尼兹的"单子说"等一系列尝试之后，最终在黑格尔那里得到了较为系统的解决。在《逻辑学》一书中，黑格尔这样评述莱布尼兹的"单子说"，他写道："莱布尼茨的观念论比较是处于抽象概念的界限以内的——他所想象的东西——单子，本质上是观念的。想象是一个自为之有，规定性在想象中不是界限，因此也就不是实有，而仅仅是环节。想象固然也同样是较具体的规定，但在这里并没有比观念性更多的意义；因为在他看来，一般无意识的东西也是有想象的、知觉的。所以在这个体系中，他又被取消了，精神与肉体或一般单子都不是彼此互为他物，它们不彼此设立界限，彼此互不影响；总之，一个实有以之为基础的一切关系都消失了。多样性只是观念的、内在的，单子在这里只是与自身有关系，变化只在单子以内发展，没有单子与其他事物的关系。"①

从这段评述中可以看到，莱布尼兹的"单子说"在极力强调个体存在意义的同时，却将整体予以了否定。莱布尼兹眼中的个体不是从整体中分离出来的个体，而是以否定整体为前提的个体，因此，这种个体是没有"与其他事物的关系"的个体。

当黑格尔在《逻辑学》一书中进一步明确提出："'一'作为否定物的自身关系，是在进行规定"② "多个的一这样把自身建立为一个一，就是吸引时"③，他正是通过辩证的思维处理而在将个体从整体中分离出来的同时，又承认了整体的存在。在黑格尔那里，个体的存在并不是以否定整体的存在为前提的，而且并没有因为个体的存在而让整体的存在失去可能；相反，整体正是在对个体予以承认的过程中而使自己一并被承认下来。个体与整体之间的这种理性分离，成为了日后方法论上的个体主义与方法论上的整体主义对峙的导火线。

理论与实践

近代以来，伴随着前面三大理性分离的出现，社会生产力和科学技术得到了迅猛的发展。而正是在这种情况下，人类的实践活动发生了质的飞跃，人类通过大机器生产创造出了许多人间奇迹，致使人类的实践观领域也随之发生了最深刻的思想变革。实践（意指行动）一词早在古希腊早期就已出现，但只是直到亚里士多德那里，"实践"概念才真正成为一个重要的反思人类行为的范畴。亚里士多德是西方实践哲学的开山人物，在他的实践哲学中，所谓实践主要是指有别于理论的人的活动，因此亚里士多德本人就是最早从理论与实践的区别中来把握实践的学者。但应当看到的是，在亚里士多德那里，"'理论'是科学的观察和'沉思'；作为一种生活方式，它是'神性的'，因为它既无生活需求的束缚，又不以人事为目的，而只求分享神性。至于'实践'，则主要是指与生活劳动相区别

---

① [德]黑格尔：《逻辑学》上卷，商务印书馆1966年版，第164页。
② [德]黑格尔：《逻辑学》上卷，商务印书馆1966年版，第167页。
③ [德]黑格尔：《逻辑学》上卷，商务印书馆1966年版，第177页。

的人的伦理道德行为和政治行为"。① 亚里士多德的实践哲学实际上并不是一种实践的形而上学或本体论,而是可以看作一种伦理哲学,它从现实的人的伦理存在出发,力求对人的实践行为要素和结构进行深入分析。

应当说,理论与实践在理性上的真正分离是从近代才开始的,而它的最终完成则是与马克思、恩格斯的共同努力分不开的。马克思不仅明确指出实践是"人的感性活动""全部社会生活在本质上是实践的。凡是把理论引向神秘主义方面的神秘东西,都能在人的实践中以及对这个实践的理解中得到合理的解决"。② 作为现代实践观的完成者,马克思不仅利用实证的方法描述性地界定了实践,将实践定义为"人的感性活动",而且还从本体论意义上界定了实践,明确指出"全部社会生活在本质上是实践的"。

正因为实践的本质得到了确立,因此,实践与理论之间可以形成一种真正意义上的理性分离格局。尽管这种思维模式中的理性分离格局,最终在马克思主义实践观中得到了辩证的统一,但是人们却明确地看到了实践与理论之间是可以被分离开来的。经过康德、费希特、谢林、黑格尔的思想铺垫,以及马克思的辩证理解,人们可以清晰地感受到:从本质上说,实践是具有独立于理论的存在意义的,而且实践是比理论更重要、更根本的存在;人的理论必须依靠实践来证明自身,实践是人的认识能力得以提高的根本途径。

第二节 政治哲学的变革

正因为自近代以来人类思维模式上出现了事实与价值、主体与客体、整体与个体、理论与实践等一系列重要的理性分离,所以与此相对应的是,西方现代政治哲学的发展进程中势必会反映这些理性分离,也就是说,西方政治哲学的政治思维模式在现代的突破会深深地打上思维模式革命的烙印。

---

① [古希腊] 亚里士多德:《尼各马可伦理学》第 4 卷,中国社会科学出版社 1990 年版,第 4 节。

② 《马克思恩格斯选集》第 1 卷,人民出版社 1995 年版,第 56 页。

政治与道德的理性剥离

著名思想家马基雅维里将政治与道德予以了分离,从而引发了现代政治哲学的诞生。其实,若从认识论根源上说,当马基雅维里将政治与道德加以剥离开来时,这实质上就是事实与价值发生理性分离在政治上的一种重要表现形式而已。作为政治哲学的开创性人物,亚里士多德使政治哲学与伦理学(或称道德哲学)合二为一,而要想打破这种政治思维模式,其中一个重要前提就在于必须进行认识上的思维模式重构。前文讲到在近代的思维模式史上人类进行了将事实与价值加以理性分离的认识工作,应该说这项工作对于将政治从道德世界中剥离出来是极为重要的。

作为马基雅维里的后继者,霍布斯力图通过将政治学几何学化而将政治从道德世界中剥离出来,这种剥离过程本身所希望体现的就是事实与价值的理性分离。尽管霍布斯极力将政治哲学当作自然科学的一部分或者附属品的尝试,经常不断地受到质疑,① 但是,根据当时情况,我们的确不应该否定霍布斯希望把政治哲学理解为自然科学的一部分或附属品的企图。在《政治哲学史》一书中,施特劳斯明确指出:"尽管他(指霍布斯,引者注)的科学方法观影响着他对人类经验的系统的分析,但他指出,为了确定真理并认识他的政治哲学的重要性,我们应注意的不应是他对科学的认识,而应是他对科学出现前的共同经验的理解认识。他提出,可以独立于他的物理学对基本人类经验进行充分的、正确的判定或洞察。"②

虽然由于时代的局限,霍布斯还不可能对价值概念本身具有十分清醒的认识,但是,他力求从真理和科学的角度来确定其政治哲学的重要性,这一点却在一定的程度上表明,在他那里事实与价值之间并不是笼统不分的,而是存在着区别的;而且对他来说,将具有科学特质的政治哲学放在道德世界中加以认识,也是不可取的。霍布斯曾经旗帜鲜明地反对亚里士多德的学说,认为其学说既具颠覆破坏性,又是虚伪的。

正因为在霍布斯时代事实与价值的理性分离还没有完全走向成熟,还没有完全在人类思维中真正建构起来。所以,尽管霍布斯极力使政治哲学

---

① [美] 施特劳斯:《霍布斯的政治哲学》,译林出版社2001年版,第7页。
② [美] 施特劳斯等编:《政治哲学史》上卷,河北人民出版社1993年版,第468页。

走向科学化，但是，他的政治哲学最终仍被一些学者认为是独立于自然科学的，从而他的政治哲学并没有真正走出道德世界，一些学者仍然用道德的眼光去看待霍布斯的政治哲学。施特劳斯在其独创性的《霍布斯的政治哲学》一书中这样写道："霍布斯的人性理论，是他的政治哲学的基础；他把这个人性理论，归结为'两条最为确凿无疑的人性公理，第一条公理是'自然欲望公理'，而第二条叫作'自然理性公理'。"①

我们知道，在近代思维模式史上，关于事实与价值的理性分离在休谟那里才出现了真正的转机。"在休谟看来，事实与价值是两个不同的领域。休谟对事实的理解是比较狭隘的，即事实是存在于对象之中、与人的天性结构或价值无关的、可以为理性所把握的对象及其性质，如客体的时空关系、数量关系，客体的物理、化学特性等。而价值（道德之善恶）并不存在于对象之中，并不是对象的性质，不是理性所能加以把握的；它是人在认识或思考对象时，主体内心由于其天性结构而产生的感觉或情感；人的行为的善恶等只受愉快或不愉快的情绪或情感的支配或指导，理性作为'情感的奴隶'，在道德（价值）行为中，只是为情感服务的。"② 一方面，事实是理性的对象，存在于对象之内，而价值（道德）则不是理性而是情感的对象，存在于对象与主体内心的天性结构之间。休谟在伦理学中所使用的是自然科学的方法，即建立在心理学基础上的观察和实验的方法（《人性论》的完整标题是："人性论——在精神科学中采用实验推理方法的一个尝试"）。因此，运用这种方法如何能够沟通事实与价值，是尚需探索与说明的，休谟本人也并未对此做出进一步的努力。另一方面，从事实判断推导出价值（道德）判断，在逻辑上何以可能也尚待证明。也正因为休谟的这种怀疑主义态度，才使得人类从认识论的角度对事实与价值之间的分离关系，有了更进一步的认识。这种认识对于人类进一步在政治哲学上将政治与道德剥离开来，起到了极其关键的作用。

休谟通过对自然法理论进行"事实"和"价值"二元论的剖析，预示着分析政治现象的一种新的思维模式的出现，也预示了西方政治哲学中长期普遍存在的逻辑矛盾，人类认识政治现象从此也有了新的得到理性证

---

① ［美］施特劳斯:《霍布斯的政治哲学》，译林出版社2001年版，第107页。
② 孙伟平:《事实与价值》，中国社会科学出版社2000年版，第8页。

明的政治思维模式。

休谟之后，在英国很快便有了功利主义这样一种新的政治哲学形式。对于功利主义，埃德加·博登加默在《法理学》一书中曾经这样写道："它的一些根源可以在18世纪苏格兰哲学家大卫·休谟的著作中找到。休谟是经验价值理论的奠基者，其理论是以普通人的价值经验为基础的。但休谟不能被看作是功利主义的一个典型的和彻底的代表人物。为要获得关于功利主义学说的十分详尽和系统的观点，我们必须注意杰瑞米·边沁和约翰·斯图亚特·密尔的著作。"① 因此，正是有鉴于功利主义与休谟之间的这种内在联系，我们又可以把功利主义视为将政治与道德进行进一步剥离的重要成果。

功利主义政治哲学在20世纪之前处于主导性的理论地位，它一般将行动描述得似乎极其简单。行动者会以某种特定的方式行事，以尽最大可能实现自己的利益，满足自己的需求，或者说，尽最大可能减少自己的损失，降低自己的不适。绝大多数的功利主义者都以某种方式体现出这样一种观念，而浪漫主义的政治哲学家们则拒绝接受这种功利主义立场，认为功利主义者忽视了所有行动中都会直接表达或间接蕴含的那些社会意义、文化道德和个人情感。

应当说，休谟将事实与价值予以明确分开的最重要的政治哲学成果，则是实证主义政治哲学的登场。博登加默在《法理学》一书中进一步写道："从19世纪下半叶起，实证主义侵入了包括法律科学在内的社会科学的一切分支。法律实证主义与一般实证主义理论的共同点是厌恶形而上学的臆测和探寻终极原则。它反对法理学家企图超越现存法律体系的经验实在去了解和表达法律概念。它力求从法理科学中排除对价值的考虑，并把这门科学的任务限制在分析和解剖实际的法律秩序。"② 虽然博登加默的论述是针对法律实证主义的，但是，它却使我们对实证主义政治哲学的本质特征有了较为清楚的认识。与法律实证主义一样，实证主义政治哲学显然也是以力求从政治哲学中排除价值考虑为主要特征的。

实证主义政治哲学与功利主义政治哲学是一脉相承的，不过，与功利主义只承认功利标准而拒斥道德标准不同的是，实证主义政治哲学所遵循

---

① ［美］埃德加·博登加默：《法理学》，上海人民出版社1992年版，第95页。
② ［美］埃德加·博登加默：《法理学》，上海人民出版社1992年版，第106页。

的是一种单一化的发展模式。它只注重对政治行为和政治事实进行经验分析,以做出符合逻辑的解释。尽管实证主义政治哲学在政治哲学领域内并没有像功利主义那样以"思想旗帜"的形式被树立起来,但是,我们却能够看到它的深刻存在与重要影响。实证主义政治哲学包括诸多的流派,我们甚至可以说,自19世纪下半叶之后的各种政治哲学思想无不打上了实证主义的烙印。它们的主要特点是,尊重社会生活的客观事实,尤其以像自然规律那样先验存在的社会自然秩序作为客观事实的真实源泉。而且,虽然实证主义政治哲学只是实证主义思想历史性实践的一部分,但是这种强调事实的科学而不是理性的科学的实践的胜利,成就了发达资本主义工业社会的意识形态:一种受技术—经济逻辑支配的极权性政治思维。

当然,实证主义政治哲学的极度发展,也成为了政治哲学在20世纪走向衰落的重要导火线。当代著名政治学家伊斯顿(David Easton)曾经指出:"政治学的发展在20世纪已走向衰落了,其标志是亚里士多德、洛克和其他西方政治思想传统上的伟大人物们曾经实践过的政治理论早已让位于政治思想史。政治理论已经被削弱为一种历史分析的形式,政治理论早已放弃了它本来应当具有的'创造性建立评价依据框架'的作用。"[①]

应当说,伊斯顿的分析是有一定深度的。政治哲学以实证主义为主要内容的发展,使得它放弃了它本来应当具有的"创造性建立评价依据框架"的作用,至此人们看不到政治哲学研究的价值规范层面上的内容,由此以来,政治哲学研究的最终意义显得苍白无力。罗尔斯作为改变政治哲学在20世纪衰落发展局面的关键性人物,曾稍显无奈地指出:"政治哲学——政治科学和道德哲学相对讲来已经荒芜了很长一个时期。"[②] 而对于罗尔斯在20世纪70年代给西方政治哲学的复苏与逐渐繁荣所带来的贡献,哈贝马斯则是这样予以高度评价的:"在最近的实践哲学史上,约翰·罗尔斯的《正义论》标志着一个轴心式的转折点,因为他将长期受

[①] David Easton, "The decline of Modern Political Theory", *Journal of Political* 13 (February 1951), p. 43.

[②] 参见 "John Rawls: For the Record", interviewed by R. Aybar, Joshua D. Harlan and Won J. Lee, In: *The Harvard Review of Philosophy*, Spring 1991, p. 42.

到压制的道德问题重新恢复到严肃的哲学研究对象的地位。"[1] 因此，进一步讲，西方政治哲学在20世纪的衰落是与实证主义政治哲学的极端发展分不开的，而在像罗尔斯、哈贝马斯之类的当代政治哲学家看来，改变实证主义政治哲学极端发展的态势也并非难事，它的最佳方式就是重新回到围绕价值而展开的道德政治哲学的发展轨道上来。

整体而言，19世纪以来的政治哲学的总体发展格局是与休谟在思维模式上的特殊贡献分不开的。不过尽管如此，休谟实际上也把人们引入思维怪圈之中。与以往不同的是，人们此时是自觉地行走在这种怪圈之中而已。因此，人们所要做的首要工作就是在事实与价值之间进行"二者择其一"式的路径选择，而近代以来的西方政治哲学正是在这样的路径选择中艰难地行进着，这也就决定了西方政治哲学自19世纪以来不可能有所谓的大踏步发展。

自由主义与保守主义之辩

近代以来，伴随着人类在思维模式上将个体与整体予以理性分离，在政治思维模式上也逐渐出现了将个体从整体中剥离出来的情况。这种剥离不仅带来了自由主义（围绕个体而展开）与保守主义（围绕整体而展开）两大派别的出现，而且也使纠缠于个体与整体关系问题的讨论，自近代开始一直延续至今。就目前来看，个体与整体的关系问题已经逐渐构成为西方政治哲学的基本问题，是判断政治哲学家们究竟是自由主义者还是保守主义者的重要标准。

近代之前，将个体融入整体之中一直是西方政治哲学的一个重要思想传统，这也是为什么有些古代和中世纪的政治哲学家，如亚里士多德和圣托马斯·阿奎那等，往往被人们称为保守主义者的主要原因。近代之后出现的将个体从整体中剥离出来的情况，主要是由个体自主性、独立性、完整性的不断提高所引发出来的，这种剥离最终作为政治思维模式在政治哲学上予以确立，反映了人类希望建立一种与过去不同的以个体为主导的新的社会政治框架的美好愿望。本来，个体与整体的剥离有着十分积极的意

---

[1] Jurgen Habemas, "Reconciliation through the Public Use of Reason: Remarks on John Rawls Political Liberation", In: *The Journal of philosophy*, Vol. XCII, No. 3, March 1995. And also Stuar Hampshire, "Liberalism: The New Twist", In: *The New York Review*, August 12. 1993.

义，它使个体存在的完整性、独立性得到了人类应有的重视与尊重。但是，也正是在这种剥离关系日益确立的情况下，人类又逐渐地深刻意识到完全建立以个体为主导的新的社会政治框架的不可能性。于是，个体与整体剥离关系的确立，便成为在西方政治哲学史上引发激烈争论的重要导火线。

尽管个体与整体的剥离关系并没有在作为近代西方政治哲学开创者之一的霍布斯那里建立起来，但是，当代法国学者路易·迪蒙（Louis Dumont）在评述霍布斯的政治思想，以及将它与卢梭的政治思想进行比较分析时说出了一些极其深刻的话。他说道："霍布斯是个体主义者还是整体主义者？都不是。在他面前我们的区分崩溃了，但这件事很有趣而且严格地说明了霍布斯的特点。他的出发点是不容置疑的：个体的人（individuum，法文，引者注），然而在准政治状态，这个人的生活受到否定，'孤独、可怜、肮脏、粗野、短促'。当这个人在理性的导引和自我保存的愿望下进入政治状态时，他失去了一部分权力，现在，他能获得安全和舒适，能发展才能，但是以隶属作为代价。他没有成为自足的个体，在自然状态中他也不曾是真正的自足个体。因此，通过看上去极端'个体主义'的步骤，个体主义最终失败了。但不能因此就说霍布斯是整体主义者，在他那里，社会机体的等级布局是不存在的，因为国家不朝向先验的目的，国家只服从国家本身。"① 他又说："从形式上看，卢梭的政治与霍布斯的政治正好相反。霍布斯的理论是代表性的、绝对主义的，强调隶属关系。卢梭的理论是集体性的、法律性的，强调的是自由。然而，这种明显的区别不应掩盖这两种理论在结构上的深刻类似。它们都认为自然人和社会人之间存在着断裂，因此对它们而言，'社会契约'标志着真正人类的真正诞生（于是有许多相似的细节）。它们都从表面上非常'个体主义'的前提出发，与现代环境的概念相一致，通过严格的逻辑达到'反个体主义'的结论。"②

从这些话语中可以清楚地看到，虽然霍布斯无法在个体主义者或集体主义者上进行明确定位，但是，就霍布斯已经认为"自然人与社会人之间存在着断裂"这一点来说，他已经拥有了在政治上将个体与整体加以剥离

---

① ［法］路易·迪蒙：《论个体主义》，上海人民出版社 2003 年版，第 78—79 页。
② ［法］路易·迪蒙：《论个体主义》，上海人民出版社 2003 年版，第 80 页。

第二章 近代知识模式与政治哲学的变革

的意识,这也是他能够由"个体主义"走向"反个体主义"的重要的思维上的引导。

从历史上看,作为后继者的洛克正是在影射霍布斯政治思想的过程中而使自由主义思潮初现端倪的。洛克提供了一种与霍布斯相反的理论,在洛克那里,个人的自由上升到了政治价值中最高的地位。他强调:"处在政府之下的人们的自由,应有长期有效的规则作为生活的准绳,这种规则为社会一切成员所共同遵守,并为社会所建立的立法机关所制定。"①

应该说,无论是早期洛克以初始状态的自由主义对霍布斯的"反个体主义"加以影射,还是在德国古典哲学时期黑格尔用自由主义的批判对卢梭的变异了的自由主义加以修正,以及当代的诺齐克用新保守主义与罗尔斯的新自由主义进行较量等,它们均说明在个体与整体剥离关系存在的情况下,无论是个体还是整体相对于对方来说,都不可能取得完全的独立性并形成绝对的优势。由此以来,个体与整体的剥离的相对性便日益明晰化,这种明晰化不仅最终导致了自由主义与保守主义两大派别的同时并存、互不相让与对峙,而且也使得人们时常陷入在自由主义与保守主义之间进行取舍的困境之中。

当代美国学者约翰·凯克斯(John Kekes)在《反对自由主义》一书中这样写道:"迄今为止,自由主义的历史是一部成功的历史。它作为对宗教的正统性的一种反应发轫于文艺复兴时期,在宗教改革时期得到强化,并在启蒙时期成为一种主要的政治力量。在其发展过程中,自由主义又摆脱了仅仅作为一种消极的反应的角色,转而成为能够作为对所有类型的绝对权威的替代品而产生吸引力的一种积极的政治想象力。它坚定地扩展着它对君主的神圣权利、对来自封建时代的贵族特权以及对所有形式的压迫的抵抗……"②

显然,凯克斯的这段话将自由主义创立的积极意义予以了说明。但在随后的分析中,凯克斯又列举出了自由主义信仰站不住脚的几个理由:第一,没有任何证据是对它不利的。尢论人类的善良方面还是邪恶方面的表现,都被认为是对它的肯定:前者是显而易见的,后者则是由于邪恶被当作制度使天性善良的行为者堕落的证据。如果人类行善,那是因为他们天

---

① [英]洛克:《政府论》下篇,商务印书馆1964年版,第16页。
② [美]约翰·凯克斯:《反对自由主义》,江苏人民出版社2003年版,第2页。

性善良；如果他们作恶，他们仍然是天性善良的，尽管他们已经堕落了。第二，邪恶的盛行来自邪恶的制度的假设，无视制度是如何变成邪恶的这一显而易见的问题。第三，自由主义的信仰不但得不到既成事实的支持，而且是与它们相矛盾的。凯克斯在此的结论是，"自由主义的困境：使邪恶更少盛行这一消极目标是与促进自由主义的政治纲领、基本价值和自主性相矛盾的。如果自由主义承认邪恶是盛行的，而且许多邪恶要归咎于人类的行为这一显而易见的事实，那么他们就必须回答如下问题：如果作恶者受到增进他们的自由、平等、权利、多元主义和分配正义，并通过它们增进自主性这一自由主义政治纲领的鼓励，那么如何才能使邪恶更少盛行"。①

应该说，凯克斯关于自由主义的积极意义以及局限性的论述，都是建立在现代意义上的，也就是说，它所借助的主要依据是道德哲学。而这恰好也是诺齐克提出其保守主义思想的主要立论基础。诺齐克认为，正因为人是邪恶的，所以，需要建立国家来管制这种邪恶，而且这种最小的、最少管事的国家是能够在道德上得到证明的。但与此同时，诺齐克也强调，国家不能管理比防止暴力、偷窃、欺诈和强制履行契约更多的事情，再管理就要侵犯到个人的权利，因而在道德上就是不可证明的。

总体来说，正是在自由主义与保守主义的具体较量之中，我们更加清晰地看到了自由主义与保定主义同时并存以及对峙格局存在的理由：一方面，自由主义在最大限度地扩大和加强个人权利的同时，因为无法否定个体的社会性（传统自由主义）或无法最终阻止无道德（邪恶）现象的出现（新自由主义）而需要被迫承认国家的作用，从而使保守主义有了其立论的基础；另一方面，保守主义在承认国家作用的情况下，因为无法否定整体的个体构成性（传统保守主义）或无法根本否认个体的权利（新保守主义）而需要被迫承认个体的作用，从而使自由主义有了其立论的基础。作为新自由主义者的罗尔斯认为，自己通过理性的论证已经解决了自由主义信仰对于正义含义的问题，也就是说，相信"如果人们自主地行动，那么他们就会正义地行为"②。因此，在他看来，自由主义已经将"保守主义"从其最后一个避难所（即关于道德的问题）中赶了出去。但

---

① [美]约翰·凯克斯：《反对自由主义》，江苏人民出版社2003年版，第59页。
② [美]约翰·凯克斯：《反对自由主义》，江苏人民出版社2003年版，第195页。

是，作为新保守主义者的诺齐克的反击，却使人们看到罗尔斯并没有赶走保守主义，他不过迎来了"美好的理想"，所"降下的不是无知之幕，而是幻觉之幕"①。不过，诺齐克只是在极其有限的范围内承认"最小国家"的存在，这说明了保守主义在自由主义所维护的个体权利上也需要退避三舍。

在上文中我们系统地清理了西方政治哲学的历史发展线索，现在我们转到一个更具根本性的问题上来，即对西方政治哲学的早期政治思维模式，以及近代以后所发生的政治思维模式突破的诱因与具体内容，进行深入考查。欧克肖特在其著名的《政治中的理性主义》一书中写道："在学术层面上，政治研究应该是一种历史研究——首先不是因为关心过去是合适的，而是因为我们需要关心具体的细节。的确，政治活动的传统在眼前表面呈现的东西，都深深扎根在过去，不注意它的生成常常就丧失了发现它的意义的线索；因此，真正的历史研究是政治教育不可或缺的部分。但同样重要的不是这里到那里发生的事，而是关于发生的事人们想什么和说什么：不是政治观念的历史，而是我们的政治思维的历史。"② 显然，这段论述是我们在研究西方政治哲学时，应当深入研究政治思维及其模式的最好佐证。从总体上看，这一方面的研究放在方法论范围内是很妥当的，对政治哲学和政治学的一般原理都会有所贡献，因为从本质上说它所涉及的是思维模式问题，而不是只限于在专业化领域中的问题、原则与规则。哈贝马斯曾明确指出，在社会理论中，理性这一问题域至少出现于三个层面，即理论层面、元理论层面和方法论层面。由此可见，作为方法论层面上重要内容的思维模式考查的另一个重要意义就在于，它已与理论层面、元理论层面一起构成为理性这个问题域的三个重要方面。

列宁曾深刻地指出："概念（认识）在存在中（在直接的现象中）揭露本质（因果律、同一、差别等等）——整个人类认识（全部科学）的真正的一般进程就是如此。"③ 在此，列宁以极其精辟的语言说明了概念在整个人类认识发展进程中的重要作用。尽管思维模式本身是一个现代概念，但是它与列宁所讲的概念在人类认识进程中的作用具有一致性。对于

---

① ［美］约翰·凯克斯：《反对自由主义》，江苏人民出版社2003年版，第198页。
② ［美］迈克尔·欧克肖特：《政治中的理性主义》，上海译文出版社2003年版，第55页。
③ 《列宁全集》第38卷，中文1版，第355页。

思维模式的基本功能，可以从以下三个方面来加以理解：第一，模式有助于组织材料，在大多数的情况下，所需要的是一些标准，据此信息可针对相关研究者的问题进行筛选，且以相关的格式组织起来。据此，别的无甚关联的材料可被关联，并揭示其重要的关系。第二，模式履行启示功能——这在《钱伯斯字典》（1988）中被界定为"用以或引导发现"。一旦相关信息被筛选并且组织起来，模式就会展示出其他值得进一步研究的重要关系，更一般地说，展示研究者在把模式用之于这些材料之前，所未曾想到的其他研究途径。第三，模式可以发挥预期功能。模式用之于所发生事情的相关信息和对重要关系和事件的确认，会使研究者运用推导的方式来预测未来的事件。模式使用于这一方面的能力不等，既可用于高度具体的事物也可适于相对普遍的事项。①

西方政治哲学早期政治思维模式，向人们展示了西方政治哲学先哲们确定了一种怎样的政治思维模式，从而极大地规定了西方政治哲学在以后历史中的发展。黑格尔曾明确指出："一切事物最初都是在自身（或潜在）的，但那并不是它们的终极，正如种子是植物自身，只不过植物是种子的自身发展。"②他还认为，哲学的对象就是"绝对精神"的自我发展、自我运动，并在发展运动中达到自我认识。研究和表述这个运动和认识的内在必然性，描述"绝对精神"自我运动和自我认识的历史，就是哲学认识的基本任务。尽管黑格尔的思想存在着整体上的局限性，但我们却必须加以指明的是，西方政治哲学在以后的发展中所经历的众多起伏，从本质上说都与其先祖们最初确定的胚胎、种子或模式有着直接的关联。

著名学者庞德与吉尔曾分析过理论与模式之间的区别："理论旨在解释政治现象，模式并不如此，模式用以揭示和/或说明政治关系与可能富有成果的研究途径。"③因此，理论与模式的最主要区别就在于，理论并不需要说明某一结论得来的思维路径，而模式却向人们展示了这种思维路径。虽然政治领域中理论革命的最初发生可能往往只是一种现实性的需要，但它的最终完成却是与思维模式的革命分不开的。从本质上说，政治

---

① ［美］杰弗里·庞德、彼得·吉尔：《政治学导论》，社会科学文献出版社2003年版，第46页。

② ［德］黑格尔：《小逻辑》，商务印书馆1980年版，第268页。

③ ［美］杰弗里·庞德、彼得·吉尔：《政治学导论》，社会科学文献出版社2003年版，第45页。

思维模式概念所力图体现的就是思维模式在政治理论建立过程中的重要作用，它是思维模式在政治理论中的一种新的表现形式与存在形式，或进一步说其认识论意义是为了揭示和/或说明政治结论与研究途径之间的内在联系。近代以来，人类思维领域曾经相继出现过将感性与理性、个别与一般、思维与存在、主体与客体、整体与个体、事实与价值、理论与实践等加以理性分离的活动。这些理性分离活动不仅深刻地促进了人类认识的发展，而且也使政治思维模式的突破成为可能。"分化"是现代性的辨别特征。① 从现代性意义上而言，人类的思维过程就是不断在辨析中形成理性分离的历史。这种理性分离是由抽象思维所带来的，是发生在思维领域中的一种认识状态，它不仅带来新的思维模式的涌现，而且它出现的频率越高，人类认识的进步速度就越快，人类对客观事物（其中包括政治现象）把握的准确率就越高。

总体说来，正因为近代以来人类思维模式领域内发生的一系列重要的理性分离，如事实和价值的理性分离、主体和客体的理性分离、个体与整体的理性分离以及理论和实践的理性分离等，与近代以来西方政治哲学发展史上政治思维模式突破的发生之间存在无法否认的内在联系。所以，我们不仅可以以此为内容去寻求近代以来西方政治哲学的政治思维模式突破的认识论上的诱因与根据，而且还可以由此深入分析当代西方政治哲学陷入困顿的原因所在。恩格斯认为："每一时代的理论思维，从而我们时代的理论思维，都是一种历史的产物，在不同的时代具有非常不同的形式，并因而具有非常不同的内容。因此，关于思维的科学，和其他任何科学一样，是一种历史的科学，关于人的思维的历史发展的科学。"② 恩格斯这里所说的"理论思维"，就是指哲学思维——"关于思维的科学"，就是哲学。每一个历史时代中的哲学思维，都是历史的产物，都只是表明该历史时期中人类对世界的思维水平。所以，近代以来政治哲学发展史上每一次政治思维模式突破的发生，所反映的都只是当时的人类思维水平。在今后的人类认识长河中，随着人类思维水平的不断提高仍然会发生政治思维模式的新的突破，仍然会产生人类对政治现象认识的新的飞跃。

---

① ［美］伊曼纽尔·沃勒斯坦：《所知世界的终结：二十一世纪的社会科学》，社会科学文献出版社 2002 年版，第 135 页。

② 《马克思恩格斯选集》第 3 卷，人民出版社 1972 年版，第 465 页。

第三节　政治哲学与正义

西方政治哲学作为西方政治文化的理性升华，渊源于古希腊，这早已成为学术界的共识。但是，古希腊人为什么会"发明"政治哲学，以及他们如何"发明"了政治哲学，却是值得我们不断反思的问题，甚至连当代英国学者约翰·麦克里兰也承认，"古希腊人如何'发明'了政治思想，往往甚多误解"①。

自柏拉图写作《理想国》以来，全面引领了西方政治哲学的理论起源。因此，关于西方政治哲学的起源有着太多令人感兴趣的话题。比如，为什么西方会在古希腊时期便有了关于政治的深入思考，并创立了政治哲学？其真实的社会根源是什么？西方政治哲学的诞生带来了什么样的巨大影响？古典政治哲学究竟创造了哪些至今仍在影响着人们的政治思维模式？……下面我们就上述问题做一定的理论探讨。总的说来，政治哲学是由对自然的深入研究引发出来的。通过对自然本质的认识，哲学家发现了与自然不同的政治事务，于是便有了关于政治事务的思考以及这种思考的结晶——政治哲学的诞生。因此，政治哲学的诞生，一方面是人类对政治事务的本质深入认识的结果，另一方面也是人类对自然的本质深入认识的结果。

尽管"政治哲学"的问世要晚于哲学，但是它的问世相对于许多其他的哲学形态（如经济哲学、历史哲学、法哲学）来说却是较早的。这说明了什么呢？应当说，这至少说明了以下几点：第一，早期的哲学是包罗万象的，当它发现政治事务是自成一类的时候，它会积极要求自己通过专门研究政治事务而使人类对该事务的认识走向深入。第二，政治事务的独特性是较为明显的，这种独特性决定了哲学家从实际出发很快便会注意到它的存在并加以专门研究。第三，政治事务的社会性决定了政治事物是哲学家们无法回避的重要事物之一，这种重要性进一步决定了哲学家们会关注它的存在并加以研究。第四，社会发展需要有较为独立的政治哲学的兴起以指导人们的政治实践。因此，我们可以看到西方早期哲学家，如苏格拉底、柏拉图、亚里士多德等人在研究自然的过程中很快就转向了政治

---

① ［美］约翰·麦克里兰：《西方政治思想史》，海南出版社2003年版，第14页。

哲学的研究。

政治哲学的兴起成了古希腊罗马时期哲学发展的新的重要的生长点。众所周知，苏格拉底在西方哲学史上占有重要地位，有着重大的影响，他是古希腊罗马时期哲学的重要代表人物。而苏格拉底之所以有如此重大的影响力，其中一个重要原因就在于，他关于政治事物的思考使得整个哲学的发展出现了全新的面貌。在苏格拉底看来，哲学的根本目的就在于指导人们过德行生活。由于苏格拉底强调了知识的作用，认为"知识即美德"，因此，从这一基本观点出发，他认为只有受过特殊训练，具有知识的"最优秀的人"才能治理国家。苏格拉底的这些思想，后来被他的学生柏拉图进一步发展并系统化了。

政治哲学兴起的重大意义体现在以下几个方面：第一，标志着人类关于政治事务的认识进入一个新的阶段。在政治哲学没有产生之前，政治事务是与自然事务混为一团的，政治哲学是与自然哲学归类到一起的。这种状态导致的直接后果是，人们在治理城邦国家时缺乏独立的方式，人们只是简单地将处理自然的方式搬到处理政治事务上来，如此一来人们处理政治事务的水平是较低的。但是政治哲学兴起之后，这种状况得到极大的改观。第二，对政治事务的独立认识势必带来政治实践的大发展。在政治哲学兴起之前，暴力行为是政治实践的主要形式，许多事情都是依靠暴力来解决的，如城邦国家的建立本身就是依靠暴力实现的。而在政治哲学兴起之后，暴力行为作为政治实践的主要形式有所改观，人们希望政治事务能够通过其所特有的方式来加以解决，而不是仅仅采取暴力手段。苏格拉底誓死不越狱这种行为本身，在一定意义上就说明了他认为解决政治问题不一定非要用暴力手段，他希望人们学会用非暴力手段来解决政治问题，并企图通过自己的不越狱行为来证明使用非暴力手段解决政治问题同样是行得通的。尽管苏格拉底的做法在常人眼里简直是不可理喻的，而且他的主观愿望最终也以失败而告终。但是，他的这种做法与愿望表明了政治哲学兴起之后，政治实践的形式有了除暴力手段之外其他形式可能存在的迹象。

奥利弗利德·赫费在《政治的正义性》一书中写道："凡哲学批判体现超实证约束力观念，特别是体现道德性观念的，西方传统称之为自然法，在近代也称之为理性法，中立一点亦可称为政治的正义性。有了政治的正义性观念就可以对法律和政治制度进行道德的批判。由于近代的政治领域表现为法和国家制度的形态，政治的正义性也就是指法和国家的道德观念。借助于政治的正义性，就可以区分合法与不合法的法和国家形式；政治的正义性成了法和国家道德批判的基本概念。在这里，必须从中立的和哲学的意义上来理解这种批判。这种批判不是判决和摒弃法与国家的关系，而是要对它们的合法性之范围和界限做出评估；哲学批判的宗旨是要使法和国家合法化和限制化。"①

奥利弗利德·赫费认为正义是法和国家层面上的道德批判，主要是因为：第一，正义的内涵决定了它所具有的是对于国家的道德批判意义。正义概念的最初意义是"各就其位，恰到好处"。稍加分析，我们便不难发现，当正义表示这层意思时，实际上蕴含着极其深刻的思想。分工协作是城邦国家延续的基础，而分工协作的最佳状态就是那些拥有不同技能的人能够恰到好处地各就其位。柏拉图将这种状态视为正义，就在于他看到了错位对于城邦国家发展的危害，以及其中所体现出来的非正义性。在柏拉图看来，在城邦国家分工协作中，倘若人人都处于错位状态，而背离"恰到好处"原则，那么，这是最不正义的。恩格斯认为，"柏拉图把分工描述为城市的（在希腊人看来，城市等于国家）自然基础，这在当时说来是天才的"②。柏拉图由分工引出了对正义的认识，这是他对人类的重要贡献之一。

正因为"正义"概念从一开始就是从国家层面上来加以界定的，所以，它与国家之间的联系构成为其内在本质的一部分。但是，正义并不是与国家处于同一层次的概念，它是具有道德意义的伦理概念，因此，从根本上说，它是伦理学层面上的概念，它所具有的是对于国家的道德批判功能。柏拉图承认："我们的立法不是为城邦任何一个阶级的特殊幸福，而是为了造成全国作为一个整体的幸福。它运用说服或强制，使全体公民彼此协调和谐，使他们把各自向集体提供的利益让大家分享。而它在城邦里造就这样的人，其目的就在于让他们不致各行其是，把他们团结成为一个不可分的城邦公民集体。"③ 在其看来，正义是衡量理想城邦的最高伦理标准，也就是说不让人们"各行其是"，而是"各就各位"，团结成为一

---

① [德] 奥利弗利德·赫费：《政治的正义性》，上海译文出版社1998年版，第1页。
② 《马克思恩格斯全集》第20卷，中文1版，第251页。
③ [古希腊] 柏拉图：《理想国》，商务印书馆1986年版，第279页。

个不可分割的城邦公民集体。

当代著名政治哲学家罗尔斯认为,"正义不仅仅是作为偶然的因素被权衡和考虑的许多价值中最重要的一种价值,而且更是权衡和估量各种价值的定律。正是在此意义上,正义作为'诸价值的价值,并不将自身看作是它所规划之诸多价值的同类物。当诸价值间的相互冲突与诸善观念间的相互竞争无法解决时,正义就是彼此赖以和解与调解的标准。正义本身相对于其他价值和善具有某种优先性。任何善观念都不可能驳倒正义要求,因为这些要求具有质的不同,其有效性是以一种不同的方式确立起来的。正义一般独立于社会诸价值之外,独立于充满争议的各种主张之外,作为一公平抉择的程序置于这些价值和主张之上"。① 罗尔斯将"正义"视作构成道德的"必需","每个人都拥有一种基于正义的不可侵犯性"。因此,正义实际上在无形中拥有了道德批判功能,任何善的观念和道德都应该经过"正义"的批判来确定其存在意义与价值。正义的这种优先性实际上是"人类的本质多样性和构成人类个人完整性的要求",倘若"为了普遍的善而牺牲正义就是侵犯了不可侵犯者,就是不尊重人们之间的差异"②。

第二,政治上的正义概念的真正适用范围是国家,而国家则是正义概念得以展开的平台。通过前文介绍,我们可以理出这样一条发展线索,即无论是早期的柏拉图、亚里士多德,还是现代的诺齐克,他们基本上都是在国家层面上谈论正义的,由此可见,从一定的意义上来说,政治上的正义概念的真正适用范围就是国家,而国家则是正义概念得以充分展开的平台。

尽管柏拉图的《理想国》既讨论了政治的正义又讨论了个人的正义,但他还是从该书的第2卷的第2部分开始,根据想要建立的城邦模式阐发了正义。③ 据说为了更深入讨论正义和非正义的起源与发展,了解它们的性质及其利害,苏格拉底提出了一种方法。如相同的两个字母,一个在远处,一个在近处,一个较小,一个较大。可以先读近处较大的字母,再读

---

① [美]迈克尔·桑德尔:《自由主义与正义的局限》,译林出版社2001年版,第20页。
② [美]迈克尔·桑德尔:《自由主义与正义的局限》,译林出版社2001年版,第20—21页。
③ [德]奥利弗利德·赫费:《政治的正义性》,上海译文出版社1998年版,第197—198页。

远处较小的字母。城邦的正义大于个人的正义。因此，可以先研究城邦的正义，再研究个人的正义。① 具体来说，柏拉图是从城邦的形成过程来阐发政治的正义性的。他是以一个思想实验来说明人们为什么能够结合成一个共同体，而且这种共同体从何种基本形态上可以认为是正义的。对亚里士多德来说，"在最完整和恰当的意义上，正义只支配城邦内部自由平等公民的各种关系。"② 因此，在他那里，城邦从本义上理解是一种统治权：一种制度，当然也是一种国家权力和政府，但他绝对不认为城邦应该采取何种基本形式是早已确定了的。亚里士多德主张一种规范的"国家"概念，他认为，"'正义国家'不但要排斥对奴隶的暴政和以自身利益为出发点的寡头政治，即专制政治，它亦不容忍将权力和职权归于个人或某个群体的国家形式"。③

应当说，罗尔斯是一位努力把正义概念推向整个社会的政治哲学家，他力求强调的是，正义是当社会制度能够以正确方式解决某些问题时所表现出来的品质，所以，他要定义并捍卫的是社会正义观念。罗尔斯曾经明确说道："正义是社会制度的第一美德，正如真理是思想体系的第一美德一样。"④ 按罗尔斯的说法，伦理学必须包括正义论，而正义总是意味着某种平等，这等于说，设计一个正义的社会制度就是要使其最大限度地实现平等。⑤ 在《正义论》中，他曾把正义的两个原则概括为一个"更为抽象的正义构想"："所有社会价值——自由和机会、收入和财富，还有自尊的基础——都应该以平等方式分配，除非一种（或所有）价值的不平等分配对每一个人都有利。"⑥

尽管罗尔斯将正义概念推向了整个社会，从而使正义概念赢得了更加广泛的意义，但是在罗尔斯的《正义论》问世之后不久，诺齐克很快就发现了罗尔斯的社会正义概念的弊端，因此明确提出了"最小国家"概念，从而将罗尔斯的社会正义概念重新拉回国家范畴的轨道上。诺齐克论

---

① [德] 奥利弗利德·赫费：《政治的正义性》，上海译文出版社1998年版，第198页。

② [美] 阿拉斯代尔·麦金太尔：《谁之正义？何种合理性？》，当代中国出版社1996年版，第173页。

③ [德] 奥利弗利德·赫费：《政治的正义性》，上海译文出版社1998年版，第243页。

④ [美] 迈克尔·桑德尔：《自由主义与正义的局限》，译林出版社2001年版，第19页。

⑤ [美] 罗尔斯：《正义论》译者前言，中国社会科学出版社1988年版，第10页。

⑥ 慈继伟：《正义的两面》，三联书店2002年版，第78页。

证的前提，可以说是罗尔斯称为权利优先于利益的观点，但他对权利又有着十分不同的见解，诺齐克称之为"边界限制"的道德观。这些边界限制是绝对的，因为它们禁止对个人权利的任何侵害。因此，诺齐克认为它们的内容是康德式的。用诺齐克的说法，他的"边界限制"的道德观，反映着个人的分立性和不可侵犯性。他还补充说，他也反对他所说的"权利功利主义"——即权利侵犯行为总量的最小化原则。①

诺齐克在《无政府、国家与乌托邦》一书中捍卫自由至上的自由主义原则，主张国家和政府就像任何行为人一样，也要受到康德式道德"边界限制"的约束。而这一点，其实反过来也可以说，正是将社会正义概念拉回国家范畴内的一种较为充分的理由，这也是诺齐克最终成为新保守主义者的充分理由。既然道德观存在着边界限制，那么，对于正义来说，它必须处于一种界限范围之内。而正因为如此，国家就是正义这种道德观所赖以依存的边界限制范围。诺齐克在论证中实际上所要说明的是，一方面国家需要正义加以道德边界限制的约束；另一方面正义需要国家的边界限制的支持。在诺齐克看来，社会的边界限制过大，因此，它无法为正义的边界限制提供支持，而国家则可以提供这种支持。

尽管诺齐克没有明确指出罗尔斯坚持社会正义是错误的，但是他一针见血地指出了罗尔斯思想的局限性，从他鲜明地反对无政府主义者来看，他已十分清楚地表明了他的观点。罗尔斯实际上认为，正义可以在社会范围内通过自由主义的调节而得以实现，国家的存在是没有什么实际性意义的。而诺齐克则认为，无政府主义者否定国家的存在意义是完全错误的，因为只要国家尽量保持为一个最小国家，那么，它的存在就是有根据的，就是无法被否认的。诺齐克提出的驳斥无政府主义者的办法是，"证明即使与这种最可取的无政府状态相比，国家也更为优越……或它会通过一个并不包含道德上不被容许的步骤的过程（从这种状态中）而产生"。②

第三，法、正义和国家之间是相互依存的关系。之所以说正义与国家之间存在着不可分割的内在联系，其中还有一个很重要的原因就在于，

---

① ［美］迈克尔·莱斯诺夫：《二十世纪的政治哲学家》，商务印书馆2001年版，第327—328页。
② ［美］迈克尔·莱斯诺夫：《二十世纪的政治哲学家》，商务印书馆2001年版，第330页。

法、正义与国家之间存在着相互依存的关系，法是国家与正义保持内在联系的重要前提之一。从根本上说，国家之所以是正义得以实现的重要平台，主要是因为国家可以依靠法为正义的实现提供制度上的保证，而松散的社会是不可能建立起自己的法律体系的，因此，它是不可能为正义的实现提供制度上的保证的。罗尔斯的错误并不在于提出了社会正义问题，而在于他在提出社会正义问题的同时，也将社会正义问题的解决交给了社会。因而，人们实际上在罗尔斯的分析中看不到真正解决社会正义的前途与出路，所看到的只是一种乌托邦式的构想。

奥利弗利德·赫费认为："若人类共同生活采取一种合法形态，那么，它首先必须具有法的特征；其次，法必须达到正义的质量；再次，公正的法要起到保护公共法律制度，从而获取（正义）国家的形态。政治哲学的这一二三步论也可以倒过来看：（1）国家对正义负有责任；（2）政治正义性构成法的规范批判尺度；（3）公正的法是人类共同生活的合法形式。"① 从这段表述中清楚可见，法对于正义国家的形成起着重要的保障作用。奥利弗利德·赫费继续写道："绝对地倡导一种基本经验以压制另一种基本经验，以及由此产生的'法和国家正义'等主要概念的相互隔离，同样意味着一种有实际后果的科学—哲学错误，犹如一种有理论结论的政治偏见。所以，能够正确处理这两种政治经验即共同体的极端危机及其基本结构的彻底批判的政治哲学，必须顾及所有这三个概念：法、正义和国家。这些概念也不能在外部上并列或先后讨论。因为并列讨论不能尽可能广泛地展现人类共同生活这一百科全书式的意义。"② 在这里，我们所能进一步看到的是，正因为法对于正义国家具有根本性，所以不能简单地在外部上将法、正义和国家并列或先后加以讨论，法、正义与国家之间形成了一种辩证统一的关系。

奥利弗利德·赫费还写道："在不再需要法和国家的地方，政治的正义性也就变得毫无用处，就像煤气灯在只知道电灯的世界中所处的情形一样。在这种情况下，缜密的法和国家哲学不可能认为政治的正义性纲领是无可置疑的，并直接对正义的特殊原则进行探讨。它首先得深入分析那两种背道而驰的挑衅，并在这一双重的分析中进行法和国家讨论的新评估。

---

① [德] 奥利弗利德·赫费：《政治的正义性》，上海译文出版社1998年版，第13页。
② [德] 奥利弗利德·赫费：《政治的正义性》，上海译文出版社1998年版，第605页。

针对法的实证主义，要论证道德观点，并借助道德观点来论证法和国家关系的限制；针对无政府主义，则要论证这种关系存在的理由。"①

既然犹如赫费所言政治的正义性只有在国家与法存在的地方才是有用处的，那么，反过来说，国家与法就是政治的正义性的真正检验者。这也就意味着，政治的正义性常常会受到来自国家与法的挑战，而政治的正义性也正是在这种挑战中走向成熟与完善。不过，在此我们还须进一步明确的一点是，尽管法、正义与国家之间是相辅相成的关系，但并不意味着"只由法律统治的国家被描述为一个由正义统治的国家"。由于"正义不仅内在于法律，而且正义在一个延伸意义上是一个'自然的''理性的'或'更高的'法律的正义，在立法言论和赋予这些言论正义性质的一致中得到承认和宣示"。② 因此，从根本上说，正义是由法律来保证的，但这绝不表明，拥有法律的国家就一定是正义的国家这个观点。倘若进一步展开地说，便是："既然法律和道德同样是平衡相互冲突的要求的有效手段，所以'法律的'社会和'正义的'社会之间有着密切的联系。不过，法律可能是不正义的，而且并非一切正义规则都与法律或法律强制有联系。因此，其要求相互冲突的双方均需以基本的道德规则来确证他们的要求"③

第四，正义问题作为国家与法的道德批判尺度，它的生存权是不能随意被剥夺的。法和国家的实证主义的主要特点就在于，它以自己特有的方式来怀疑对正义问题进行讨论的意义与可能性。一旦正义问题的生存权被剥夺，那么，正义对法和国家的批判就会被法和国家的实证主义立场所取代，由此以来，在关于法和国家的问题上甚至连一种"敷衍了事"的法和国家批判都难以实现。因此，一方面，可以说在法和国家的批判中，正义是不能被取消的；另一方面又可以说，倘若在法、国家与正义中取消了正义，那么，法和国家也就只能由实证科学去研究了。

第五，政治的正义性的哲学任务，就在于克服政治教条主义和政治怀疑主义之间的对立。由于自己的性质所决定，法和国家的实证主义与无政

---

① [德]奥利弗利德·赫费：《政治的正义性》，上海译文出版社1998年版，第8页。
② [英]迈克尔·欧克肖特：《政治中的理性主义》，上海译文出版社2003年版，第186页。
③ [美]汤姆·L.彼彻姆：《哲学的伦理学》，中国社会科学出版社1990年版，第330页。

府主义都拒绝正义性观念，并且这种拒绝发生在不同层次上。如果说前者把道德观点以及常识的批判观点，排除在法和国家讨论之外，那么后者则是连道德观点的"适用范围"都不要了。①

一般来说，至少在其严格的形式上，法和国家实证主义与无政府主义是政治领域的两条相互排斥的准则。这两条准则之间存在着一种自相矛盾：两个各自都不怎么具有说服力，因而也就不能共存的准则之间存在的冲突。所以，不能非辩证地通过承认一个排斥另一个的方法来解决这种对立。关键在于对两个准则的存在理由及界限进行考察，以"限定否认"的途径来克服。

对法和国家存在的积极主张也可以叫作政治教条主义，对它的坚决拒绝也可叫作政治怀疑主义，这样一来，政治的正义性的哲学任务就在于克服政治教条主义与政治怀疑主义的对立：一方面，通过强调正义性在法和国家中的重要作用，而否定只承认法和国家存在意义的政治教条主义；另一方面，通过强调国家与法是政治的正义性的真正检验者，而否定以坚决拒绝法和国家的存在意义为特征的政治怀疑主义。

第六，当人们思考正义时，之所以主要在国家层面上，还因为我们无法消除国家的管理功能。由于在国家中无法消除管理与被管理关系，因此，在这里人们考虑最多的就是正义问题，即如何在管理中保持正义，以及如何保持正义的管理。诺齐克曾经详细论证了支配性的保护性社团乃至最小国家的存在理由，就在于它们能够保证管理的正义以及正义的管理。他指出："这一支配性社团将禁止任何人向其成员采用没有充分提供其可靠性和公平性的信息的程序。它也要禁止任何人对它的成员采用一种不可靠或不公平的程序，这意味着，由于社团采用这一原则，并有力量这样做，因而其他人将被禁止对这个保护性社团的成员采用任何被保护性社团认为是不公平或不可靠的程序。撇开逃脱这一体系的活动的可能性不谈，任何违反这一禁令的人都将受到惩罚。"② 应该说，诺齐克正是在强调最小国家在保证管理的正义以及正义的管理的过程中，才最终由一个自由主义者走上了新保守主义者的发展道路，以承认国家的重要意义作为自己的主导思想。

---

① [美]汤姆·L.彼彻姆：《哲学的伦理学》，中国社会科学出版社1990年版，第330页。
② [美]诺齐克：《无政府、国家与乌托邦》，中国社会科学出版社1991年版，第108页。

第三章

罗尔斯与政治哲学的复兴

政治哲学经历了一个以道德政治哲学为起点而逐渐向现实的、分析的政治哲学发展的漫长的演变过程。但是，应当看到，自20世纪70年代以后，在事实性政治哲学的发展没有出现大的起色的情况下，道德政治哲学则在新一轮政治浪潮的冲击下得到了一定程度的复兴。之所以这样说，主要是因为在这段时间里出现了罗尔斯的《正义论》、诺齐克的《无政府、国家与乌托邦》、德沃金的《认真对待权利》、麦金太尔的《德性之后》等著名论著，这些论著使道德政治哲学在新的情形下呈现出新的表现形式，也使人们对它的存在意义有了新的理解。

第一节 政治哲学的现代复兴

著名学者何怀宏认为20世纪的英美伦理学大体可以划分为三大发展阶段：（1）直觉主义阶段。这一阶段的关键特征是试图用自然的事物定义非自然的事物，密尔将其称之为"自然主义的谬误"。（2）情感主义阶段。这一阶段的代表性人物是艾耶克，他在20世纪30年代发表了著名的《语言、真理和逻辑》。他提出了并由其后的史蒂文森所发展完善的伦理主张，即伦理命题不是有意义、可证实的命题。经过前两个阶段的发展，理性（尤指19世纪那种思辨和概括的理性）逐渐被从伦理学中剥离出去，伦理学的理性基础发生动摇。但这种变化其实质又是在用理性批判理性本身，是一种寻求真理和确定性的动机。（3）罗尔斯阶段。在罗尔斯之前，伦理学往往忽视对实质道德问题的考察，沉迷于形式、逻辑、语言、分析之中。罗尔斯《正义论》的发表，标志着道德政治哲学研究的真正转向：由形式的问题转向实质性的问题；由纯粹语言和逻辑的分析转向思辨的概括；由谨慎地限制理性转向大胆地在公共事务上运用理性。①

如果说亚里士多德的《政治学》是政治哲学与伦理学相结合的古代典范的话，那么，罗尔斯的《正义论》可以说是政治哲学与伦理学相结合的现代典范。应当看到，罗尔斯时代对于伦理学的理解是与亚里士多德时代不同的，而且其内容也是与亚里士多德时代不同的。这些新内容在一定程度上是由社会契约论赋予的。罗尔斯主张具有社会契约性质的"公平的正义"理论，他的这种伦理学与政治哲学的结合具有更强的现实性与分析性，而不像亚里士多德的理论只是较为纯粹的理想性与思辨性。② 罗尔斯使我们看到了一个经过理性设计的与伦理学相结合的政治哲学。他明确地强调了任何制度和政策"必须提出自己的道德理由"。

在社会正义的领域内，人们对任何社会制度，乃至任何社会政策都有必要采取一种"请提出理由"的理性态度，越是基本的制度政策，越是需要对之提出这一要求。制度和政策必须提出自己的道德理由，而由于制度和政策是由人去建立和实行的，这又等于是向我们自身提出要求。③ 应当说，尽管罗尔斯探讨道德理由的道路是艰难的，而且他所做的努力可能有所欠缺，但一旦自觉地开始了这一过程，就使我们有了改造社会环境的有力杠杆。正是由于罗尔斯的开拓，道德政治哲学自20世纪70年代初便有了新的发展，而也正是通过诺齐克的质疑，道德政治哲学在回应中逐渐发展成了一种新的思潮。当然，在这里我们除了需要关注罗尔斯与诺齐克之外，甚至还需要关注德沃金以及麦金太尔，他们共同构筑了道德政治哲学在当代的丰富发展。

在当代学术界和社会生活中，没有哪一个概念像"正义"这样牵引着人们的思绪。对于正义的研究在西方思想史中源远流长，可以追溯到西方文化的源头《荷马史诗》。"正义"概念有一个从神话到哲学的转化过程。在史诗神话阶段，正义是为统治宇宙的宙斯掌管宇宙秩序和人间法律的女神的名称，而在从神话向世俗领域转化过程中，正义首先是公道、秩

---

① 何怀宏：《契约伦理与社会正义——罗尔斯正义论中的历史与理性》，中国人民大学出版社1993年版，第275页。

② 何怀宏：《契约伦理与社会正义——罗尔斯正义论中的历史与理性》，中国人民大学出版社1993年版，第262页。

③ ［英］迈克尔·莱斯诺夫：《二十世纪的政治哲学家》，商务印书馆2001年版，第307页。

序，而后又成为主要德性。而从柏拉图以来，正义的范围主要是在政治领域，以当代的学术语言来说，即在政治哲学领域。柏拉图的《理想国》就是一部在国家政治层面讨论正义问题的著作。政治哲学所研究的既是政治的哲学问题，同时也是政治的伦理问题。

自从罗尔斯发表《正义论》以来，当代社会随之掀起了对正义论题研究的热潮。罗尔斯《正义论》的发表，犹如一石激起千层浪，激发了学界对正义问题持续的关注与讨论。正如剑桥哲学研究指南《罗尔斯》一书导言所说："罗尔斯从20世纪50年代出版著述至今已超过五十年，这一期间他的著作已经成为确定英美政治哲学书单的实质性的部分，这些著述越来越影响着这个世界的其他部分。他的基本著作《正义论》已经被译成27种语言，仅在《正义论》出版后十年内，讨论罗尔斯的论文就超过了2500多篇。"① 这一讨论开始围绕着罗尔斯的论著及其观点，而后则进入后罗尔斯时期，继续进行着相关正义问题的讨论。罗尔斯以及罗尔斯之后所发展的正义观念，可直接追溯到17世纪以来关于正义的思考。我们也看到，重视正义思想的研究是西方伦理学和政治学（政治哲学）的传统，正义思想、正义观念是西方思想漫长发展历史中的主题。自古希腊以来，对于正义的研究就是西方思想家在伦理和政治研究方面的重心所在。柏拉图《理想国》的主题是正义，亚里士多德《尼各马可伦理学》的重要德性是正义，其《政治学》的重心仍然是正义。进入近代以来，洛克、卢梭、康德无不关注正义。不过，正义论域得到理论界的高度重视还主要在于当代政治哲学的复兴，即罗尔斯《正义论》的发表及其所引发的理论热潮。自从罗尔斯以来，当代西方伦理学界和政治哲学界对于正义的研究讨论方兴未艾。

自从改革开放以来，我们进入快速发展的新的历史时期，经济社会的飞速发展已经使得我们处于一个从传统向现代和后现代转型的新型国家和社会。市场经济的发展带来了前所未有的社会公平正义问题，因而对正义问题的研究仍是一项迫切的理论任务。从思想史进行正义理论研究，为我们社会公平正义的实现提供理论资源，是一项既有理论意义又有现实意义的任务。

---

① Samuel Freeman, "Introduction, John Rawls-An overview"，参见《罗尔斯》（英文版），弗里曼编，三联书店2006年版，第1页。

第二节　罗尔斯的正义理论

20世纪道德政治哲学最重要的代表人物是罗尔斯（John Rawls, 1930—2003），他在某种程度上恢复了人们在20世纪对政治哲学的信心，他的《正义论》是当代西方政治哲学的一部重要著作。罗尔斯的工作实际上首先有一个清理以往的道德政治哲学的程序，并在此基础上陈述自己的政治哲学观点。《政治自由主义》是罗尔斯晚年的重要著作，在这本书中，罗尔斯以新的方式重新阐释了自由主义，建立了新自由主义。

西方政治哲学发展过程中涌现出了各种各样的自由主义和社群主义观念，我们在对罗尔斯的正义理论进行介绍的过程中，也会同时解释社群主义者对这一理论的质疑和批判。罗尔斯晚年观点的某些改变，可以部分地看作是他对社群主义者针对他最初阐述的理论的各种批评的回应。我们尝试发现社群主义与自由主义之辩的关键问题，这也是理解社群主义的论点以及罗尔斯回应的最好方式。因此，我们对作为公平的正义的理论的说明，一方面是最低限度的，以至于不涉及诸多解释问题，另一方面则要提出为社群主义者所反对的这一理论的诸方面。首先，我们对于作为公平的正义理论的基本观点加以介绍；其次，我们根据这一说明拟定一个为社群主义者所关注的主题或者问题清单，在随后的讨论过程中我们会常常提及这一清单。

原初状态

正义原则内容的形成与对原初状态的描述紧密相关的，我们把注意力从一开始便集中于这一描述则很有必要。关于原初状态，一直存在两个严肃的并且相互关联的问题：第一，在原初状态下的人们所不知道的东西究竟是什么？也就是说，这道"无知之幕"屏蔽了什么样的信息？第二，为什么我们应该认为，出于思考正义的目的，他们在这些方面毫不知晓是恰当的？这种"无知之幕"体现的是什么样的有关正义的实质性理论主张？第二个问题似乎更为根本，在思考正义的时候，原初状态的目的在于设定这样一种感觉，在这种感觉中这样认为是恰当的，即在思考的时候，人们应该被看作是自由的和平等的。因为这可以在更为具体的条件下联系在一起，极其简略地说就是，有两种东西，它们大略相应于自由和平等，原初状态下的人们并不知道他们自己的真实状况。

首先,他们并不知道他们在自己的社会里将会占有什么样的地位,他们既不知道他们将处于社会等级的顶层还是底层,也不知道他们自己的能力或者自然禀赋如何。当然,在现实生活中,人们出生于特定的家庭,这些家庭在利益分配中处于不平等的位置,再由于自然与环境方面的因素,他们有着不同的能力或者残疾,这也将导致不平等。原初状态就是想要把握这样一种理念,即当我们思考正义的时候,这些差别是或者应该是无关紧要的,人们应该被看作是平等的。现在,这一理念有着许许多多的直觉诉求。有这样一种感觉,在这种感觉中,我们认为,既然人们对出生在这个家庭而不是另一个家庭这一事实是没有责任的,或者无须对他们自己有才能还是没有才能负有责任,那么,对这种差别漠然置之便不应该是某种正义理论的宗旨。如果我不能被假定拥有我的天赋,那么,我又如何能够拥有由它们带给我的利益?如罗尔斯所指出的,"在道德的观点看来,这些品质的分配是任意的"。[1]

于是,在拒绝原初状态下的人们知道他们的社会地位与自然禀赋的前提下,罗尔斯试图保证,为他们一致同意的原则不会因为那些偶然的不平等而变形,而这些不平等在现实世界中可能被认为将改变分配结果。有关原初状态下究竟发生了什么的思考方式是,把它设想为一种商谈过程(bargaining process),在这一过程中,每一个人都根据自己的利益而理性地行动着,尽可能地为自己寻求最大的善。在这种情形下,如果人们被允许知道他们自己在这种偶然资质的分配中所处的位置,那么,所达成的契约将会相应地反映人们不平等的商谈能力,并且是不正义或不公正的。虽然这种方式恰好是现实世界的商谈过程中所发生的,比方说,发生在雇主与工人之间,这种道德承认,出于思考正义的目的,我们都是平等的,尽管我们的偶然差别意味着,原初状态下的人们应该被拒绝知道,那些不平等很有可能使结果发生偏向运气的改变。正义要求一个商谈过程发生在公平的条件下,这就是对不平等的知晓被排除出去的原因。

---

[1] John Rawls, *A Theory of Justice*, Revised Edition, Cambridge, MA: Harvard University Press, 1999, p. 15. 中文版参见罗尔斯《正义论》(修订版),何怀宏、何包钢、廖申白译,中国社会科学出版社 2009 年版,第 33 页(译文略有改动)。除特别注明外,鉴于作者的使用习惯,引文均优先使用英文原版,下同。

如果他们对于环境的不知晓，倾向于获得我们所有人都是平等的这样一种感觉，那么原初状态下的人们不知道他们自己的善观念便倾向于形成这种感觉，在这种感觉中，出于思考正义的目的，十分恰当的是认为我们自己是自由的。所谓他们不知道自己的善观念意味着什么？它与对人们的自由理解之间的关系又将是如何的？首先回答第一个问题，天主教徒有着完全不同于无神论者的善观念，那些把全部休闲时间都用于追求优良的，或者仅仅是观看一种特殊的体育运动的人们，有着不同于那些喜欢把自己的空闲时间，用于游览艺术画廊的人们的善观念。当我们说罗尔斯的原初状态下的人们并不知道他们自己的善观念的时候，就意味着他们并不知道应该如何引导自己的生活的信念是什么。再把这与前文两段话联系在一起来考虑，我们便会看到这种理解是如何进入了将被选择的正义原则之中。于是，正如正义要求人们不能关注不同社会成员的差异禀赋一样，似乎它也要求不能关注那些成员所拥有的特殊的善观念。

但是，与前文所述不同的是，这种观点在这里似乎相当神秘。一种有关"无知之幕"的思考方式是，它设定了这样一种实质的道德主张，即某些理由不应该被认为与我们有关正义的思考有关系。现在，如我们在前文所论证的那样，它造成了某种直觉意识，即认为一个人偶然生于其中的社会地位，或者他偶然获得的才能或者残疾，应该被排除在这种思考之外。但是，在有关善观念的情形中事情却很有疑问。如果一个人相信某种生活方式比其他生活方式更好、更值得或者更有价值，当他在从事有关正义的思考的时候，为什么他要坚持认为对这种信念毫不知晓是有意义的？那种认为我们应该安排我们的社会以至于在有天赋和没有天赋的人们之间实现公正的想法似乎有着某种合理性，但那种认为社会应该如此组织以至于在那些生活方式和价值观迥异的人们之间才是公正的想法却似乎不怎么令人信服。无论怎样，我们依然存在的疑问是，为什么这与他们对于自己的善观念的无知这一点构成了原初状态下人们是自由的这样一种意识。

对于善观念的无知与自由之间的联结是这样的：不是归结于特定的善观念，也不是寻求达成一个尽可能地有利于那些特殊的善观念的契约。原初状态下的人们被认为是由一种保护他们自己的自利能力的动机驱使的，如罗尔斯所指出的那样，去"制定、修正和追求"这种善观念。

思考有关哪一种生活方式比其他生活方式更好的信念，排除于我们有关正义的思考之外的理由，似乎已经不像最初那么古怪。如果一个人认为，循着正义的观点，人们做出一个好的选择并不比他们自由地做出自己的选择更为重要，那么，这样一种想法便有了某种意义。那就是，一种清晰的正义观应该忽视那些使我们认为某些生活方式较之其他生活方式更有价值的诸多理由。在自由、选择和改变我们有关应该如何生活的观念之能力的价值，以及排除某些有关哪一种生活方式比其他生活方式更好的考虑之间的联系，可能依然与支持罗尔斯分配正义方面的禀赋任意之间的联系那样，具有直觉上的吸引力。一些人占有特殊的社会地位这一事实，显然不是支持某种有利于那种地位的社会安排方式的好的理由。但是，一些人相信某些生活方式较之其他生活方式更有价值这一事实，却显然是支持某种有利于这种善观念的社会安排方式的好的理由。

总之，他们将会一致同意所有这些原则中的一个清晰的优先顺序：第一个原则，即平等的基本自由原则，具有之于第二个原则的词典式的优先性，这意味着，在诸自由与第二个原则产生的其他形式的利益之间不存在任何交换；并且，在第二个原则中，（b）机会的公正平等原则对于（a）所说的不平等必须有利于最少受惠者那一部分具有优先性，后者便是差别原则。

现在应该清楚的是，这些原则是如何从有关原初状态的描述中得出来的。根据我们先前对于这一理论的平等相关和自由相关方面的简单区分，我们可以看到，这两个原则中的每一个都与不同的方面相关。平等的基本自由原则直接来自于原初状态下人们的不知晓，关注的是保护他们选择、改变和追求自己善观念的自由；而第二个原则，特别是差别原则，来自于他们对于自己在社会与经济利益分配中的可能地位的无知。根据罗尔斯的说法，即使是不知晓，但对于他们来说，极小极大策略（使收益的极小值达到极大），即保证处于最不利位置上的人们状况尽可能地好也是合理的，这将导致他们对平等的支持，除非不平等能够在事实上对那些处于最糟糕位置上的人们有所帮助。实际上，这是一种理解方式，它有助于我们发现，对这一理论的分配相关和自由相关方面的区别何以或多或少是人为的。罗尔斯把在第一个原则中被设定了优先性的自由看作是诸善（基本善）之一，这些善是根据原初状态下的人们达成的契约进行分配的，它们的优先性同样是通过极小极大想法的运用推导出来的。它们之所以是优先的，是因为它们所保护的能力是如此重要，以至于原初状态下的人们将不会设想它们会因为任何理由而与其他基本善妥协。

我们已经讨论了从原初状态推导出来的正义原则，如何理解原初状态以及在这种状态下达成的契约的本质，一直以来是对罗尔斯正义理论进行追问的经典问题。在不同的要点上，我们的解释已经表明，一种有关它的思考方式便是把正义原则看作是由理性行动的个人一致同意的契约，他们追求着自己的利益，但对他们自身状况的某些方面却毫不知晓。这一线索把正义的概念，与有关人们在不确定条件下怎样做才是理性的经济学理论分支联结在一起，显然是罗尔斯自己陈述的核心，但也明显地与一个独立的、更为实质性的线索结合在一起，这一线索就是那种使原初状态首先得以建立的特定方式。因此，即使对于这些被以某种特殊方式描述的人们，选择罗尔斯所说的他们应该选择的原则是理性的，也仍然有问题没有解决，即我们为什么事先要以那种方式定义他们？

显然，原初状态体现的是实质性的规范主张。当我们想要设定一种感觉的时候便已经承认了这些，这种感觉就是，在思考正义时认为人们是自由的和平等的人是恰当的。因为作为"结论"而显现的这些原则，在某种程度上已经成为这些原则据所由来的思想实验的特殊建构的组成部分。如我们将不会感到惊讶的是，如果人们达成契约被归结于某种最高顺序的利益，而这种利益又在于他们选择、遵循以及改变他们有关善观念的想法的能力，我们便会得出平等自由的结论。一直为批评意见所关注的诸多问题，都与罗尔斯对于原初状态的描述中所体现出来的实质性主张有关，现在我们转向这个问题——关于人的观念。

人的观念

原初状态的观念逐渐使人的观念成为正义理论论争的核心问题。原初状态的隐喻，似乎是引导我们想象一个用完全不同于人的现实状况的术语描述的人们之间的商谈过程，他们之间不存在任何可能使他们相互区别的个性特征。罗尔斯似乎并不否认，他的正义理论是围绕一种人的观念建构起来的。我们可以强调仅仅把原初状态理解为一种表达设置，它适应的是那种认为某些理由与正义问题毫不相干的观念。但依然没有解决的问题是，为什么这些理由应该被排除掉，对于这一问题的回答必然会导向有关究竟是什么对处在这一理论中心的人或者人们的利益来说更为重要这样一种主张。即使那些原初状态下被古怪地与实体相分离的自我，并不是被当作我们作为人的基本精神的隐喻性表述。但他们也明确地象征着这样一种主张,当我们开始思考正义的时候,人应该被认为是与他们的个性,包括他们特别的自然禀赋、社会地位以及他们特定的善观念相分离的。在我们看来尤其重要的是,拥有一种最高顺序的利益,这种利益存在于他们制定、修正以及理性地追求善观念的能力之中。我们可以断言,这场论争涉及就人而言什么是重要的、什么是他们的利益以及什么构成了他们的福祉等一系列的主张。

假定原初状态所体现的人的观念在事实上对罗尔斯正义理论是至关重要的,这些问题便引发了对个性与共性、机会与地位、来源与起源以及对那种观念的追求的关注,并且与它们复杂地交织在一起。首先,这个问题是我们是否可以明确地认为,我们自己会以罗尔斯所假想的方式与我们的善观念联系在一起。对于我们最高顺序利益的识别似乎是在假定,我们是在事实上有能力自由地制定、改变我们应该拥有什么样生活的观念的个体,而且恰恰是这种能力在第一个原则中具有优先权并且要得到保护。但是,这对于我们的道德经历来说是真实的吗?我们真的能够从我们所拥有的特殊价值中抽离,并且为了新的价值而改变它们吗?或者我们愿意由于我们所认可的价值使我们成为所是的真实的人吗?因此,我们需要追问这种分离是可能的吗?

第二组问题与人的概念的确切范围有关。这一概念能够成为我们思考道德生活诸方面的时候都适用的概念吗?或者我们认为它是一个被限制在其适用范围内的概念吗?我们一直认为原初状态表述的是,要陈述某种构想正在思考正义问题时的人们的恰当方式,并且如果我们把这个较为有限的理解与一种包括人的本质的主张在内的更为丰富或者更为广泛的理解相对照,我们就会看到,这是一种理解方式,通过这种方式,我们可以把这一概念理解为有意限定的概念,理解为适用于某些问题,特别是适用于与正义相关的问题而不是其他问题的概念。另一个问题与这一概念可能适用的文化范围相关。无论我们如何理解把人看作是自由的和平等的这一主张,可以假想这一主张能够跨文化地适用吗?那些有着一个最高顺序的利益,能够自由地制定、修正和理性地追求自己的善观念的人们,即使他们从来没有听说这一主张,也从来不认为他们拥有这一主张,如果把这一主张解释给他们,他们也不想拥有这一主张,那么他们仍然会持有这样的主张吗?

显然，有关人的观念范围的问题，与人们的实际状况密切相关。关于人的观念这一概念来自哪里？它通过什么样的路径得以在正义理论中扮演如此重要的角色？是否它是这样一个概念，因为罗尔斯认为它是有效的或者就其自身而言是正确的而进入了他的理论，于是它的来源似乎就是某种自足的道德合理性证明。但是否在另一方面，在罗尔斯看来，与其说它是真实的，莫不如说人们认为它是真实的，即它尽管在人们之间有差别但却是可以一致同意的某种东西。那么，这样一来，这种人的观念就不是作为一种有关什么对于人们（无论是否有范围的限制）来说是至关重要的实质性的道德主张，而是作为有关特定社会的公民信念的经验的社会主张而进入罗尔斯的正义理论的。或许在罗尔斯的理论中，个人自由的优先权是一致的，但却是没有价值的，是以忽视道德生活的其他方面为代价，以没有根据地强调道德生活的某一个方面为特征的。

个人与共同体

社群主义批评自由主义误解了个人与社会或共同体之间的关系，尤其是忽视了人们生活于其中的、决定了他们究竟是谁以及他们所拥有的价值的社会范围。社群主义认为，所谓原初状态错误地表达了人们与他们的善观念之间的联系方式，把目的看作是由被定义为优先于这种观念的自我选择的东西，社会被看作是个人之间的商谈结果，个人的目的是预先给定的。

罗尔斯的正义理论其实是在非常严肃地对待独立的个人。但无论他的契约版本是否易于受到各种批评的责难，其他一些引人注意的说明也都必然会留下一个悬而未决的问题。如果前社会的自然状态下的个人，为了追求他们的个人利益走到一起而组成一个社会的观念，是令人无法同意的。那么，我们可以认为，没有为这种理解提供明显位置的罗尔斯正义理论，对于这种批评是自然免疫的，而通过强烈的个人主义承诺，推导出小政府的合法性的诺齐克，则会受到更多挑战。

罗尔斯的自由主义有着契约社会理念的明显特征这一事实，使得把促使个体团结在一起的两个契约隐喻要点区别开来就显得十分重要。尽管两者都是社群主义者有关自由主义是一种不合时宜的利己个人主义批判的两个方面，但在这里澄清它们在事实上有所差别却是十分有益的。一方面，涉及人们必须从社会共同体中汲取他们的自我理解与善观念的社会学观点。无论这一观点被表述为一种有关社会化过程的准经验主义的主张,还是被表述为一种有关独立于某种社会状态的语言、思想或者道德生活之不可能性的概念化主张——恰恰是这一哲学论题引起了社群主义者的特别关注——这里所强调的是自由主义无视这样一个事实,即个体是以他所认为最真实的方式生活于社会之中的,这也包括他把自己看作是一个怎样的个体的方式。对于这第一点,社群主义者坚持认为,必须承认这是有关个人自我理解以及有关他应该如何引导自己生活的善观念的必要的社会与公共的来源,这一要点适用于所有的理解和观念。

在社群主义看来,为自由主义所珍视的特定种类的人的观念的内容,其普遍的适用性表明它在根本上是方法论的;但社群主义对自由主义的第二点批判却是直接的、实质性的:自由主义依赖、鼓励并且宣扬一种有关个人与共同体关系的特殊理解,由此忽略、破坏甚至排除了对于那种关系的其他替代的思考方式。社群主义主张在内容上富有极强公共性的善观念,这种善观念认为社会纽带本身就是有价值的,超过并且高于它们作为达至其他诸善,仅仅是个人之善的手段的价值。如桑德尔指出,把利己个人主义与自由主义有关人的观念问题分离开来是不可能的,这是自由主义对构成性归属的忽视,以及对于这样一种感觉的忽视,通过这种感觉,个人得以理解他自己的身份和利益,而这种感觉恰恰是由他与其他人之间的关系构成的,这使他自己与共同体紧密地联系在一起。

值得特别注意的是,由个体组成的共同体在事实上是多元的,如果仅仅是因为提出以各不相同的方式去构想共同体与构成共同体的个人之间关系的可能性,才有可能适应各种不同的情形,那么自由主义也可以通过宣称这些差异的重要性做出回应。如作为一个家族的成员或者某种宗教信仰团体的成员,我们可能拥有在事实上有着极强的公共性的善观念;我们可能认为,那些使生活变得有价值或者值得的东西就是与其他人生活在共同体里并为共同体而生活。这在某种程度上排除了那种认为共同体仅仅是一种合作安排的理解。那种把社会理解为关心、保护和增进个人利益的人们之间契约结果或者商谈过程的观念,似乎是假定那些利益本身是先于社会的,这些利益先于他们的社会关系而被赋予他们。事实上,承认我们的自我理解以及对我们目标的理解都是来自于社会共同体,就排除了任何把社会仅仅看作是联合体的理解。尽管我们想要拒绝那种把自然状态或者社会契约图景严肃地当作一种历史说明,甚至把它当作一种个人与社会之间优先关系的模型的任何形式的自由主义，但仍然需要澄清的是，这对于任何带有契约成分的自由主义理论来说都是极其重要的。或许，这种自由主义会接受个人的目的与自我理解是来自于社会共同体这一社会哲学论点，但却坚持认为，他们的内容不过是要确定这种契约路径的某些方面在思考正义问题的时候是适当的而已。

尽管通过把人们的目的看作是确定的或者假定其先于社会而达到个人自由的重要性，以至于可以认为人们乐于社会中合作的思考方式可能是正确的，但这绝不是唯一的方式。实际上可以这样认为，如果人们的目的是先于社会确定的，也就没有任何理由去关心为了他们能够改变自己的意志而保证必要的社会条件。一些理论家确切地赞同标准的个人权利和自由，因为他们承认他们所生活的社会类型对于人们发展的能力和做出选择的能力的重要性。不是把那些权利解释为前社会的个人权利，而是通过指向共同体的价值而为其辩护，这种共同体允许人们怀疑占统治地位的善观念，而且也可以怀疑他们自己先前的承诺。恰恰是由于培养了特定的能力，而且或许也培养了特定选择，自由主义社会才被证明是正当的。

在某种程度上承认我们生活于其中的社会类型，决定了我们的自我理解、我们的能力以及我们的善观念，如果可以论证说一个有着自由主义结构的社会，如一个根据罗尔斯的正义原则治理的社会，在某些方面既破坏了自由主义如此重视的那些真正能力和自我理解，也破坏了可供选择的生活方式的价值，那么这对于自由主义来说就将是一个难题。首先，这一主张意味着自由主义理论在某种意义上是不一致的，因为自由主义结论被认为是要导向这样一个社会，即这个社会不培养为自由主义赋予如此价值的能力和自我理解，而它们本身便产生了那些结果。其次，这一主张认为一个人能够自我选择的能力仅仅是在他可以进行选择的时候才是有价值的，而且自由主义将会导向这样一种社会，在这个社会里有价值的选择，或者至少这些选择的某些方面将会萎缩。因为他们忽视了为个体所感兴趣的个体层面特征的维持所必需的社会条件。当然，很难发现对于个人自由的保证如何能够导致个人能力或者生活方式之价值的萎缩，但是我们可以看到，一些人事实上在寻求这样的论证。

我们这里要指出的是，为什么自由主义对于个人的强调，可能会被认为涉嫌对其生活于其中的社会的忽视，而正是这个社会才使他成为其所是的个人，并且使其可能的生活成为对他来说是可靠的。尽管契约隐喻可以引导我们把两者混在一起,但我们已经对人们的自我理解和善观念的起源(对于这些,社群主义者坚持认为它们必须是从社会共同体中获得的)的主张,与有关它的范围(在这里,社群主义者的批评是,自由主义忽视或者歧视对待了那些在本质上具有公共性的善观念)的主张做了明确的界定。根据罗尔斯的理论,两者似乎都来自于这样的理念,即正义原则被理解为互相冷漠并且利益各异的人,在保护与增进自我利益的动机驱使下签订的契约,这一理念很可能会把罗尔斯理解为更加接近于自由主义传统中的自然状态的论证方式。

普遍主义与多元主义

普遍主义的论题与人的观念的来源、身份以及概念的范围等问题密切相关。它所关注的是,自由主义的结论是否是普遍适用的和跨文化的,或者是否它更有可能为这样一种理念留有空间,即在不同种类的文化中,不同的社会构成方式是合适的并且在道德上被证明是正当的,或者自由主义的政治框架是否仅支持特定的社会类型。社群主义思想一直批判自由主义对文化的特殊性失于考虑,忽视了不同文化所体现的不同价值、不同社会结构以及不同的制度方式,这些所有的差异都有可能产生诸多不同的结果。

罗尔斯的理论何以有可能被认为倾向于普遍性的原因,应该不难看到。我们已经强调过原初状态是对特殊性的抽象,因为在"无知之幕"背后的人们所不知的不仅是他们自己的社会地位,而且不知道他们的社会是什么样的社会,也不知道关于应该如何引导自己生活的特定信念。其实,原初状态意在识别我们每个人都完全相同的诸方面,然后以一种把人们与那些使现实的人彼此差别的东西分离开来的方式来描述人的特征。因此,罗尔斯一直被认为否认不同文化的多样性和道德的重要性,这些文化对人们认识自己以及自己生活的意义至关重要。原初状态对合理性的强调,其实恰好表明罗尔斯在寻求确认某些有关人类理性本质的观念。罗尔斯把原初状态描述为"阿基米德之点"[1],这也表明了他试图向我们提供一个可以跨文化应用的理论。的确,就像很多社群主义批评家们,尤其是

---

[1] John Rawls, *A Theory of Justice*, Revised Edition, Cambridge, MA: Harvard University Press, 1999, pp. 260, 584.

沃尔泽（M. Walzer）指出的，罗尔斯在声称普遍性的同时，却是在反对普遍性。

但特别有趣的是，晚年罗尔斯似乎否认他的理论提出了任何普遍主义的主张，他比较认可文化多元主义标签。如果处于罗尔斯正义理论核心位置的关于人的观念，可以被当作一种文化特殊性的理解，那么，由此而得出的作为公平的正义的自由主义理论也同样是文化特殊性的。罗尔斯对人的观念的抽象，似乎体现了其普遍性理论以及对文化背景的忽视。不过，在这里有必要对罗尔斯对人的观念进行抽象所带来的影响加以说明，一方面，罗尔斯理论中确实存在着对人们特殊的社会地位和特殊的善观念的抽象。但另一方面这并不必然地意味就有第二种抽象，即把人们从其特定的文化传统或社会实践中抽象出来。如果我们特殊的文化理解识别了人们的第一顺序利益，在某种意义上要求我们把人们从特定的善观念中抽象出来，那么罗尔斯的自由主义便很难再被指控为忽视文化特殊性。

善观念与道德偏好

在罗尔斯的正义理论中，原初状态与人的观念似乎决定了人们的最高顺序利益，即人们制定、修正和理性地追求自己善观念的能力。我们现在就必须关注人们应该拥有什么样的价值信念才能认为这对于他们来说是至关重要的。尤其是，他们强调个人对于自己的生活方式的选择，就意味着自由主义必须相信这种选择就是对偏好的随心所欲的表达，就必须相信价值是在旁观者的心目中的价值。如果同时存在着某些较之其他选择明显更好的选择的时候，人们给予自己选择的个人自由以优先地位，这一理由是否有助于人们区别对待那些有价值的和没有价值的生活方式？也就是说，一个人可以既是一个自由主义者，同时又相信价值判断是客观的吗？

人们之所以认为自由主义与道德主观主义或者道德怀疑主义相伴而生的原因相当直接。如果没有哪一种生活方式比其他生活方式更好，如果人们的选择仅仅是偏好的表达，没有任何可靠合理的理由去证明其价值合理性，那么由国家做任何事情而不是让人们自己来选择似乎就是愚蠢的。在没有任何正确的答案，或者甚至是在没有一个用于思考如何达到正确答案，应该如何引导自己生活的理性标准的情况下，政府似乎没有正当的理由鼓励某些生活方式而不是其他生活方式。如果一种致力于美与真的追求的生活，似乎并不比那种玩计算机游戏的生活更好，那么我们似乎就应该承诺一种允许人们在二者之间做出没有偏见的选择的更为自由的政治结构。

我们认为,人们对于自由主义常识性的直觉支持,来自于一种模糊不清的怀疑论信念,即一种选择与其他选择是同样的好,或者更有可能的是,即使一些选择要比其他选择更好,但我们也无法知道究竟哪个更好。人们在善观念上存在分歧,在有关使生活变得更有价值或者更加值得的观点方面存在分歧,以及相互之间无法就他们自己的观点提供决定性的论证这一事实,常常被用来当作支持没有合理的方式去判断谁是对的这一主张的证据,并由此推论出,人们应该由自己做出决定。即使我们断定,自由主义并不必然以某种怀疑主义主张为根据,而且被指控为以这种主张为依据的特定的自由主义也不等于在事实上如此,但我们也可以认为,社群主义批评所指的是我们当代的自我理解以及道德与政治生活观念核心的某些东西,它们的存在证明了这些批评是正当的。

我们认为主观主义或者怀疑主义是广泛的,重要的就是要弄清与自由主义政治哲学完美搭配的道德怀疑主义的范围。我们可以想象一个自由主义者,他认为,道德判断仅仅是偏好的主观表达这一事实,意味着国家必须是自由主义的,必须由人们自由做出他们自己的选择。这意味着它本身不是一种偏好的主观表达吗?这无疑是不一致的和自相矛盾的,如果他承认了这一点,那么自由主义便不得不说,根本没有理性的标准来支持他承认一个自由主义国家,而不承认一个专制的国家;哪一种政治体制更佳,不过是一个品位问题。怀疑论的自由主义可能会认为,在有关人们应该如何引导他们自己的生活这种仅仅是事实上的主观判断,以及有关人们应该如何相互之间被公正地对待和被国家公正地对待的客观判断方面,二者之间存在着某种差别。第一种判断是主观的这一事实为人们提供了一个客观理由,以使人们做出这种适合于他们自己的判断。自由主义可以支持自由主义是正确的这样一种判断,但这一判断的理由却是有关人们应该如何引导自己生活的信念是主观的这样一种信念。

显然,重要的理论问题是,如果一个人想要达到自由主义的结论,是否他必须承认这种较为有限的怀疑主义形式,因为十分清楚的是,某些自由主义者坚持认为,那些结论与有关一个人应该如何享有自己的生活的判断是客观的这一主张是一致的,甚至是由这些主张所暗示的。有一种较弱的理解,这种观点不仅主张一致性,而且可能认为,即使某些生活方式,可以知道其较之其他生活方式更好，但人们做出他们自己的选择是如此重要，以至于在思考如何在政治上组织我们的社会时应该忽略哪种知识。一种认为自由主义与客观主义存在着某种联系的强有力的想法可能是，某些生活方式在事实上可能比其他生活方式更好，而且对提供一种使人们能够知悉和判断究竟哪个是哪个的判断的条件而言，自由主义的权利框架恰恰是必要的。在这里，这一论证与我们前面所说的有关某些自由主义者所以承认社会条件对于培养特定的自我理解与善观念的重要性的观点融合在一起，因为这一主张是，如果人们能够发现什么是生活中有价值的东西，自由主义的条件便是必需的。事实上，自由主义所坚持的一个人修正自己承诺、改变自己的意志的自由，可以这样来论证，只有我们的目标可能是错的，并且我们能够发现它们可以变得更好的时候，它才有意义。① 如果它们确实是模糊不清的，那么为什么自由主义会把如此的重要性给予我们改变它们的能力？

重要的是要弄清这一有关自由主义论证与某些生活方式在客观上比其他生活方式更好或者根本没有必要的主张的一致性的论证。很明显，它并没有强迫人们接受只有一种生活方式对于所有人来说都同样正确的这样一种观点，但是，或许更有趣的是，似乎理智可以指导每个人确切地知道他应该拥有什么样的生活，而且没有必要迫使每个人都认为只有一种善观念在客观上比其他善观念都更为优越。这里的关键是，理性可以告诉我们某些生活比其他生活更有价值这一主张，与在每一个人看来有许多相互冲突和互不相容的有价值的生活方式的主张是不矛盾的。如在无法判断一个艺术家的生活是否比一个农夫的生活更有价值的时候，我们却能够判断一个艺术家的生活在客观上要比一个赌徒的生活更有价值。

最后，我们同样有必要探讨一下究竟是什么使生活变得更好这一实质问题。这里的关键是，某些选择比其他选择更好的主张并不是说，一个人可以通过使其他人过一种没有自己选择的生活或者没有为其所认可的生活而使他们生活得更好。当然，客观自由主义观点的自由主义，强调人们自己做出选择是至关重要的这一观念。但是，就客观主义而言，并不是无论我选择了什么在事实上都是有价值的，似乎对生活有价值的一切就是被自

---

① 金里卡（Kymlicka）提出的许多有益的观点之一，参见 [加] 金里卡《自由主义、社群与文化》，应奇等译，译文出版社 2005 年版，第 19 页。

愿认可的东西。人们可以自由地选择一种生活方式，可以认为它是值得的和有价值的，也可以认为它是错误的。虽然一个人不能通过强迫他人拥有在某种意义上没有为他们选择的生活而使他们的生活变好，但在客观主义者看来，人们并不能保证，由他们自己做出选择进行生活就会变得更好。

无知之幕与价值选择

在罗尔斯理论的最初介绍中，我们曾经说到，一种思考有关"无知之幕"的方式就是，它把某些特定的理由排除于正义思考之外。我们现在应该能够看到，这种对于特定善观念的排除，如何体现了他的理论是反至善主义的，即政治道德不应该虑及人们可能拥有的承诺的诸多理由。正义通过有关那些不知道自己善观念的人们应该选择什么的思考推导出来的理念，不过是那些观念由于某种原因不适于正义问题这样一种主张的表达方式。

现在，重要的是看一看，这一主张如何能够与政治道德特别地联系在一起，因为这是罗尔斯试图为他的理论辩护以免于社群主义批评的方式。对罗尔斯理论关于人的观念的社群主义批评之一，便是它错误地表达了人们与他们的目的或者价值之间的关联方式，事实上我们并不认为我们自己能够独立地，并且能够自由地选择那些给予我们生活以意义和价值的承诺。罗尔斯应付这些反对意见的方式，可能是否认他有关人的观念是倾向于捕捉有关我们一般意义上的道德经验的某些东西，同时试图设计一种适合我们思考有关正义问题的方式，我们现在可以把这一点与对其理论特别的政治要点的强调联系在一起。那些倡导中立政府的主张并不完全认为，我们应该把至善理想从有关应该如何引导我们作为个体公民的生活的思考中排除出去。严格来说，那些极其适合于指导我们私人生活的道德考虑并不适合于政治道德，不适应于我们应该如何实现国家形式下的共同体的政治安排问题。因此，可能有人辩解说，社群主义者对于人的观念的批评并不符合我们实际的道德生活和道德经验，他们不知道这一概念并不是要符合我们作为个人所拥有的经验，而是要塑造一种适合于我们思考政治与正义问题的方式。

当涉及政治的时候，那些使人们成其为个人的价值应该不予考虑或者予以搁置，核心问题显然是，我们为什么应该以这种方式把这些理由从政治道德中排除出去。在这里，考虑一下反至善主义问题如何能够与我们前文有关客观主义和主观主义的讨论联系在一起或许是有益的。主观主义似乎很容易就产生这样的结论，即国家不应该做出，或者不应该在它的政治安排中体现出有关哪一种善观念要比其他善观念更好的判断。主观主义明确否认这种判断可以是客观的或者理性的。如果一个公民有关如何引导其生活的观点与其他任何人同样的好，或者如果没有任何办法可以知道谁是正确的，那么对于国家来说，简单地认为那些观点同样有效便是有意义的。反至善主义是从私人观念是偏好的主观表达，这一否定意见中推导出来的。一个人是否应该相信有关哪一种生活方式比其他生活方式更好的判断的客观性。即使人们相信这种客观性，那么可以逻辑地认为那些指导作为个人的人的诸多理由，是否应该指导他们所生活的政治共同体。

　　客观的反至善主义可能会做出各种各样的改变。一个人可能坚持这样一点，即一种生活如果是有价值的，就必须是自由选择的并且指出国家至善主义破坏自由的诸多方面。或许有人论证说，国家促进某些生活方式而妨碍其他生活方式，这干扰了我所做的选择，所以我被屏蔽了有关我的选择的信息，而这正是对我真正自由的选择加以考虑时所必需的。还有人可能会说，重要的是我们生活在这样一个社会里，它的政治安排为我们一致同意，并且因为我们在善观念上的明显不一致，要达到这种一致同意的唯一方式就是把它们排除在这种想象之外。如果我们认为这是一种对于分歧的道德反应，在这种反应中，恰恰是可以为我们一致同意的社会的价值才推导出了反至善主义，对于这种分歧也可能存在某种替代性的实践反应，但这种反应只能是某种假说的形式，除非我们认为，我们各不相同的善观念与我们的政治生活无关，否则便将是持续不断的冲突甚至是内战。而另一种改变可能会坚持认为，尽管国家体现了有关人们应该如何引导自己生活的决定，在原则上没有什么错误，但仍然没有理由认为它体现了正确的决定，或者说把这种权力给予国家将是危险的。

　　显然，自由主义并不寻求一种在所有事务中都保持中立的政治制度。中立的政府保护它的公民追求自己善观念的权利，很明显不是在宗教原教旨主义和世俗的自由主义之间保持中立，因为它在政教严格分离的意义上支持后者的信仰。这里的关键是，反至善的自由主义并不主张，国家应该在有关正义和权利的问题上保持中立。相反，它的观点是，国家以自己的行动保护人民的权利恰恰被证明是正当的。为了保证正义的实现，这便是允许和要求它支持宗教自由，保护人们免受戕害之所在。这种中立是与权利问题或者正义问题无关的中立，却是与善的问题相关的中立，是与有关究竟是什么使一种生活成为美好生活或者使之有价值的判断相关的中立。事实上，正是为了保证所有公民都受到公正的对待和给予他们完整的权利，国家才被要求在与这些判断相关的问题上保持中立。反至善论者认为，国家不可以从事某些有利于某些生活方式而反对其他生活方式的事务，否则这将无法公正地对待它的公民，无法保护他们自我选择的权利。

反至善自由主义赞同国家在某种特殊的和有限的意义上保持中立，即它在各种善观念之间是中立的，而不是在与正义或权利相关的事务中保持中立。至善主义，无论是自由主义者还是社群主义者，都可能会对这种特殊种类的国家中立要求提出反对意见：一种是那些有价值的生活方式如果离开国家支持就将无法生存的担忧，另一种是更为深层的对于那种把权利与善绝对区别开来的反对意见，那种自由主义国家在任何意义上都应该中立的主张似乎依据的便是这种观点。

首先，我们最初对社群主义有关个人生活于其中的共同体重要性的主张的描述，与自由主义所主张的个人优先性以及选择自己善观念的自由的优先性的主张形成了鲜明的对照。正是人们生活于其中的共同体为人们提供了文化资源，根据这些文化资源，个人才得以理解他们自己以及各种生活方式的价值。社群主义者认为，除非是在国家的鼓励下，某些有价值的生活方式将无法存在下去。一方面，个人根据他们的喜好花费其资源的选择自由，可能会汇聚起来以至于使我们文化中那些有价值的和值得的组成部分衰落下去。另一方面，如果一种特别有价值的生活样式，没有得到国家象征性的认可，并且在它的公共安排中没有体现出来，那么这种生活方式最终一定会消亡。如果我们认为国家很有可能会正确地判断哪一种生活方式是值得的，哪一种生活方式是没有价值的，那么这种考虑可能就会引导人们赞同某种形式的国家至善主义。

第二个反对意见是更为根本性的，因为它引发了对于这样一种绝对观点的质疑，这种观点就是，我们可以通过反至善主义所想象的方式对权利与善加以区别。如果这一反对意见能够成立，那么那种前者优先于后者，并且要求国家在有关后者方面保持中立的主张看起来将是有问题的。自由主义的中立主张，把中立本身看作是由于某种原因，而高于有关人们应该如何引导他们生活的实质竞争的理解便极有可能是错误的。或许可以论证说，不是作为一个中立的仲裁人，自由主义国家可能在"权利"这一概念的遮蔽下，悄然带入它自己有关人们应该如何生活的特殊理解，带入它有关究竟是什么使生活变得有价值的自我理想。自由主义在根本上坚持这样一种主张，即善的生活是被那些经历这种生活的人们自由或者自主选择的生活。这与政治共同体支持某些生活方式，并且取消或者阻碍其他生活方式，如要求国家至善主义的主张是一致的。

我们可以把识别存在于人们制定、修正和理性地追求他们自己善观念的能力之中的最高顺序的利益，看作是罗尔斯正义理论的真正核心。前文的讨论表明，完全中立的主张必然是误导性的。一个仍然有待解决的问题与自由主义可以维持它的中立主张的确切范围有关，如果谈论权利优先于善，并且主张相信与后者有关的中立，使人看起来自由主义在究竟是什么使人们的生活更有价值这一问题上似乎是彻底的不可知论者，那么对于隐含于这一区别之中诸多问题予以注意，可能会揭示出这种不可知论是不可靠的。如果正是自由主义号称超脱于有关人们应该如何过自己的生活这一实质竞争之上，而使人们对他们的理论产生兴趣的话，那么人们最终将看到这样一种理解，在这种理解中，它的表述和自我理解在不断地后退，这种理解要求介入那场竞争，这可能会迫使他们重新思考。当然，他们可能仍然是自由主义，但是他们的自由主义将会包括他们以往认为可以避免的那些主张。由反至善主义和中立引发的问题相当多而且相当复杂，这部分地是因为，我们在这里涉及的是以往较为抽象的论证线索的相对具体的政治含义，这些线索可以归结在许多不同的组合下面。

第三节　自由主义与社群主义之辩

"自由主义"与"社群主义"对不同的思想家而言，可能意味着完全不同的东西，甚至在日常政治用语中，"自由主义者"这一术语在英美也有着不同的意义，一个理论家信仰言论自由的理由可能与另一个理论家大不相同，或者两个都自认为是自由主义者的理论家，可能有着极不相同的观念。如我们看到的那样，对于个人必须确切地相信什么，才可以被认定为自由主义或者社群主义，仍然存在着巨大的分歧。对于一些模糊的和一般的价值，如个人自由或自律的承诺，并且把这种承诺与个人应该拥有信仰、言论和结社的自由这种实质的政治关注联系起来，可能会被认为是自由主义的基本要素。同样，对社群主义批评的基本描述，如怀疑对个人与社会或共同体关系的自由主义理解，认为根据这一理解而强调个人自由和权利是本末倒置。

我们把罗尔斯作为公平的正义理论看作当代自由主义的典范，它体现了对个人自由的承诺，对公民自由标准的支持，以及机会平等和更为平等的资源分配而不是单纯由市场决定的信念。自由至上主义者和社群主义者之间争辩的焦点往往体现在这些不同观点之中。诺齐克认为罗尔斯理论所涉及的再分配方案，侵害了个人财产权和个体所有制。在诺齐克看来，罗尔斯没有严肃地对待个人，其正义设计方案将使某些个人的才能成为那些没有这些才能的人实现其目的的手段。于是，诺齐克的自由至上主义，包含着某种较之罗尔斯所承认的更多的对于个人自由的尊重，这主要体现为对罗尔斯理论中与自由主义关于再分配和准平等主义方面的反驳。与此相反，社群主义批评质疑的是与诺齐克所坚持的个人之于共同体的优先性相一致的思想主张，这主要体现为对于自由主义者所强调的个人自由。在某种意义上，自由至上主义者和社群主义者的批评便是来自于不同的方向，并且所关注的是当代自由主义理论的不同方面。总之，在自由至上主义者看来，罗尔斯理论的再分配方案表明，他并没有足够严肃地对待个人和他们的自由，而在社群主义者看来，他给予个人自由如此的重要性也显示了对于个人之于共同体的优先性的某种误解。

首先，如前所述，我们最好把诺齐克的自由至上主义理解为某种自由主义版本而不是对自由主义的否定。以洛克为代表的古典自由主义的精髓，是主张个人所有制，基于这一点，人们往往认为诺齐克可以被看作是真正的自由主义者，而罗尔斯却是修正主义者。这恰恰与把诺齐克的自由至上主义与罗尔斯的自由主义等同看待的社群主义的理解是相吻合的。

其次，我们应该清楚的是，罗尔斯自由主义的分配方案也可以被理解为一种有关个人与共同体关系的主张。不过在这里，就把人们的才能看作是某种意义的共同财富而言，罗尔斯是一个社群主义者。因此，可能把罗尔斯理解为关注分配问题的社群主义者，而不是一个关注个人与共同体关系中的个人自由问题的自由主义者。

社群主义批评通常把它自己与自由主义的自由相关方面的要素联系在一起，而不是与它的平等相关或者分配相关的要素联系在一起。就实质的政治问题而言，这意味着再分配的自由主义者与自由至上主义者之间的分歧，集中于福利国家与要求为之付账的税收制度的合理性；而自由主义者与社群主义者之间的分歧焦点,在个人选择自己的生活方式和自我表达自由的权利的重要性方面,甚至在价值观和对于作为其成员的共同体或者社会承诺方面。

从前文论述中可以得出两点结论:第一,说到洛克和古典自由主义,便提出了当代自由主义和社群主义与他们所由来的知识传统之间的关系问题。当我们想到自由主义传统的时候,我们便会想到洛克、康德和密尔这样一些思想家,他们之中的每个人都对近代自由主义遗产有着杰出的贡献。至于社群主义这一边,我们的注意力可能会转向亚里士多德、黑格尔甚至是葛兰西。我们所考察的每一个理论家都无疑受赐于这些名家,审视不同的理论家所体现的为他们所继承的知识传统中对他们有益的思想线索,是一件十分有趣的事情。

第二,我们也不会在考察我们所讨论的思想家的各种观点和主张而不提及他们作为一部分的更为广泛的思想体系这条分析路径上走得太远。这意味着,不是直接地围绕特殊问题和主题来组织我们的讨论,我们采取以人物为基础的分析路径。通过接触以人物为基础的基本资料,我们能够从一个特殊的角度了解这场论争,通过易于理解的形式把握它的要点。另外,理解不同思想家说了些什么的最好方式,就是把他们的思想作为一个整体来考虑。试图孤立地专注于一种理论中的特殊观点,而不涉及它们的思想背景的做法,便有可能误解这些观点的大部分意义。这种以人物为基础的解释路径能够把他们与其他思想家进行比较和对照,包括一个比较过程。在某种意义上,我们寻求把以人物为基础的方法的解释优势与问题导向表达的清楚分析结合在一起。我们之所以能够这样做,部分地由于我们把注意力限定在前面所说明的那些方面。由于我们主要关注对自由主义的社群主义批评,所以我们有足够的机会认真地考察社群主义者和自由主义者的观点。

在后面的叙述中我们会分别介绍四位被认为是社群主义者的思想家,对于自由主义的批评意见:迈克尔·桑德尔(Michael Sandel)、阿拉斯戴尔·麦金太尔(Alasdair Macintyre)、查尔斯·泰勒(Charles Taylor)以及迈克尔·沃尔泽(Michael Walzer)。在确定了这些思想家共同的思想主题、他们相互之间的差异以及与我们的论题之间的关系以后,我们要继续考察罗尔斯对于他的观点所作的辩护,即通常所说的"新罗尔斯主义"。"新罗尔斯主义"可以被看作是试图阐述一种接受了诸多社群主义批评的自由主义观点。

第四章

罗尔斯与契约论传统

契约论是一种用来证立政治权威（political authority）或道德规则（moral norms）之正当性（legitimacy）的理论。政治契约论主张政府权威的合法性基于被统治者的同意（consent），而同意的形式则源自契约的观念，或者是彼此间的协议（mutual agreement）；而道德契约论则主张道德的规范力量（normative force），同样是来自契约的观念或者是彼此间的相互同意。

设想一个没有政府的时代，没有主权、法律、法庭、财产所有权或契约。人类可以生活在这样一种状态，但生活不可能过得好。正如托马斯·霍布斯那标志着古典西方社会契约论传统开端的著名论断："在这种状况下，产业是无法存在的，因为其成功不稳定。这样一来，举凡土地的栽培、航海、外洋进口商品的运用、舒适的建筑、移动与卸除需费巨大力量的物体的工具、地貌的知识、时间的记载、文艺、文学、社会等都将不存在。最糟糕的是，人们不断处于暴力死亡的恐惧和危险中，人的生活孤独、贫困、卑污、残忍而短寿。"[①]

因此，人们相互签订契约，同意放弃对获得他人财产的强力和能力的私人使用，来交换和平、安全和对互利的期望。正如约翰·洛克所指出的，通过考虑被设想为"自由、平等和独立"[②] 的人们在初始状况（initial situation）中所缔结的契约，我们能够洞察政治原则的合法性。通过思

---

① Thomas Hobbes, *Leviathan*, ed. Richard Tuck, Cambridge: Cambridge University Press, 1991. 参见第十三章。然而，霍布斯可能受到伊壁鸠鲁和卢克莱修的影响（尤其参见卢克莱修《物性论》第5卷）。

② John Locke, *Two Trestises of Government*, ed. Peter Laslett, Cambridge: Cambridge University Press, 1960. 参见《政府论（下篇）》，第二章第4段，第八章第98段。除非用罗马数字 I 特别指出，所有关于洛克的引用都是指《政府论（下篇）》。

考政治社会的结构——这一在初始状况中所缔结的契约的产物——在某些至关重要的方面的公正,甚至平衡,我们获得一种对正义之所需的更深理解①。因此,通过一种假设在任何个人中都不存在先天优越性的程序,我们抽象出一系列正确保护所有人利益的规则。

第一节 社会契约与正义的环境

一般而言,契约论有两个基本的要件,即初始状态与立约者的理性。对于初始状态描述的不同也往往成为各种样式契约理论的分野,如霍布斯的自然状态(state of nature)与罗尔斯的原初状态(the original position)等。初始状态作为一个立约环境,也代表着这样的环境是一个公平的(fair)、无私的(impartial)以及可欲的协议起点。罗尔斯的原初状态希望能够做到公平的、无私的协议起点,而霍布斯对自然状态的描述则是一个可欲的协议起点。从这样的起点开始,立约者运作他们的理性,决定有助于自身利益的契约内容,因此对于理性的概念,契约论者也必须针对他们所提出的初始状态,做合理的设定,而对于立约者理性的要求,一般是对自身利益(self-interest)的关怀,以及工具理性的运用等。契约理论在立约的时候也要求某些原则,如在立约的时候,缔约者不应受到暴力胁迫或欺诈,或者缔约者必须遵守最终一致同意的契约内容。

对契约理论来说,不受暴力胁迫与欺诈之下的"同意",构成了遵守契约内容的义务,但这却导致一个问题:事实上,我们接受政府的统治之时都未曾订立过实际的契约,并未对于某种政治权威或者是某一道德规范有过明确的"同意"(overt consent)。因此,契约论对于同意的要求,便从明确的同意,弱化为"隐然的同意"(tacit consent),这样一来,即使我们在实际上、历史上并未定过契约,或者对于任何政治上的安排、道德上的规范有过实际发生的同意,只要能够指出我们具有某种共同的默契,或者是默许,那么这样的默契或默许便同明确同意下所订立出的契约一样,具有相同的效力。

基本政治原则理念作为社会契约的产物,是西方传统中自由主义政治哲学的一个主要贡献。在它的各种形式中,社会契约传统作出了两大标志

---

① 并非所有传统的倡导者都以政治正义理念的形式来谈及他们的计划。

性贡献。第一，它清晰、严格地阐明，政治社会——这个把权力置于法律之下并正确地形成权威的社会——能更好地服务于人类利益本身，即使我们从一种对这些利益人为简化的观念出发。第二，甚至更重要的是，它向我们表明，如果人们被剥夺了某些人在所有现实社会中所具有的人为优势，如财富、地位、社会阶级、教育等①，那么他们会同意某种特定形式的契约。假如在那种意义上，起点是公平的，那么通过讨价还价所得出的原则将会是公平的。因此，传统遗留给我们的是一种对政治社会②——在此社会中，人的平等价值和他们之间的互惠价值是核心特征——的程序上的理解。

这种对政治社会的理解是古典自由主义攻击封建传统和专制传统的一个杰出部分。③ 从在自然状态中我们所有人大致平等的事实出发，展开对把财富、地位、身份作为不同社会和政治权力来源的政权的复杂批判。因此，在自然状态中签订契约的理念，不仅提供了对政治原则内容的解释，而且提供了政治合法性的基准。任何社会，只要其基本原则远离在自然状态中自由、平等和独立的人们的选择，在某种程度下就被认为是有问题的。

因为在平等的人之间，传统提供了一个生动、严格、富有启发的关于正义的思考方式，所以在哲学上，它仍然是多产的。20世纪最重要最有影响力的正义理论——罗尔斯的正义理论，明确地把自身置于这一传统之中；也许，罗尔斯比迄今为止的任何理论家都更严格、更完全地追求契约理念的含义。

在《正义论》的开篇，罗尔斯强调他忠实于社会契约理论，"我的目标是呈现一种正义观念，它把比如说在洛克、卢梭和康德中所发现的、我们熟悉的社会契约理论普遍化和带到一种更高水平的抽象"④。"其指导性理念是，正义原则……是在一种平等的初始状况下，关注提升其自身利益

---

① 正如我们所看到的那样，对罗尔斯而言，种族和性别是这清单中非常重要的部分，但是生理和精神健全却不可能是。

② 然而，我将论证，历史传统没有使用罗尔斯的"纯粹程序正义"的理念，而是相反，从一种严格的自然权利或资格解释开始。

③ 当然，霍布斯没有在那种方式上使用它；尽管他对自由主义传统有深刻的影响，但他却不是自由主义者。

④ 有一个脚注表明：尽管霍布斯的版本很伟大，但它却呈现了特殊的问题。

的、自由而理性的人们会接受的那些原则。"① 为防备潜在的反对意见，罗尔斯为他所使用的"契约"术语辩护，他总结道，"最后，存在一个长期的契约教义的传统。表达与这一思想线索的联系，有助于定义理念和与自然的虔敬保持一致"。②

罗尔斯的历史联系比这些评论所暗示的要更复杂。尽管大卫·休谟不是社会契约论思想家，但是罗尔斯通过大量描述休谟关于"正义环境"的观点，充实了在古典契约论思想家那里不甚明确的要素。然而，既然休谟在这些问题上的观点和洛克、康德的观点能够很好地吻合，那么这一复杂来源就并不会导致困难。罗尔斯解释，之所以选择休谟，是因为休谟对正义环境的解释"极其明白易懂"③，与洛克和康德在那些问题上的观点相比，休谟有更多的细节描述。

然而，在两个至关重要的方面，罗尔斯的理论和所有以前的社会契约论存在差别。因为罗尔斯的目标是从一系列的假设中产生基本政治原则，又因为它是一个被罗尔斯称为正确程序确定正确结果的"纯粹程序正义"的例子。所以，罗尔斯通过不假定自然状态中人类拥有任何自然权利，从而与历史传统分道扬镳。因此，与背离洛克和康德的理论相比，他的观点更彻底地背离格劳秀斯（Groutius）和普芬道夫（Pufendorf）的自然法观点。第二个差别在于契约程序中道德因素的作用。罗尔斯的选择状况包括霍布斯、洛克甚至康德在其政治著作中回避的道德假设。④ "无知之幕"代表着一种道德公正，这与康德关于人不能成为达成他人目的的纯粹手段的理念，具有高度相关性。

罗尔斯的双重承诺——对古典社会契约教义的忠诚和对康德道德哲学核心理念的忠诚——既是罗尔斯理论富有启发性的源泉，也是其具有深度

---

① John Rawls, *A Theory of Justice*, Revised Edition, Cambridge, MA: Harvard University Press, 1999, p. 11.

② John Rawls, *A Theory of Justice*, Revised Edition, Cambridge, MA: Harvard University Press, 1999, pp. 16, 121.

③ John Rawls, *A Theory of Justice*, Revised Edition, Cambridge, MA: Harvard University Press, 1999, p. 127.

④ 有趣的是，在《正义论》第十一章注释4，通过列出他的主要历史前辈的文本，罗尔斯提到了洛克的《政府论》（下篇）和卢梭的《社会契约论》，却没有提康德的政治著作，但是他的伦理著作开始于《道德形而上学基础》。

第四章 罗尔斯与契约论传统

张力的源泉。然而,毫无疑问,尽管罗尔斯对平等的尊敬和互惠的道德理念深信不疑,但当罗尔斯重构和解释其目标时,他一直把其目标理解为社会契约传统的一部分①。即使在明显存在重要分歧的地方,罗尔斯也向读者指出隐含的相似性。因此,尽管罗尔斯表面上看似没有使用自然状态的虚构,但是他告诉读者事实上他这样做了。"在作为公平的正义中平等的原初状态(the original position)与传统社会契约论中的自然状态(the state of nature)类似。"② 总体上,正如我们所看到的,只有关注这些联系,才能更好地理解他的大多观点。通过罗尔斯的工作,当我们从平等的人、这些人的价值、他们的才能开始思考正义的要求时,社会契约传统作出了最深思熟虑的贡献。

社会契约传统是复杂的。它包括一些人物,如让-雅克·卢梭,他不把社会契约看作一种独立个体之间的契约。以《社会契约论》为代表的非自由主义社会契约类型,包括其公意概念以及它对个体自由关注的相对缺乏。就卢梭的理论确实影响了罗尔斯和其他现代契约论者而言,笔者相信在自由主义理论家洛克和康德那里,也存在那种影响的因素;在这一特定领域,关于卢梭的公意是什么,将带领我们远离对一种与众不同的自由主义传统的检验。给这一自由主义传统提供素材的历史人物是洛克以及康德。一个主要的先驱是托马斯·霍布斯,他对现代社会契约思想,尤其是在大卫·高蒂耶的著作中,也具有重要性③。但是,霍布斯不是一个自由主义者,他对社会契约某些特征提供了明白易懂的解释。尽管大卫·休谟不是一个契约论者,但是因为罗尔斯借用了休谟对正义环境的解释,并围绕它建构其自身契约论解释的重要特征,所以他也比较重要。我们将会探讨正义环境——在此环境中,制定相关政治原则的契约才有意义——的解

---

① 其中一个迹象是:在关于教育的分类讨论中,理论家劳伦斯·柯尔伯格(Lawrence Konlberg)的道德意识阶段的解释宣扬皮亚杰的发展阶段论,即随着儿童的成熟,他们经过不同的发展阶段——在发展阶段论中,社会契约传统是四阶段论,功利主义是五阶段论,康德主义是六阶段论。罗尔斯说他追随柯尔伯格关于道德发展的观点,正如罗尔斯明确表示出的那样,他不能批判功利主义,因为从意义上看他还处于一个较低的发展阶段,并且对柯尔伯格而言,批判主义要从第一阶段开始是批判性的。罗尔斯把自身置身于第四阶段而不是第六阶段令人感到吃惊。

② John Rawls, *A Theory of Justice*, Revised Edition, Cambridge, MA: Harvard University Press, 1999, p. 12.

③ David, Gauthier, *Morals by Agreement*, New York: Oxford University Press, 1986.

释；相应地论述契约各方的品性；论述通过签订契约他们想获得什么——社会合作的观点；论述契约各方的道德感。

社会契约理论家坚持，对基本政治原则的寻求，不会随便出现在哪个和每一个环境中。对那些认为基于政治社会原则聚集在一起是有意义的人而言，他们不得不发现自身处于一种特定类型的状况中。对这一状况的描述，是罗尔斯正义理论的绝对中心，正是在其关于原初状态的讨论的开始，他介绍了这一描述。遵循传统，罗尔斯认为，这些环境体现了"在其之下人类合作既是可能也是必需的正常状况"①；除非这些环境已被获得，否则"就不可能有正义的美德，就好像如果生命和肢体没有受伤的威胁，就不可能有身体的勇气"。②

跟随罗尔斯（这里他追随休谟），我们可以把正义环境分为两种类型：客观的和主观的环境。各方进行讨价还价的客观环境，基本上是那些使得他们进行合作得以可能和必要的环境。罗尔斯规定，他们必须"同时在一个确定的地理区域内"③ 共存。用这样一种方式，就没有人能够控制其余人。他们对侵犯行为很敏感并且所有其余人的联合力量能阻止任何一个的侵犯。最终，这些是"适度缺乏"（moderate scarcity）的状况：资源不足以丰富到使合作变得多余，同时也不是"状况是如此严峻，以至于有成效的冒险不可避免必定是失败的"。④ 主观上讲，各方有大致相似的需求和利益，或至少互补的利益，结果他们之间的合作是可能的；但是，他们也有不同的生活规划，包括宗教、综合的社会信念或伦理信念的差异，这潜在地在他们之间产生了冲突。

社会契约传统的理论家相信，人们确实能发现他们自己置身于这些环境中——至少如果我们抽去财富、社会阶级和现存政治结构的人为优势。因此，自然状态的神话——这已经被明确表达为一种想象的假设，而不是

---

① John Rawls, *A Theory of Justice*, Revised Edition, Cambridge, MA: Harvard University Press, 1999, p.126.

② John Rawls, *A Theory of Justice*, Revised Edition, Cambridge, MA: Harvard University Press, 1999, p.128.

③ John Rawls, *A Theory of Justice*, Revised Edition, Cambridge, MA: Harvard University Press, 1999, p.126.

④ John Rawls, *A Theory of Justice*, Revised Edition, Cambridge, MA: Harvard University Press, 1999, pp.126-127.

对遥远历史时代的解释①——只不过被视为对真实世界中一些尤其重要的人类相互行为特征的一种诚实的解释。但是，这一描述排除了这些人的精神和身体力量与那些"正常人"相比非常不平等；基于相关的理由，它似乎必然排除了某些国家及其居民，他们的权力和资源与那些支配性民族或国家相比也非常不平等；最终，显然它也排除了非人类动物。

罗尔斯对正义环境的解释包括签订契约各方的三个特征，这些特征对社会契约传统而言尤其突出。第一，签订社会契约的各方是自由的：没有人拥有任何其他人，没有人是任何其他人的奴隶。自然自由的假设是传统攻击各种形式的专制和暴政的最重要的方面。在坚持除非通过同意，否则没有人可以从属于另一个人的权力这点上，并非只有洛克一人。② 康德可能是对这一状况解释得最详尽的思想家，把它理解为人们有权追求他们自己的幸福观，只要他们不侵犯"其他追求相似目的的人的自由，在普遍法则之中，这一自由能够使每个其他人的自由相容"。③ 换言之，按照你获得幸福的方式强迫别人变得幸福，即使你是一个仁慈的专制者，也是错误的。所能要求的只是每人通过他人的自由来限制其自身的自由。前政治传统就是这样理解这一权利的。"这一自由权利属于作为人的、共和国中的每一个成员，只要每个人都有能力拥有权利。"④ 正如我们看到的，罗尔斯并不接受这一传统，因为他不认为存在前政治的自然权利。然而，他的确坚持平等植根于自然能力，尤其是植根于正义感的能力。⑤

第二，也是尤其重要的一个特征，社会契约思想坚持各方在一个大致

---

① 在此传统的领军人物中，洛克似乎最关心发现自然状态的不同因素的历史相似物；但是，他这样做是为了阐释这并非不现实，而不是因为他认为原本的历史真相就是这一进路的重要特征。

② John Locke, *Two Trestises of Government*, ed. Peter Laslett, Cambridge: Cambridge University Press, 1960. 参见第八章第 95 段。

③ Immanuel Kant, *Kant: Political Writings*, ed. Hans Reiss, Cambridge: Cambridge University Press, 1970, p. 74.

④ Immanuel Kant, *Kant: Political Writings*, ed. Hans Reiss, Cambridge: Cambridge University Press, 1970, p. 74. 康德文章的这个部分的副标题是"反对霍布斯"，另外需要提醒的是，我们不应该以一种简单的方式猜测霍布斯属于这一传统，尽管也应该坚持霍布斯关于自然状态中权利的解释是复杂的。

⑤ John Rawls, *A Theory of Justice*, Revised Edition, Cambridge, MA: Harvard University Press, 1999, p. 504ff.

平等——不仅仅是道德平等，而是权力和资源的大致平等——的状况下开始讨价还价。由财富、出生、阶级等所产生的人类的优势和等级都被设想为消失了。因此，仅仅只剩下赤裸裸的人。正如在此传统中的思想家经常评论的那样，人类在基本权力、能力和需求方面没有巨大的差异。霍布斯发现："自然使得人在身体和心灵能力上如此平等，以至于有时某人的体力虽则显然比另一人强，或是脑力比另一人敏捷；然而，当这一切加在一起时，也不会使人与人之间的差别大到使这人能要求获得人家不能像他一样要求的任何利益，因为就体力而论，最弱的人运用密谋或者与其他处在同一危险下的人联合起来，就能具有足够的力量来杀死最强的人。至于智力……我还发现，相比于力量这种能力，人与人之间更加平等……可能使这种平等不可思议的，不过是人拥有智慧的徒劳观念，在这一方面，几乎所有人都认为他们比一般人强。"①

与此相似，洛克也坚持，在自然状态下显而易见"同一物种和相互混杂在一起的生命，生来就具有同样的自然优势，使用相同的能力，此个体与彼个体之间应该是平等的，没有从属，也没有依附"。② 在18世纪哲学界，坚持人与人之间的巨大差异乃是当前社会状况的人为产物，这变成了一个无所不在的话题。如亚当·斯密强调一个哲学家和一个道路搬运工人的差异主要是由他们的习惯和教育形成的；卢梭暗示对人类的共同弱点和易受伤害性的反应，揭示了隐藏在阶级和等级区分下的一种复杂相似性。

把这种权力和能力的大致平等与道德平等区分开来很重要，尽管传统的思想家几乎未在两者之间做出任何清晰的区分。一个不赞同生物在权力和能力上大致平等的人，可能赞同它们是道德平等的。可能也有人持有相反的观点。我们能看到这两种平等的联系方面：如果人类真的或多或少在权力和能力上是平等的，那么给予一些人比另一些人更大的权威和机会似乎就是相当武断的。但是人们可以承认这一点，即使他们不承认权力和能力的自然不平等在人们生活的基本道德领域中，实际上会对人类予以差别对待。罗尔斯的巨大贡献就在于，他仔细地区分了这两种类型的平等，他

---

① Thomas Hobbes, *Leviathan*, ed. Richard Tuck, Cambridge: Cambridge University Press, 1991. 参见第十三章。

② John Locke, *Two Trestises of Government*, ed. Peter Laslett, Cambridge: Cambridge University Press, 1960. 参见第二章第4段。

第四章　罗尔斯与契约论传统

既要权力和能力的平等，也要道德平等。

在每一个社会契约理论中，通过解释政治原则是如何规范人们的行为方式的，对平等的假设起了至关重要的作用。在理解各方为何要相互签订契约、在第一步为什么他们能够制定契约、从社会契约中他们希望得到什么这些问题上，各方的大致平等至关重要。因此，查看这种平等的假设是如何要求我们去搁置一些重要的正义问题是非常重要的。尤其是，在一个被如此构建的契约状况中，是不能合理解决如何对待严重精神不健全者和非人类动物的正义问题的。罗尔斯承认，他的作为公平的正义理论在那些领域存在问题。

第三，社会契约的各方被设想为独立的，即个体不会处于任何他人的控制之下，或者不对称地依赖任何其他人。在某些社会契约版本中，这一假设还包括这一理念，即他们仅仅感兴趣于培育其自身的幸福观，而不是另外一些人的幸福观。这些幸福观被设想为拥有仁慈的兴趣，或者甚至（在洛克那里）是仁慈的自然义务。但是，核心观点在于，每个人被设想为同样受到尊重的独立体，并且每个人都是各种诉求和事业的独立来源。正如罗尔斯所指出的，"每个人是一个过完整生活的完全合作的社会成员"。罗尔斯通过假设在原初状态中的各方，对任何其他人的利益不感兴趣，把这一传统特征模式化。他们不必然是自我主义者，但是他们关注于提升自身的而不是他人的善观念。①

为了寻找一种共同利益，各方被设想为相互合作，没有合作，就不能获得一些东西。基于各方在社会契约中所处的位置，罗尔斯回避了利他主义或仁慈的假设。因为这一复杂性导致了罗尔斯与互利理念的关系这一难题，其他一些契约论者，如高蒂耶，完全把利他主义排除在外；甚至洛克，他集中讨论过仁慈，也把社会契约本身的要点描述为"为了他们各方舒适、安全、和平地生活，在彼此之间安全地享有他们的财产，反对任何不属于其中的人，从而获得更大的安全"②。因此，在这一点上，洛克和霍布斯极其相似，霍布斯认为，导致一个人放弃自然状态中他所享有的特

---

① John Rawls, *A Theory of Justice*, Revised Edition, Cambridge, MA: Harvard University Press, 1999, p. 13.

② John Locke, *Two Trestises of Government*, ed. Peter Laslett, Cambridge: Cambridge University Press, 1960. 参见第八章第 95 段。

权的唯一方面，是某种与他自身的幸福相关的特权。① 诉诸正义是出于自身的理由，而不需要任何关于他人善的内在的、非工具性的考虑。

在社会中讨价还价的各方被设想为有动机的，这些动机很好地适应于他们的逐利性：他们试图提升他们的目标和事业，而不论这些目标和事业是什么。这种考虑自身的逐利性假设，并不意味着被谈论着的哲学家都是道德情感上的自我主义者，尽管霍布斯的确如此。各方可能有许多不同的、各自的利益观，并且在某些情形（尤其是洛克）中，可能包括一种对他人善的强烈关注。而且，在某些情形（如高蒂耶）中，在讨价还价阶段，只包括自我目标导向的动机和情感，可能仅仅是一种把其他关注的结果从斤斤计较的起点中抽出来的设置。罗尔斯出于相关的理由忽略了仁慈。但是，我们不能确保这一斤斤计较的起点，最终将和富有同情的、对他人负有义务的起点一样导致同样的方向。追求互利和一个人自己事业的成功，至少对所有人类的幸福有一种同情心的义务。罗尔斯和大多数其他的契约论者感觉到，要避免一种强烈的仁慈的假设，并且应该从既具有较多需求又具有较多限定的起点出发来抽象出政治原则。

第二节　契约论传统及其现代形式

在《战争与和平法》中，格劳秀斯阐释了国际关系的基本原则并把它追溯到古希腊罗马的斯多葛学派以及塞涅卡和西塞罗。他认为，当我们思考基本原则时，开始的方式是把人类思考为一种生物，这种生物的特征是既具有尊严或道德价值，也具有社会性：有"一种强烈的愿望要寻找同伴，这是为了共同生活，但不仅仅是随便哪种共同生活，而是一种宁静的生活，并且按照其智力的尺度，把和他属于同一类的生物组织起来"。② 格劳秀斯自然法理论的总体观点是：人的这两个特征和他们的伦理价值，暗示着每个人都有资格得到许多善意对待。因此，政治理论从一种抽象的基本资格理念开始，这一理念基于自尊（人是目的）和社会性双重理念。就像和人类尊严联系在一起的必要的生活条件一样，随后要论

---

① Thomas Hobbes, *Leviathan*, ed. Richard Tuck, Cambridge: Cambridge University Press, 1991. 参见第十四章。

② Hugo Grotius, *On the Law of War and Peace*, Oxford: Clarendon Press, 1986, p. 25.

证的是从这些理念中产生出来的一些特定的资格。

格劳秀斯与早期契约论

格劳秀斯没有探寻人们该如何使用这些洞见来思考单个国家的正义结构。相反，他关注的是国家之间的关系。尽管国与国之间的空间是一个没有主权的空间，但绝不是一个道德秩序领域，在这一领域中一系列非常特殊的原则塑造着人们的相互行为。从这些观点出发，格劳秀斯得出了著名的、关于开战正义和战时正义的新西塞罗式阐释。[1] 开战具有正确性，只能是当其回应一种错误的侵略时；禁止所有先发制人的战争和防御性战争，因为它是一种为了实现其自身利益而把人类作为工具的方式。在战争中，出于同样的理念，也有必要制定非常严格的行为限制：没有过度的严厉的惩罚，尽可能少地损坏财产，战争结束后对财产和主权进行适当赔偿，不能杀戮平民。

格劳秀斯清晰地论证，我们不必尝试从互利理念本身来推出我们的基本原则；人类的社会性意味着利益不是人类正义地行为的唯一理由。格劳秀斯显然相信，基于社会性和尊重而非基于互利的社会，能在发展中保持稳定。

对格劳秀斯而言，人们之间最重要的是道德平等，这使得尊重和资格的平等成为必要。他认为，力量的平等不具有重要性。一个在身体力量上与那些"正常"人截然不同的人，和其他人一样将得到同样对待。因此，他的理论不存在类似休谟的正义环境或者霍布斯、洛克、康德理论中的相似假设等这样的前提。他认为，无论人们生活在哪里，在他们之间已经形成正义环境，仅仅因为他们是人类和社会性的。尽管现代契约论尝试摒弃所有自然权利或自然法的理念，但古典契约思想都强调自然法和自然权利因素。

霍布斯的契约观念与格劳秀斯大体相反，他认为，存在着"正义、平等、谦虚、仁慈以及（总的说来）服务于他人，正如我们应该要做的那

---

[1] 关于西塞罗的观点，参见 Martha Nussbaum, "Duties of Justice, Duties of Material Aid: Cisero's Prolematic Legacy," *Journal of Political Philosophy*, 1999, 7: 1-31。

样"① 的自然道德法则。但是，他相信这些道德法则永远不可能产生一种稳定的政治秩序，因为它们"与我们的自然情感相悖，这将导致我们的偏见、傲慢仇恨以及相似的东西"②。自然社会性能够在蜜蜂和蚂蚁之中观察到，但是在人类中不存在没有压迫的、可靠的社会性。因为我们的自然情感基本上是竞争性的和利己主义的，恐惧扮演一个中心的情感角色，自然状态——缺乏一个强有力的压迫下的主权的人类关系状态——是一种战争状态。霍布斯做出著名的描述，即这状态是一个真正悲惨的状态。在这一战争状态中，存在权力和资源的大致平等。尽管表面上看来，霍布斯把人类也思考为道德平等物。但在其论证中，占据突出地位的却是权力和能力的平等。就权力的自然平等而言，我们"倾向于让人们保持和平的情感是对死亡的恐惧；对这些东西的欲望是我们舒适生活的必需品；并且，通过它们的生产产生获得它们的希望。理性暗示着便利的和平条款，通过它人们达成一致同意"。③

霍布斯没有把他的社会契约描绘成产生了正义原则。他用一种难以一致的方式来谈论正义，时而论证没有强制性权力的地方就没有正义，时而论证存在自然正义原则。④ 但是，社会契约的确产生政治社会的基本原则。契约就是一种让渡自然权利的、互惠性的协议。其目标对每个人而言是"对他自己好"，对人类群体而言是一种互利，"这就是说，让他们脱离战争这一悲惨的境况"⑤。基于契约模式来想象政治社会的基础，使霍布斯把契约制定者群体与为他们、围绕他们而制定契约的群体混同起来。

在霍布斯看来，人们之间制定契约是为了寻求安全地生存，这种契约所能采取的唯一合理的形式是那种把所有权力都给予一个主权，并且主体

---

① Thomas Hobbes, *Leviathan*, ed. Richard Tuck, Cambridge: Cambridge University Press, 1991, p. XVII.

② Thomas Hobbes, *Leviathan*, ed. Richard Tuck, Cambridge: Cambridge University Press, 1991, p. XVII.

③ Thomas Hobbes, *Leviathan*, ed. Richard Tuck, Cambridge: Cambridge University Press, 1991, p. XVII.

④ 关于这些紧张的最出色的处理，参见 Michael Green, "Justice and Law in Hobbes," *Oxford Studies in Early Modern Philosophy*, 2003, 1: 111-138。

⑤ Thomas Hobbes, *Leviathan*, ed. Richard Tuck, Cambridge: Cambridge University Press, 1991, p. XVII.

不保留任何自身的权利形式。由于惧怕惩罚，主权的作用就是在检审中保持人们的激情，并据此维持所有人能生活在一起的安全。在任何没有主权存在的地方，战争状态就会流行。霍布斯坚持认为，战争状态是不道德的，也是不安全和不幸的。在自然状态中存在有约束力的道德规范，并且在战争状态中，这些道德规范常常被违反。但是，在他看来，道德不可能作为寻求稳定而有效的政治社会的政治原则的基础，它在人类关系中是最无能的力量。

洛克的社会契约论是这一传统中最具影响力的理论，它包含各种各样的因素，使得很难把其组成一个单一的、前后一致的图景——这既是因为洛克关于契约和权利的理念出现在不同时期的著作中，也是因为我们关于他的社会契约阐释的主要资源，即《政府论》（下篇）本身存在各种各样的因素和许多很难解释的问题。而且，若不密切关注其论辩性的语境，要完全理解洛克的思想是极其不可能的。

洛克关注的焦点是建立一种没有政治社会的假设状态，即在自然状态中，人类生来是"自由、平等和独立的"。自由，意味着没有人生来就是任何人的主人，并且自然赋予每个人支配其自身的权利；平等，意味着没有人有资格在其他人之上实行统治，并且所有司法权是"相互的，没有人享有多于别人的权力"；独立，意味着和自由一样，所有人都不存在与其他任何人的等级关系，都有资格追求个人的事业。和霍布斯一样，洛克坚持认为人们具有大致相似的身体和心灵的权力。但和霍布斯不同的是，洛克把这一平等与道德资格紧密联系起来："既然我们被赋予同样的能力，在一个自然共同体中分享一切，就不能假设在我们中间存在任何从属关系，可使我们有权彼此毁灭，就好像我们生下来为彼此利用，如同低等生物生来是供我们利用一样。"[1] 洛克似乎坚持认为，对于目的本身而言的互惠身份，以及把另外一个人当作手段对待的错误性而言，权力的相似性已经足够。

在洛克的自然状态中，存在一些有约束力的道德义务，其包括自我保存的义务，考虑到自然平等和互惠而产生的保护他人的义务，不剥夺另一个人生命的义务，以及不通过损坏别人的自由、健康、财产而试图毁灭他

---

[1] John Locke, *Two Trestises of Government*, ed. Peter Laslett, Cambridge: Cambridge University Press, 1960, p. 25.

人的义务。洛克坚持认同道德平等也产生仁慈和恩惠的积极义务。我把其他人看成我的平等物，那么我就明白我有义务像爱自己一样爱他人。这意味着，如果我有一种欲望，除非同时在其他人中间相似的欲望得到满足，否则我就不能诉求这一欲望的满足。在那种意义上，道德互惠和支撑它的道德感就不需要为它们而签订社会契约。它们被设想为在自然状态中已经存在。洛克没有讨论导致人们形成政治生活的自然情感和源于自然平等的互惠义务之间的关系。连同跟人类尊严相称的生活一起，前者与需要和弱点相联系，后者与自然平等相关的自然权利相关。

对社会契约传统而言，洛克是一个非常重要的先驱。他基于创造一种有人类尊严的生活的可分享的欲望，进一步发展了他关于社会的理念。因此，他的理论可能是一种基于资格的理论，不需要（或至少不是同时需要）基于互利理念的社会契约。如果对基于人类尊严的资格的解释是政治原则的来源，那么契约神话就不是必需的了。他最终拒绝了霍布斯既不合适也不必要状态的解释时，他的社会——强烈保护个体对生命、自由、财产和宗教自由的资格（这些在自然权利中被视为具有前政治的基础）——的最终形成，当然表明了他观点中以资格为基础这方面的影响。

罗尔斯与休谟的契约论

休谟的《人性论》和《道德原理研究》对罗尔斯的正义理论而言是最重要的来源，罗尔斯说它们陈述了他要采取的境况，在此境况下正义是可能而且是必要的。[①] 休谟不是一个契约论者，他对正义的解释主要基于传统。但当他思考为什么正义能从一个没有正义的状态中产生，是什么使得正义吸引人时，休谟与契约论者，尤其是现代契约论者，有诸多共同的地方。罗尔斯能够把休谟和社会契约传统联系起来，是因为他自己关于正义的解释没有考虑自然权利，并且在那种意义上，更接近于休谟的传统主义。和契约论者一样，休谟诉诸互利，并把它作为产生和维持正义的关键。他相当明确地阐释了一种境况，在此境况下，人们期待互利。

休谟通过设想古典的黄金时代开始，在那时没有匮乏，不需要工作，没有竞争机会，因为每一个个体都能获得他所需要的东西，即使是最"贪

[①] John Rawls, *A Theory of Justice*, Revised Edition, Cambridge, MA: Harvard University Press, 1999, p.127.

婪的"欲望。他论证，在此境况下不需要正义，因为甚至没有在人们之间进行物品分配的需求：一切事物都是公共享有，正如我们现在所拥有的水和空气一样。接着，再设想一下这种境况，在那里，就像现在一样存在匮乏，但人是不同的：他们的慷慨是无限的，每一个人"和他的同胞一样，不关心他自己的利益"①。这种"延伸的仁慈"再一次使得正义不必要，因为所有人都愿意提供满足所有人需要的东西。

休谟考察了这两种情况的极端对立面。假设人类境况是如此悲惨，并且有极端的需求，那么从合作中也不能得到任何东西。在此境况中，正义没有立足点：每个人都理性地、尽其可能地获得活下去所需要的东西。还有一种可能性，如果我们设想人类极度邪恶和贪婪，并且也不能够按照道德和法律规范他们的行为，那么在这里，正义也是徒劳。简言之，"只有当环境是适度的但没有令人绝望的所有物匮乏时，只有当人类是自私的和竞争性的，但又具有有限的慷慨，又能限制其行为时正义才有意义。"② 休谟相信那就是我们的实际境况。他强调，自私并非全能的：实际上，在大多数人中，"爱的情感总体上来讲要超过所有的自私"，尽管它"很难遇到爱别人超过爱自己的人"③。但是，友善（kindness）却是不对称的和偏袒的，对自己的家庭有强烈的情感，而对远距离的人只有偶尔的情感。所有这些意味着，正义在人类事务中能扮演一个有用的角色。"因此，平等或正义法则完全依赖人所处的特定状态和境况，它们的起源和存在归结于那种效用，对公众而言，这源于他们通常严于律己。"④ 当人们用一种愉悦的眼光来看待正义法则的应用之时，当"政治家的技艺"

---

① David Hume, *A Treatise of Human Nature*, ed. L. A. Selby‑Bigge, 2d ed. Revised by P. H. Nidditch, Oxford: Clarendon Press, 1978, p. III.

② David Hume, *A Treatise of Human Nature*, ed. L. A. Selby‑Bigge, 2d ed. Revised by P. H. Nidditch, Oxford: Clarendon Press, 1978, p. II.

③ David Hume, *A Treatise of Human Nature*, ed. L. A. Selby‑Bigge, 2d ed. Revised by P. H. Nidditch, Oxford: Clarendon Press, 1978, p. II. 在《人性论》中，休谟批评了过度强调这一特征的哲学家，他说，他们是"和我们在寓言和传说中的任何有关怪物的描述一样具有广泛的自然性"。

④ David Hume, *Enquiries Concerning Human Understanding and Concerning the Principles of Morals*, ed. L. A. Selby‑Bigge, 3d ed. Revised by P. H. Nidditch, Oxford: Clarendon Press, 1975, p. 19.

产生"一种对正义的尊重和对不正义的憎恨"① 时,一旦正义法则是合适的,那么就会产生依附正义法则的新情感。

对休谟而言,正义就是一种风俗,其应用直接与我们所处的身体和心理环境相关。他进一步强调,在那些环境之中,人们之间权力大致是平等的。他观察到:"存在一些和人类混居在一起的生物,它们尽管也有理性,但在身体和心灵的力量上都比我们低级,对于施于其上的最高挑衅,它们从来不能实施任何抵抗,这使我们感觉到它们的愤怒感受;笔者认为必要的结果是,我们应该要受到给予这些生物温柔对待的人道法律的制约,但恰当地讲,我们不应该在任何有关它们的正义限制之下,它们除了拥有专横的主人,也不能拥有任何权利或所有权。我们和它们的交集不能被称为社会,社会预示着一定程度的平等;但是,这里一方面是绝对命令,另一方面是奴役性的服从。凡是我们所觊觎的任何东西,它们必须立即拱手相让:我们的允许是它们用以保持它们占有物的唯一途径;我们的怜悯(compassion)和友善(kindness)是它们用以勒制我们无法无规的意志的唯一牵制;正如对大自然所如此坚定地确立的一种力量的运用绝不产生任何不便一样,正义和所有权的限制如果是完全无用的,就绝不会出现在如此不平等的一个联盟中。"② 由于休谟不是一个契约论者,他并没有假设正义规则的制定者,必须是为之制定规则的同一人群。他关注于正义环境中的大致的权力平等。简言之,无论是身体上还是心灵上的更弱者,都不是政治社会的部分,也不是正义的主体。表面上看来,就他们依赖大致平等并把其视为人们之间正义的必要条件而言,古典的契约论理论家必定会得出同样的结论。

罗尔斯与康德的契约论

在《理论与实践》(*Theory and Practice*,1793)一文和《道德形而上学》(*The Metaphysics of Morals*,1797)一书中,康德最突出地讨论了社会契约理论。康德道德哲学的核心理念是,人应该总是被当作目的,永远不

---

① David Hume, *A Treatise of Human Nature*, ed. L. A. Selby - Bigge, 2d ed. Revised by P. H. Nidditch. Oxford: Clarendon Press, 1978, p. ii.

② David Hume, *A Treatise of Human Nature*, ed. L. A. Selby - Bigge, 2d ed. Revised by P. H. Nidditch. Oxford: Clarendon Press, 1978, p. 59.

能被当作手段，罗尔斯显然主要是从这一理念出发构建其理论的。对罗尔斯的整个正义而言，人的神圣不可侵犯（human inviolability）是一个直觉起点，尽管罗尔斯显然很清楚，政治原则要给予这一理念更确定的内容。康德紧紧地把自己和古典社会契约理论联系起来。因此，他的政治哲学具有混合特征：他对自然自由的处理，确实把政治哲学和道德哲学紧密地联系起来，但存在一些其他因素导向了一些稍微不同的方向。

本质上讲，康德的社会契约理论与洛克的非常相似。自然自由被解释为平等的自由，是自然状态中人的关键特征，并且当人们选择逃离自然状态时，社会契约开始产生（这更像洛克的理论，而不是霍布斯的理论，这里不总是战争状态），"和所有其他人一起进入一种司法事务状态，即一种分配法律正义的状态"。[1] 康德的理论中包含了自然资格，并且不是现代意义上的纯粹契约理论或一种纯粹程序的理论；因为在自然状态中，资格是不安全的，所以要求契约。

康德似乎坚持，所有人加入契约不仅是有利的而且是道德的。一方面，在自然状态中，侵犯别人的所有物并不是错误的；[2] 另一方面，康德似乎认为，人们仍想停留在那种在暴力面前没有人是安全的状态下则是错误的。[3] 他的理由似乎是，选择停留在自然状态是一种"把一切事务都交给野蛮的暴力……并且因此从总体上颠覆人类权利"[4] 的选择。在这一点上，康德和洛克的契约论都强调契约的互利性，并且互利提供了进入契约的充足动机。

在康德的契约中，签订契约各方的群体与那些政治原则为之选择的公民群体一样，被设想为自由、平等和独立的。然而，与洛克不同，康德承认在社会中存在一些公民，他们不是积极的契约签订方，他们的特征也不是独立的。这样的人是女性、少数人以及任何不能靠自己的能力养活自己

---

[1] Immanuel Kant, *Metaphysical Elements of Justice*, ed. and trans., John Ladd, Indianapolis: Hackett, 1999, p.307.

[2] Immanuel Kant, *Metaphysical Elements of Justice*, ed. and trans., John Ladd, Indianapolis: Hackett, 1999, p.307.

[3] Immanuel Kant, *Metaphysical Elements of Justice*, ed. and trans., John Ladd, Indianapolis: Hackett, 1999, p.308.

[4] Immanuel Kant, *Metaphysical Elements of Justice*, ed. and trans., John Ladd, Indianapolis: Hackett, 1999, p.308n.

的人，包括那些利用其他个体、依赖那些个体而生存的人，如佃农。因为他们不是独立的，所有这样的人都"缺乏公民性"。这种思想导致康德在"积极"公民和"消极"公民之间作出区分。积极公民（笔者理解为那些社会契约制定者的群体）由于他们是独立的，因此有权投票。其他群体的成员仍然保留作为人类的一定权利，他们像人一样自由和平等，但他们仅仅是"共同体的最底层"①。他们没有权利投票，也不能占据政治席位，甚至没有"组织和为采纳特定法律而工作"②的权利。因此，康德主张，持续依赖是一种不属于社会中大多数成年男性的状况，是一种不让一个人获得大多数政治权利的状况。康德只在他的前政治权利的思想中给予这些个体所有权利。

根据康德的理论，在自然状态中各方以大致平等的方式，创造了两种不同层次的公民身份。某些人在权力上的不平等注定他们得到的是消极身份：他们不能靠自己来养活自己。康德的范畴是复杂的：一些"消极公民"群体的成员随着时间的推移，也许能够逃离那种身份，并且他强调这一事实。③

现在的哲学传统包括许多不同形式的契约论：第一，可以称为纯粹自我主义形式，它强调具有道德内容的政治原则只源于没有道德假设的互利，高蒂耶的政治理论是这种形式的代表；第二，罗尔斯的混合形式，它把古典社会契约理论因素与对将要选择的道德原则提供重要限制的康德式道德因素联系起来；第三，康德式的现代契约形式，它源于康德的公平和相互承认的理念，不强调互利理念。托马斯·斯坎伦和布莱恩·巴里的道德理论是其最重要的代表。所有这三种类型都是程序主义的理论，它们都通过假定某种方式建构原初的选择状态。

高蒂耶设想，社会契约中的各方替代了真正的人类，并且无论是对真正的人类还是契约中的各方，社会合作的焦点是互利，互利的人被他用一种狭义的方式理解为关注自身财产和安全。与选择一种更具道德厚重感的

---

① Immanuel Kant, *Metaphysical Elements of Justice*, ed. and trans., John Ladd, Indianapolis: Hackett, 1999, p. 315.

② Immanuel Kant, *Metaphysical Elements of Justice*, ed. and trans., John Ladd, Indianapolis: Hackett, 1999, p. 315.

③ Immanuel Kant, *Metaphysical Elements of Justice*, ed. and trans., John Ladd, Indianapolis: Hackett, 1999, p. 315.

设计起点相比，选择一种纯粹审慎的，实际上是自我主义的社会合作目标的解释，似乎把正义理论放在了一种更有力的立足之处。

罗尔斯对原初选择状态的设计与高蒂耶具有很大不同，在其原初状态中的各方本身就是审慎的自我利益寻求者。他们并不追求作为目的本身的正义；他们被设想为关心提升他们自身的善观念，并且不存在需要包括任何利他因素规定的观念。但是，正像罗尔斯一再指出的，在原初状态中，关于各方的解释只是人的双重模式中的一部分。另一部分由"无知之幕"来提供，并且它对各方都有信息限制：人们不知道自己的种族、阶级、出生、性别，甚至善观念。罗尔斯正义理论的核心在于表达这样的观念，即无论在任何时候，"无知之幕"下各方所处的特定状态都能被现实中的人们所设想，并且那就是道德纯洁的典范："心灵的纯洁，如果一个人能够获得它的话，就是从这一观点出发，清楚地看，优雅地行动，并且自我支配。"[①] 良序社会中的公民被理解为从以下这种观念出发去支持社会的原则，这种观念既包括关心他们自身的幸福，也包括"无知之幕"所塑造的正义感。因此，这种观念对正义本身就是一种信奉，通过进入社会契约的图景之中，"无知之幕"确保人们只能按照对所有人都公平的条件去追求他们自身的利益。如果正义原则恰是你所要追求的，那么这似乎是实施社会契约传统的最好方式。罗尔斯的正义理论在很大程度上由于其原初选择状况中所蕴含的更丰富的道德特征以及这一状况所包含的道德直觉，这使其成为契约论传统中最强有力最令人信服的理论。

罗尔斯的正义理论具有一种明显的混合特征，一方面，他对原初选择状况的设计严格贯彻了康德式的道德判断和道德直觉理念，即"每个人都拥有一种基于正义的不可侵犯性，即使以整个社会的福利之名，这种不可侵犯性也不能被逾越"。[②] 一旦契约形成的假设过程势在必行，那么出于公平的考虑，就要求把每个人作为平等的人和目的而予以尊重。另一方面，罗尔斯在建立原初契约状况以及决定谁作为原则的制定者的过程中，将其理论重点又放在作为社会合作目标的互利基础之上。在《正义论》

---

① John Rawls, *A Theory of Justice*, Revised Edition, Cambridge, MA: Harvard University Press, 1999, p. 587.

② John Rawls, *A Theory of Justice*, Revised Edition, Cambridge, MA: Harvard University Press, 1999, p. 3.

中，罗尔斯把社会定义为"一种为了互利的合作事业"，"社会合作使所有人都有能过一种比他仅仅靠自己的努力独自生存所过的更好的生活"，① 罗尔斯详尽地阐述了这一点，他表明"主要理念就是，当一定数量的人按照规则从事互利的合作事业时，并且因此以一种必须服从于所有人利益的方式限制他们的自由时，那些遵从这些限制的人有权得到一种与从他们的屈从中获益的人一样的默许"。② 同样，以另外的方式，他描述了通过人们共同合作的决定来追求互利。罗尔斯也把他自己的理论紧密地和广为人知的理性选择理论联系起来，他自己理论的独特之处就在于包含了道德假设。

但在《政治自由主义》一书中，"一种为了互利的共同事业"这个惯用语，被置换为"长期传延的公平合作系统的社会"，③ 而且没有提到互利。在这本书中，罗尔斯回顾了《正义论》，并简单地否定了互利是思考他早期理论的正确方式："最终，从这些观察中，很清楚互惠的理念不是互利的理念。"④ 之所以如此，是因为罗尔斯在谈论两个不同的问题。在《政治自由主义》的段落中，罗尔斯谈论的是在良序社会中公民的态度：当他们把公平的方案和那些他们可能设想的不公平合作方案进行比较时，他们不期望每个人从公平合作中有所得，他们不期望这一点，是因为他们拥有良序社会所提供的道德教育。罗尔斯指出，如果我们设想个人从一个不是由正义原则所良好组织的社会过渡到良序社会，那么我们就不能向他表明他能得到，因为他有可能得不到；他将不得不形成关于互利的理解，互利并不包括每一个人通过从他自己的社会进入良序社会后就应该有所获得的理念。关于古典社会契约传统，这点和《正义论》中所得出的要点完全不同。在这里，要点在于出于互利的理由，合作比不合作更值得欲求。要明白合作比不合作更值得欲求，各方并不必须要经过某特定的道德

---

① John Rawls, *A Theory of Justice*, Revised Edition, Cambridge, MA: Harvard University Press, 1999, pp. 4, 126.

② John Rawls, *A Theory of Justice*, Revised Edition, Cambridge, MA: Harvard University Press, 1999, p. 112.

③ John Rawls, *A Theory of Justice*, Revised Edition, Cambridge, MA: Harvard University Press, 1999, p. 14.

④ John Rawls, *A Theory of Justice*, Revised Edition, Cambridge, MA: Harvard University Press, 1999, p. 17. 他指的是吉巴德（Gibbard）和巴里（Barry）关于《正义论》的争论。

教育。

但罗尔斯在《政治自由主义》中所说的是，在良序社会中的公民必须发展和获得某种互利的理解，这种理解将支持他们对这些原则——对他们中的一些人而言，这些原则可能和其他的更少平等性的原则一样对个体不利——保持持续的承诺。但是，那并不意味着，原初选择状况的形成不包括与不合作状态相比较的互利的考虑。在《政治自由主义》中，罗尔斯对社会契约论并未表现出和在《正义论》中一样多的兴趣。正如古典契约论理论家所强调的那样，互利的目标紧密地与对签订契约的最初群体的限制联系在一起，这已被休谟予以探讨。正如休谟所说，如果存在一个与群体中大多数人的权力和资源非常不平等的群体，那么基于公平条款与那些人合作是有利的这一点就并不明了——存在着相反的意见，要么支配那些人，要么通过个人慈善处理和他们的关系。笔者觉得没有任何理由认为罗尔斯在这个问题上和休谟分道扬镳。罗尔斯一再坚持，从《正义论》到《政治自由主义》，他对原初状态的理解从未改变，并且《政治自由主义》本身也一再明确重申休谟的限制在于其坚持公民具有"正常的"能力。因此，尽管一旦选了正义原则，在良序社会中康德的互惠理念将被证明是支配性的，但在古典契约论理论家所使用的意义上，互利在理论中从未被取代过。

但是，原初选择状况是一种虚构。人们实际上永远不会面对合作和不合作之间的选择。因此，认为在良序社会中的公民之间存在互惠，以及在思考社会基本原则的起源上，存在对休谟正义环境的证实，这究竟意味着什么？休谟很现实地指出，或许我们不需要与那些比普通情况更弱的人合作，因为我们能支配他们，正如我们现在支配着非人类动物。支配，并不必然要残忍：正如我们常常所做的那样，我们可以友好地对待他们。对休谟而言，同样对罗尔斯而言，正义的理念仍然是与这一理念相连，即存在一些我们所有人可以通过合作而非通过支配来获得的东西。

就良序社会中的公民和他们的知识而言，要求公民信奉互惠，存在一些局限性。基于正义的理由，他们被要求接受一种可能比他们在不平等的社会中更为不利的状况。但是，只有在他们可靠地知道其公民同胞全部都是"终身完全合作的社会成员"，他们才会接受这些"义务的限制"（strains of commitment）。如果人们认为，那些公民不具有同样的正义感，他们可能会被支配，那么他们就不会接受超出他们义务的额外限制。这一起点使得罗尔斯在设计基本正义原则之时,很难把那些特殊的生理和精神不健全的人的利益全部包括进来。正如我们已经看到的那样,尽管他不相信这个问题可能会导致我们拒绝其理论,但他清楚地意识到了这一事实,并强调这一点。同样,当有人在思考跨国正义和我们应该对非人类动物负有何种义务而试图使用其理论时,他对社会合作的理解也将导致困难。

此外,尽管罗尔斯指出,由于"无知之幕"的解释,各方就没有基础"和在平常意义上一样去讨价还价"①,但他从未否认他们确实讨价还价过。通过无知之幕的限制,每个人都"被迫为任何人去选择"②,这的确非同寻常;但即使在公平的限制框架中,他们的目的仍然是互利。确实,对罗尔斯而言,这些直觉理念并不单独代表正义原则,但是我们可以一边尝试着在仍然保持与正义原则有着紧密联系的直觉理念的同时,既扩展原则也扩展直觉。

就道德感而言,罗尔斯的理论仍然是微妙的和复杂的。一方面,他倾向于把"无知之幕"作为仁慈的一种抽象模型。他明确地说,他希望通过把自利和无知混合起来达到这样的结果,即大致等同于拥有完全信息时,我们可能从仁慈中得到的东西。③ 那么,为什么不直接包括仁慈感呢?罗尔斯说,那样做会导致更不明确的结果;相反,通过引入信息限制,他希望得到精确的特定的政治原则。因此,尽管在原初状态中仁慈感不属于任何一方,但仍然可以属于作为整体的模型;并且,在良序社会中的公民被视为拥有这样的仁慈感。实际上《正义论》处理道德感及其教育的章节是其最丰富和最有吸引力的部分。然而,各方共存并形成政治原则的理由根本不是仁慈,一旦开始实践时,仁慈仅仅限制他们如何运作而已。

基于上文所阐释的一系列问题,为了把其原则和隐藏在原则之后的直觉理念加以扩展。第一,我们必须详细审查罗尔斯关于首要善的解释,罗尔斯是用首要善的信念而不是通过一系列更异质的、多元的指数(如能

---

① John Rawls, *A Theory of Justice*, Revised Edition, Cambridge, MA: Harvard University Press, 1999, p. 129.

② John Rawls, *A Theory of Justice*, Revised Edition, Cambridge, MA: Harvard University Press, 1999, p. 140.

③ John Rawls, *A Theory of Justice*, Revised Edition, Cambridge, MA: Harvard University Press, 1999, pp. 148-149. 罗尔斯对这一点在《正义论》第二章加以全面讨论。

力）去衡量相对的与财富和收入相关的社会地位。首要善的观念对罗尔斯而言非常重要，它是罗尔斯对差异原则进行论证的关键因素，并且他毅然坚持对此进行辩护以反对森（Sen）对能力的坚持。但对罗尔斯类型的康德式/契约式理论而言，这种善观念并非基本的，它确实给罗尔斯的正义理论造成了难题。

第二个问题是罗尔斯的康德式政治个人观，这是其理论许多方面的关键；和关于首要善地位的解释一样，他对自由和互惠的分析与此相关。因为在这一观念中，个人被视为要求具备一种相当高的道德的和审慎的理性。尽管在《政治自由主义》中，罗尔斯的这些康德式因素尤其突出，但《正义论》已经展示了这一理念，即一定的实际存在的自然能力是公民获得平等的基础。罗尔斯论证，在政治哲学中，许多关于人的平等的基础的解释——坚持区别于政治资格的不同程度的智力或道德能力基础——是错误的。"所有物的确产生于程度不同但对所有物具有一些基本的、最低程度的拥有，对平等而言是足够的自然特征极大地影响到某些方面，并且因此成为区分不同等级公民身份的可能基础，但我们并不直接寻找自然特征方面的差异。"① 然而我们的确寻找某些最低程度的能力，它被理解为一种寻求正义感的能力，或者"按照与初始状况的公共理解相一致的方式参与和行动"② 的能力。"我假设，寻求正义感的能力被压倒性的大多数人类所拥有，而且，因此这一问题不会产生一种严重的实践问题……不存在缺乏这一特征的种族或公认的人类群体。没有这一能力或者没有在最低程度上实现这一点，那么个体就仅仅是分散的。"③

然而，严重精神不健全的人恰恰是罗尔斯理论中的那些"分散的个体"。罗尔斯只说过，拥有最低程度的能力对平等而言是足够的，而不是说这是必要的。但是，随后在讨论动物时，他的确说过，"虽然为了要负担正义的义务，我认为具有正义感的能力是必要的，但是似乎并不要求我

---

① John Rawls, *A Theory of Justice*, Revised Edition, Cambridge, MA: Harvard University Press, 1999, p. 509.

② John Rawls, *A Theory of Justice*, Revised Edition, Cambridge, MA: Harvard University Press, 1999, p. 505.

③ John Rawls, *A Theory of Justice*, Revised Edition, Cambridge, MA: Harvard University Press, 1999, p. 506.

们对缺乏这一能力的动物给予任何形式的严格正义"。① 在这一重要讨论中，罗尔斯把其政治正义理念与通过一致同意而制定和遵守的能力紧密联系起来。这里可能存在道德义务——在那里，这一基本能力是缺乏的，但不存在正义的义务。

与强调收入和财富一样，这种个人观对罗尔斯非常重要，但对一般的契约理论而言却并非必需。所有契约理论都必须依赖讨价还价过程中对理性的一些解释，并且都假设社会契约的制定者与所制定原则要指向的公民是同一群体。因此，这种理论不能完全把严重精神不健全的人纳入第一阶段中所制定原则要指向的公民。然而，一个社会契约论思想家可能采用一种个人的解释，即比康德还要更加将理性视为完全植根于需要和动物性。尽管有一种完全的对社会契约进路的重新界定，但这种理论不可能解决我要阐释的所有问题。然而，它至少指明了一种解决方向。

总的来看，社会契约传统基本都主张社会契约各方在权力和能力上大致平等的理念，以及与此相关的互利理念，这种互利是各方通过合作而非不合作所追求的目标。尽管罗尔斯对他的理论增加了很多道德因素，从而使之更丰富更充分，但他从未放弃社会契约的起点。还有另外一种当代契约主义（contractarianism）形式②，它不具备上文中所述的两个问题。从康德式理念出发，即为了公平，原则必须被所有受其影响的人理性地接受，这一进路发展了一种道德原则之可接受性的系统的康德式解释。托马斯·斯坎伦的《我们彼此负有什么义务》（*What We Owe to Each Other*）是这种进路最重要的例子③。斯坎伦的著作处理了伦理原则，但没有讨论政治理论。因此，它无须详细讨论政治分配善物品的理论，也无须面对多元主义和宗教文化差异的问题。如果它的确要面对这些问题，理论就需要采用一些对基本善的相对决定论式的解释，这在很大程度上和罗尔斯的理论差不多。斯坎伦没有作出关于环境的假定（如大致平等），即人们为了寻求政治原则而聚集在一起，因为没有讨论这些原则的制定，他也没有假定

---

① John Rawls, *A Theory of Justice*, Revised Edition, Cambridge, MA: Harvard University Press, 1999, p. 512.

② 参见 Thomas Scanlon, *What We Owe to Each Other*, Cambridge, Mass.: Harvard University Press, 1999。斯坎伦使用了"契约主义"（contractualism）的术语。

③ 参见 Thomas Scanlon, *What We Owe to Each Other*, Cambridge, Mass.: Harvard University Press, 1999。

制定原则的人是为他们自己制定；实际上，在严重精神不健全的人——这些人的利益不能以任何方式被推迟——的情形中，他问了一个监护权会起作用的好问题。最后，他没有假定互利是伦理契约的目标。

作为一种政治原则的来源，斯坎伦的伦理进路在布莱恩·巴里的作为公正的正义（Justice as Impartiality）中得到了发展[1]。巴里明确地批评了古典社会契约思想和罗尔斯对互利的依赖。尽管斯坎伦/巴里的契约主义分享着对使古典思想富有生气的个人道德平等的信奉，但它没有分享在自然状态中对相似能力和权力的强调，因此，它就不存在由这一强调所带来的问题。总之，正义的社会契约模式具有巨大的力量，作为理性的独立的平等个体之间的契约的结果，它的这种政治原则观正确地强调了每个人的价值。

第三节 罗尔斯的道德契约论

自然法传统以古希腊古罗马的斯多葛学派以及胡果·格劳秀斯和萨缪尔·普芬道夫等近代早期的继承人为代表，这个在契约论之前就已经存在的传统认为，像其他人类事务一样，国家之间的关系受"自然法"调整。也就是说，与提供国家规范性约束性的道德法紧密结合——不管这些规范是否被纳入制定法体系。在关于全球原则的思想史上，格劳秀斯的这种方法产生了相当大的影响。对格劳秀斯而言，包括国家主权本身在内的国际社会中的所有权利资格，最终都源于人的尊严和社会性。

相比之下，社会契约传统把存在于国家之间的处境，理解为自然状态以及仿佛在虚拟的人之间签订的假想原则。重要的社会契约思想家都把自然状态理解为涉及一些自然权利和义务；正是那些权利资格缺乏保障，使得契约成为必要。因此，他们的想法在很多方面延续了格劳秀斯和普芬道夫的思想。然而，现代契约论者抛弃关于自然（前政治）权利的一切解释，把权利资格看作由契约程序本身所产生的。由此，与早前近代契约论思想家相比，他们的想法更根本地远离了格劳秀斯和普芬道夫的思想。

这种两阶段进路的最明显的例子是康德——对罗尔斯而言，这是最重要的例子。在《正义的形而上学原理》（《道德形而上学》第一部分）中，

---

[1] 参见 Brian Barry, *Justice as Impartiality*, Oxford: Clarendon Press, 1995。

康德写道，国家就像一个与其他家庭相邻的家庭。在国家法（Law of Nations）的治理下，国家是"在自然自由的状态下，跟其他国家共处的、与其他国家相对的道德个体，而它自身则处于战争不断的状态下"。这种状态赋予国家权力来"相互使对方放弃战争状态以及制定确保持久和平的宪法"。自然状态下的公法基本原理指出："如果你的处境是这样的，以至于不可避免要跟其他国家并处，那么你应当放弃自然状态而与其他所有国家一起进入事务性的法律状态，即在分配方面的法律正义状态。"① 这个基本原理首先被应用于个体，要求他们远离自然状态与进入政治构建状态。继而，它再度被运用于国家本身②，要求它们进入某种事务性的法律状态③。在《正义论》中，罗尔斯延续了这条康德的进路。他假设应用于每个社会的正义原则已然是固定的：每个社会都有一个"基本结构"，它们的形式取决于那些原则。④ 社会的"基本结构"被界定为"主要的社会制度分配基本的权利和义务，并决定来自社会合作的利益的划分。⑤ 据说，它相当于那些'一开始就有深远现实的'影响的结构，而那些结构影响了"生活中人们的最初机会"⑥。

罗尔斯将其契约理论称为假然契约论（Hypothetical Contract Theory）。我们可以发现，其理论与传统契约论最大的不同，乃在于他的理论当中，

---

① Immanuel Kant, *Metaphysical Elements of Justice*, ed. and trans. John Ladd, Indianapolis: Hackett, 1999, pp. 307, 343.

② 康德正确地指出，"Law of Nations"是用法不当，应该是"Law of States"，用他的拉丁语来说就是"ius publicum civiatum"。

③ 参见Immanuel Kant, *Kant: Political Writings*, ed. Hans Reiss, Cambridge: Cambridge University Press, 1970, P.49, 92, 105. 康德在《普遍历史观》（"Idea for Universal History"）一文中提道"已确立起来的国家的野蛮自由"；《理论与实践》一文中提道"一种国际权利状态，通过跟个体当中的公民权利和政治权利状态相类比，国际权利状态建立在每个国家必须服从的、能够强行实施的公法基础之上"；在《永久和平论》一文中，他谈到了国家之间"纯粹战争的无法状态"，并继续指出："像单个个体一样，它们必须宣布放弃它们的蒙昧与缺乏法律的自由，使自己接纳具有强制性的公法。"

④ Immanuel Kant, *Kant: Political Writings*, ed. Hans Reiss, Cambridge: Cambridge University Press, 1970, p.377.

⑤ Immanuel Kant, *Kant: Political Writings*, ed. Hans Reiss, Cambridge: Cambridge University Press, 1970, p.7.

⑥ Immanuel Kant, *Kant: Political Writings*, ed. Hans Reiss, Cambridge: Cambridge University Press, 1970, p.7.

"同意"并不是指明确的同意,也不是指隐然的同意,而是假定的同意。换句话说,罗尔斯的理论并不要求立约者们在实际上订立过任何的协议,或者需要任何具备隐然同意的推论。他的契约理论不过是个思想的实验,强调只要是理性、自由的人,处在他所设计的原初状态之下,为了自身的利益,将会选择并且接受从中得出的道德原则;而这些原则的规范力量,即是源自于我们"假定的同意",或者,我们也可以说,是支持我们假定将会同意的"理性"要求。然而,问题便产生了,假定的同意能够是约束力的理据吗?传统的契约论乃是将"同意"当作是契约内容的约束力的理据,然而罗尔斯的理论却已经明确没有同意或者是隐然同意的成分在内了,可是依旧有着相同于传统契约论所证立的约束力。就如同德沃金(Ronald Dworkin)所说:"假然契约并非是一个实际存在的契约,它根本就不是契约。"[1]

罗尔斯的"原初状态"是相对于传统社会契约论的初始状态。原初状态并非是一个历史事实,亦非是一个原始的文化环境,而是一个思想上公平的抉择环境。我们在这样公平的情境之下进行思想的实验,选择大家所一致同意的正义原则,而这样的原则决定着我们责任、义务的分担,以及权利、利益的分配;而这样的原则,同时也是具有约束力的。那么,如何说明一个原初状态是公平的立约起点?罗尔斯的想法便是纯粹的程序正义。

相较于完善与不完善的程序正义,纯粹的程序正义并没有独立并优先于程序的标准。相反,只要适当地遵从正确与公正的程序本身,所得到的结果就是正确与公正的。博弈便是一个很好的例子。当然,这里是假设赌局在没有作弊而且每个人都是自愿参与的情况下。如果一群人参加了一系列公平的赌博,那么在最后一次赌博后的现金分配就是公平的,无论这样的分配结果是什么。所以,当我们把纯粹的程序正义应用在资源分配上的话,我们就必须建立并且管理一个公正的系统制度。而公平机会原则的主要精神便是在确保合作体系为一种纯粹程序正义的体系。纯粹程序正义的体系实际上的优点在于我们不需要为了因应无休止的情境变化而改变某些特殊人的相关职位,也避免了定义原则的问题去处理细节上相关而多变的

---

[1] Ronald Dworkin, "The Original Position", in Norman Daniel eds., *Reading Rawl*, Standford University Press, p. 18.

复杂性。

　　罗尔斯的想法便是设计一套公平的程序，使得任何从中被同意的原则将会是正义的。他的目的便是要用"纯粹的程序正义"这个概念，作为其正义理论的一个坚实基础。假如他所设计的契约论式的初始状态，也就是原初状态，是一套符合纯粹程序正义的立约环境，那么，从原初状态之中依据理性所选择出来的道德原则，便是公正的，也是被证立的。罗尔斯开宗明义所谓"正义即公平"的理念，便从原初状态的设计原则——纯粹的程序正义中展开出来。

　　根据罗尔斯的看法，"当政治哲学扩展了人们通常认为是现实政治可能性的范围时，它实际上是乌托邦"。① 一些社会契约版本（如霍布斯、高蒂耶）单单从自我主义的理性出发；道德产生于不得不与处于相似情形的其他人进行讨价还价的限制。相比而言，罗尔斯的版本在无知之幕——限制了各方知道其在未来社会中地位的信息——的形式上增加了代表道德公正的东西。因此，尽管罗尔斯的各方本身就追求他们自身的幸福，并对别人的利益不感兴趣②，但是显然各方都不打算作为所有人的模型，而是只作为某部分人的模型，无所知的信息限制提供了其余的道德部分。在既是自我主义的又是道德化的社会契约版本中，在设置讨价还价情形时，各方在权力和能力上大致平等的理念，扮演了一个非常重要的结构性角色③。正如我们所看到的那样，罗尔斯称休谟对正义环境的解释是"人类合作得以可能和必要的正常状况"④。尽管罗尔斯如康德般关注公平条件，

----

① John Rawls, "The Law of Peoples," In *On Human Rights*: *The Oxford Amnesty Lectures 1993*, ed. Stephen Shute and Susan Hurley, New York: Basic Books, 1993, p. 6.

② 在原初状态中的各方也具有同样的、以首要善的形式加以定义的幸福观。他们知道其所代表的人具有不同的善观念。一些这样的综合性观念当然可能包括其他相关的利益和附加物，但是既然各方在制定契约时不会意识到他们自身的特定观念，那么当他们制定契约时那些利益也就不能进入他们的关注之中。

③ 需注意的是，我们是否应该在一定的语境中（免于严重不健全）或者在反对一些标准化语境（在一些"正常"人类语境中免于严重残障）的背景下思考这些能力，这显然是完全不清楚的。古典契约论思想家没有设想到，社会语境的变化在一定程度上可能影响笔者称之为不健全与残障之间的关系。

④ John Rawls, *A Theory of Justice*, Revised Edition, Cambridge, MA: Harvard University Press, 1999, p. 35.

但他从未停止支持休谟的限制。他的理论在此意义上是一种混合物①，既有康德式的强调公平条件，也有古典契约论的强调"自然状态"和互利目标。

现在让我们转向对罗尔斯之康德式社会契约理论的进一步审察，笔者认为它是我们所拥有的最强有力的理论。罗尔斯的理论具有非同寻常的竞争性，因为它不打算从非道德中挤出道德，但却从一种引人入胜的道德观模型开始。在原初状态中，各方的审慎理性与由无知之幕加诸各方的信息限制之间的混合，如果使他们能够充分忽略其自身利益的迫切诉求，则会给我们一个关于现实的人在任何时候都可能持有的道德立场的框架展示。正如罗尔斯《正义论》最后一句激动人心的话，"如果人能获得心灵的纯净，那么从这一观点出发，就能清楚地发现它，并能够优雅地、自律地实行它"。② 如果我们要为关于精神残障者的正义问题寻求一个好的答案，那么罗尔斯的观念显然比高蒂耶的观念更有希望。

然而，罗尔斯的理论是一个混合理论。它的康德式因素常常与它的古典社会契约因素存在紧张。我们应该准备找到这些紧张，并追问在我们所发现的存在问题的每个情形中，理论中的何种因素是其来源。如，用收入和财富来作为相对社会地位的指标；它对康德式个人观和互惠观念的使用；它对正义环境的信奉；以及当我们作出合作优于不合作的决定时对互惠理念的信奉；对方法之简单性和经济的深度信奉。这一信奉影响着我们处理首要善。但是，它也以一种更一般的方式——例如，通过引导他在原初状态中排除仁慈动机——影响他的契约主义的形成。在这一点上，他给出了拒绝与洛克为伍的原因——包括仁慈——是我们想要"确保正义原则不依赖于强烈假设……在理论基础部分，人们要尽可能少地使用假设"。③ 罗

---

① 如康德的政治理论。

② John Rawls, *A Theory of Justice*, Revised Edition, Cambridge, MA: Harvard University Press, 1999, p.587; John Rawls, *Political Liberalism*, New York: Columbia University Press, 2005, p.51. 罗尔斯认为，在原初状态之下，合理性由信息限制所塑造，它与各方的理性解释保持着明确的分离，在追求他们各自独特的善观念时，理性与其利益相联系。也参见《政治自由主义》第103—105页：良序社会之中的公民拥有两种道德能力，即追求正义感的能力和追求善观念的能力。形成善观念和由善观念引导的能力，在原初状况中由各方的理性所形塑；正义感的能力由各方的大致对称和信息限制所形塑。因此，似乎是如别处所定义的那样，它反映了理性和合理性。

③ John Rawls, *A Theory of Justice*, Revised Edition, Cambridge, MA: Harvard University Press, 1999, p.129. 罗

尔斯对生活质量之单一线性标准的允诺,涉及方法论的某个方面:他拒绝把平衡多元化和多样性的原则看作直觉主义的。[1]

最后笔者想要说明罗尔斯所提的,他的理论乃是将"传统上由洛克、卢梭及康德所代表的契约论普遍化,且将它推向一个更高的抽象层次"的意思。在讨论权威及义务的根据时,由于从传统的契约论出发,而传统的契约论大部分是在处理政治上的权威与义务的问题,所以我们也从这个角度来讨论契约论的理论结构。但是,罗尔斯处理的主要是公正的问题,更加精确地说,是分配公正的问题,它的主题是社会的基本结构。这是公正问题中最基本的问题。只有在它得到解决后,才能有一个公正的背景,在这个公正的背景下,才能谈政治上的权威与义务。因此,对于罗尔斯上面那句话的意思,我们可以这样解释:他的理论乃是一种道德契约论(moral contractarianism),他是用契约这个概念来导出道德或公正原则。道德契约论者认为,契约乃是道德的理论依据。道德原则比政治原则或法律的抽象层次较高,所以罗尔斯说,他的理论是把传统契约推向一个更高的抽象层次。虽然有的时候,道德问题与政治问题很难一刀两断地划分得很清楚,道德哲学与政治哲学也很难分得开,有些概念是跨越两个领域的,但是,我们大致上还是可以把两个领域中哪些是主要的问题指明出来。罗尔斯根据美国宪法的构想来谈道德原则与宪法、立法及执法的四个阶段。第一个阶段是立约者在原初状态中选择公正原则,这个阶段的工作是建立起一些最基本的原则。处在这个阶段中的立约者,没有任何道德规范可以作为他们的指引,因为他们所要探寻及制定的正是这样一组规范,这组规范就是公正原则以及有关个人行为的公平原则(principles of fairness)。在获得这组原则后,他们就可以召开一个制宪大会(constitutional convention),在这个大会中,立约者所要制定的是一部宪法。在制宪过程中他们已经有规范可以遵循,这个规范就是公正原则,而他们所制定的宪法也不能与这组基本规范相违背。再下一步就是立法的工作,这个工作是制定成文法,它们必须满足公正原则及宪法。最后是法官及有关公职人员执法及制定政策的工作。很明显,传统的契约论主要谈的是第二个阶段的问题。宪法是一个政治的文件,立约者根据它同意建立一个政治社会(political

---

[1] John Rawls, *A Theory of Justice*, Revised Edition, Cambridge, MA: Harvard University Press, 1999, pp. 34-40.

society）的组织。罗尔斯的契约对象却是第一个阶段所要选择的基本规则。由于罗尔斯的理论与传统的契约论有这样的不同，所以我们把它叫作道德契约论，根据这种形式的理论，所有道德原则都是由契约所导出的。

第五章

社群主义的类型及其对罗尔斯的批评

　　罗尔斯的主体观念是关于我们人类中什么因素是最具道德价值的一种描述，它是一种实质性的道德观点。罗尔斯明确承认它是其理论的核心主张。然而，据桑德尔的看法，这种有关人类价值之所在的第一顺序的伦理学观点，预示着依次还有一个第二顺序的自我理论，而罗尔斯从来没有承认他对于这一构成的承诺：它的前提是某种对于人的根本性的说明，一种哲学人类学的说明。这种第二顺序的说明，可能在最一般的意义上被认为是形而上学的：它与有关人类主体性的基本品质的主张存在着密切联系，但却与人类应该如何被对待的主张无关，它所关注的是，寓于人性之中的自我人格是什么，以及这种自我人格是如何构成、如何被限定或者被如何界定的。在康德那里，有关自我的形而上学观点，是他有关人类有着绝对的权利被当作目的而不是手段来对待的道德主张的基础，使他自己潜心于一个超越了时间与空间的为所有作为理性的个体的人共同分享的本体王国；人类是双重本质的存在，是自然的一部分但同时又拥有超越自然的能力。罗尔斯想要避开这一高度争议的并且在表面上无法理解的形而上学框架。然而，根据桑德尔的看法，罗尔斯还是承诺了一组极其特殊的有关人类主体本质的观念及其可能的认同形式——某些在他对于自我与目的关系的描述中最为明显的观点。

第一节　哲学社群主义：桑德尔与自我观念

　　如我们已经看到的那样，罗尔斯对作为自律的目的选择者的人的强调，使得他指定给主体超乎其目的的绝对的道德首要性。人类在根本意义上最值得尊重的，是他们选择目的与目标的能力，而不是他们所做出的特定选择；既然必须给那种能力之于它的运用的优先性，所以一个人的道德

第五章 社群主义的类型及其对罗尔斯的批评

价值所在，就必须被看作被设定为优先于它的目的。然而，根据桑德尔的观点，这种道德优先性既要与他的某种形而上学优先性的主张相匹配，也要通过这种主张得到解释。桑德尔认为，在罗尔斯看来，自我的基本统一体或者认同，也被赋予了对于它所选择的目的的优先性；正是这种形而上学的绝对优先性，说明了道德的绝对优先性。这种形而上学的优先性是指什么，为什么桑德尔认为罗尔斯持有这样的观点呢？

桑德尔的立论基础是《正义论》的某些段落，这些段落似乎有一个形而上学的而不是道德的链环。如罗尔斯指出："……我优于目的，这些目的是由它证明的，地位的目的，也必须从众多的可能性中挑选出……"①也就是说，这一主体的目的就是他的目的，因为他选择了它们，所以可以推测，必然有一个自我已经在做出选择。似乎可以推论说，自我（它的形态或者个性）的构成不可能是它选择目的的结果，因为它的统一体已经先于它在经验的过程中所做的任何既定选择而形成。这似乎也是罗尔斯乐于接受的结果："这一主要的想法就是，倘若权利的优先性，我们的善观念选择是在一定的界限内做出的……自我的基本统一体已经被权利的概念预先规定了。"② 在桑德尔看来，这种先验的自我统一体意味着，无论一个人是多么严重地被他的周围环境所制约，他永远不可改变地优先于他的价值和目的；他至高无上的意志不是依赖于这种环境而是被预先保证的。这样，反对罗尔斯所主张的权利对于善的绝对优先性，就不仅仅是因为他犯了道德推理的错误，而是在形而上学的层面上，不符合人的根本属性。

我们无法做到通过遵循某种把正义感看作仅仅是一种比其他欲望更为重要的欲望的计划来表达我们的本质。因为这种情感展现了人是什么，对于它的妥协不会达到自我的自由支配，而只能是向这个世界的偶然与意外让步。③ 换句话说，罗尔斯有些时候似乎是主张，一个人自律地选择其目的的能力，不仅仅是众多具有同等价值的能力或者特征之一，而且构成了

---

① John Rawls, *A Theory of Justice*, Revised Edition, Cambridge, MA: Harvard University Press, 1999, p. 560.

② John Rawls, *A Theory of Justice*, Revised Edition, Cambridge, MA: Harvard University Press, 1999, p. 563.

③ John Rawls, *A Theory of Justice*, Revised Edition, Cambridge, MA: Harvard University Press, 1999, p. 575.

其人格的本质。因此可以推论，对于人的自律的尊重，不仅仅是人类生活中众多的价值之一，而且是一种绝对根本的价值，这种价值必须总是高于任何其他价值。因为不尊重那种能力就是不尊重形而上学意义上的根本人格特征。简言之，一个正义是其第一美德的主体，并不仅仅是一个自律的目的选择者，而是一个被先验地赋予个性的主体；一个对他而言正义有着超乎其他价值的绝对优先性的自我，是一个其义务被绝对优先于它的目的选择而固定下来的自我。

桑德尔的看法是，这种被先验地赋予个性的形而上学的自我描述，不仅是说明罗尔斯主张给自律的绝对优先性所必需的；而且，它的核心地位也在他的正义理论细节中体现出来，特别是在它是原初状态至关重要的构件之中体现出来，当然这也是证明其正义理论正当性的罗尔斯筹划的支点；他著作中的每一个论证都经过了那一富于想象力的建构。如果他的这一有关自我的形而上学描述，事实上体现在原初状态中，那么它便无可置疑地是其思想基础。

桑德尔认为，关于原初状态下的各方在商谈过程中会如何看待他们自己以及他们的社会，罗尔斯做了某些有着特殊意义的假定——不同于有关他们在无知之幕下戏剧性地展示的知识的限制条件的假定。例如，当罗尔斯概括保证正义的价值的诸多条件（正义的环境）时，这些假定便显现了出来："简言之，一个人可以说，在资源相对稀缺的条件下，只要相互冷漠的人们提出了有关社会利益分配的冲突主张，便具备了正义的环境。"[①] 在桑德尔看来，这种有关造成正义原则需求的冲突形式与本质的表述方式，只有在罗尔斯假定原初状态下的各方，将社会看作是以互利为目的的合作冒险的情况下才有意义。由于罗尔斯谈论"社会利益"似乎是要给予作为个人利益的某种资源的社会成员资格以绝对的重要性；他似乎是暗示说，人们参与社会关系的唯一（至少是首要的）理由，就是从没有这种合作就不会产生的利益中获得个人实惠。此外，罗尔斯把各方描述为"相互冷淡的"，即只关注增进他们自己的善观念而不是他人的善观念，而且在实现那些目的时，相互之间不受具有优先性的道德限制的约束。

[①] John Rawls, *A Theory of Justice*, Revised Edition, Cambridge, MA: Harvard University Press, 1999, p. 128.

第五章 社群主义的类型及其对罗尔斯的批评

此外，桑德尔意识到，由于无知之幕的限制，罗尔斯并没有声称原初状态下各方的相互冷淡和道德纽带的匮乏，也适用于现实生活中的人们。它们是被嵌入一种陈述方式中的假定，而不是社会学意义上的概括。完全有可能的是，在无知之幕升起之后，契约各方可能会发现，他们是被对他人的感情与友爱联结在一起的，并且想要增进他们的利益。根据罗尔斯的观点，他的这些假定仅仅具有简单明了和弱的价值；如果假定仁慈而不是相互冷淡，"将会挫败为以弱的约束为基础的正义理论提供理由的目的"。[①] 但桑德尔发现，有关这些假定的合理性证明是不充分的。一个仁慈的假定将不会在观念的意义上比相互冷淡的假定，更有问题或者更容易引起争议；如果罗尔斯的意思是，相互冷淡的假定在现实的意义上是更弱的假定，那么他就是在表达设置中嵌入了一个有争议的经验性概括，而这个设置是假想用来验证我们有关道德与政治价值的信念的。桑德尔认为，事实上，罗尔斯把这些假定嵌入了各方动机之中，因为它们产生于他的主体观念以及主体与它的目的之间的关系。

桑德尔指出，罗尔斯把社会描述为每个人都有着自己善观念的人们的合作体系，是强调根本意义上的多样性与个体独立的一种形式："……有相互独立的目标体系的各不相同的人们的多样性是人类社会的基本特征。"[②] 当然，关于这一表述，完全可能是一个人的目标体系与另一个人的目标体系是相互重叠或者一致的：如果不是这样，也就不存在合作的基础。但这样一种利益认同本身并不是人类社会根本的或者基本属性；相反，根据罗尔斯的陈述，每个人的目标体系的独立才是基本的属性。反之，那些体系的任何可能的重叠都是某种幸运的意外，这种意外有些时候是可实现的，有些时候则不可能实现。

简言之，根据桑德尔的看法，罗尔斯把不同程度的形而上学的重要性，提供给了有关人类的两个明显的事实，即每个人都是与其同类存在的多样性之中的一种独特的存在这一事实，以及任何既定的个人的利益与目标都可以与任何其他个人相重叠或者一致这一事实。他把多样性与相互分

[①] John Rawls, *A Theory of Justice*, Revised Edition, Cambridge, MA: Harvard University Press, 1999, p. 149.

[②] John Rawls, *A Theory of Justice*, Revised Edition, Cambridge, MA: Harvard University Press, 1999, p. 28.

离的人们，看作人类主体性的根本属性的两个方面。公正地对待这种与他人的分离，正是人之所以为人的一部分；但他把在事实上的任何一致的目的选择，都看作至多与他们的环境相关的幸运事实而已。在形而上学意义上说，我们首先是独立的个人，而仅仅是后者才使我们建立起与他人的关系并且从事合作活动；所以，那些关系无法整合进我们的自我构成。根据桑德尔的观点，把社会看作根本意义上的合作体系，涉及这些观点，即它的成员在为了他们相互之间的利益而进入这个社会的时候，便已经具有了个人的本质；他们的合作不必是由利己动机驱动的，但在与他人发生这种合作之前，他们已经在根本上具有自我的品质。在这一意义上而言，人们的多样性优先于他们的整体性。

　　桑德尔论证说，相互冷淡的假定有着相似的形而上学支撑。它当然不是一个人类主体是由自我利益或者利己动机驱动的假定，而是某种有关人的主体之间的关系形式和一般动机的假定："尽管由（他们的）计划增进的利益没有被假定为自我利益，但它们却是一种认为其善观念值得承认的自我的利益。"① 所有的利益都必须是某些个人主体的利益；更为准确地说，它们必须是某种先在的个人主体的利益。在它们只能为自我所拥有这一意义上而言，它们是一种自我利益；自我的个性并不是由任何那些目的构成的——我的目的永远是我的，从来不会是我。根据桑德尔的观点，罗尔斯不仅假定所有的人都是个体，而且他们是先于他们可能拥有的目的、期望或者利益而被个性化的，自我先于它的目的，"并不是我们的目的在根本上揭示了我们的本质"。② 桑德尔特别指出了罗尔斯正义理论的哲学人类学以及他对寓于自律的目的选择者的能力之中的道德人格的强调。对于这种作为先验个性化了的人的观念，他会提出什么样的反对意见？毕竟，它对个人期望与目的的内容，并没有做出任何限定；在"无知之幕"升起之时，罗尔斯式的自我可能是利己的，但也很有可能是仁慈的，所有的利益都必须是自我利益这一事实，并没有限定他们必须是利己主义者。

---

① John Rawls, *A Theory of Justice*, Revised Edition, Cambridge, MA: Harvard University Press, 1999, p. 127.

② John Rawls, *A Theory of Justice*, Revised Edition, Cambridge, MA: Harvard University Press, 1999, p. 560.

第五章 社群主义的类型及其对罗尔斯的批评

按照桑德尔的观点，有三个主要理由应该予以关注。首先是罗尔斯的人的观念限定，一个人的目标和目的总是某种由其选择而附属于他自己的东西；它们由于他的意志的运用而与他发生联系，因此也可以与他分离开来。这种唯意志论描述，并不是描述我们与我们的目的之间关系的唯一可靠方式。简单地说，罗尔斯在他有关自我与它的目的之间关系的描述的唯意志论要点，排除了某些替代性的推理因素，而这些因素有着长期的道德与政治思想传统。在这个问题上，罗尔斯的自我观念既不是中立的，也是存在比较大的争议的。

桑德尔所关注的第二个理由更为重要，它与罗尔斯对于一个人与其所承诺的目的之间，可能的认同方式是如何理解。如果自我是被先验地赋予个性的，那么无论它是如何确切地认同了既定目的，那个目的将永远不会与自我认同实现整合。这种价值或者利益表述必须描述我所追寻的客体，而不是描述我所是的主体；我的个性是在我选择目的之前确定下来的，所以在我所以为我与我评估的东西之间，必然存在着某种距离。这一距离的结果之一，就是使自我超越于经验之上，使之成为无可辩驳的，并且永久性地确定了它的身份。没有任何承诺，可以使我如此深切地支配自我，以至于没有它，我便无法理解我自己。没有任何生活目标与计划的转换，会是如此的令人不安，以至于扰乱了我的身份轮廓。没有任何计划是如此重要，以至于一旦偏离了它，就将使我陷入我究竟是谁的问题。倘若我独立于我所具有的价值，我便可以永远地离开它们而存在；我作为道德的人的公共身份，不会由于我的善观念"随着时光的流逝而发生的变化"而受到影响。①

这样一种自我观念，在某种程度上排除了几种竞争性价值之间的断裂。这些价值是我所体验的，在我的自我内部的诸多竞争性身份的张力。换言之，它容许了无内在主观的自我理解。出于同样的原因，它也限制了罗尔斯对于自我与自我所承诺的任何非自主性，特别是任何为共同体所支配的目的之间关系的理解。桑德尔在这里发现的问题之所以会出现，并不是因为罗尔斯的观念没有承认人类可能会坚持他们的目标，而反对另一个人或者另一个团体的目标的可能性。而是因为这种目的必须在保证它们仅是一个人的利益这一意义上为人们所拥有，即它们最多只能是为自我所拥

---

① Michael Sandel, *Liberalism and the Limit of Justice*, Cambridge University Press, 1982, p. 62.

有，它们不能成为自我的一部分。

因此，罗尔斯的作为先验地个性化的自我观念，排除了任何自我与其目的和环境间的关系的理解，这意味着自我的边界或者由于个人的承诺，或者由于内在主观冲突，或者由于主体间的关系而遭到瓦解。但是，人类的道德生活与政治生活和充满实例的经验，只能从这些方面才能得以描述。我们只是需要考虑那些围绕一项事业建构其生活，同时他们的生活也会由于那个事业的失败而受挫的人们；考虑那些自我意识由于冲突的期望或目的而发生断裂的人们，也只是需要认为，如同把责任以及报答的义务归结于个人一样，我们也倾向于把责任归结于家庭、种族、阶级或者国家。这表明，如果罗尔斯的自我概念是一个先验个性化的概念，那么它显然无法说明我们某些基本的人生经验、态度倾向、行为以及自我反省；它也无法适应整体范围的人类道德环境和自我理解。

桑德尔所关注的第三个理由，实际上是他第二个理由更为特殊的翻版，即他认为罗尔斯的自我观念，使其陷于一种有关政治共同体的无力的理解之中。如我们已经看到的那样，在罗尔斯看来，共同体的感觉描述的是某种先验个性化的自我的可能目的，而不是他们的认同要素。因此，只有成为由正义原则所决定的框架内诸善之中的一种竞争类型，基本意义上的公共善才能找到它们自己的位置。所以，那些偶然在政治领域里赞同社群主义目标的个人可以追求它们，但却只能在一个如罗尔斯的正义理论所定义的那种组织良好的社会里才可以做到；他们不能追问，是否那个社会本身就是构成意义上的共同体。在罗尔斯看来，政治共同体的善，就是出于互利的目的参与一个组织良好的合作体系；按照桑德尔的看法，公共生活的可能性、参与者的身份以及这种生活的认同，可能事先便被排除掉了。

于是，按照桑德尔的观点，罗尔斯的自我观念所强加的诸多限制是复合的和有效的。那种观念使得罗尔斯在事先排除了有关自我与目的之间的唯意志论关系以外的任何东西，不是一旦选择或者追求，便有可能与自我相冲突或者改变自我的任何目的；也不是共同体之善可能存在于这种构成维度的任何可能性。这使得罗尔斯的自我观念，绝对没有充分地反映人类的道德环境。它也限定任何一个根据罗尔斯的正义原则建构起来的社会，人们很少能够做到在各种竞争性的善观念之间保持中立。

当然，自由主义者从来没有试图否认一个根据这样的正义原则组织起来的社会，将会歧视它的某些公民拥有的某些善观念：它将必要地和确切地排除任何一旦实施就将妨碍由正义原则所规定的其他公民权利的善观念。但是，如果自律被承认为一种普遍的价值的话，这便是实质性的，因为任何公民个人自由的运用，都不会妨碍所有公民运用同样的自由；只是由于保护所有公民自律的需要，任何特定公民的自律在这方面都是有限的。除此之外，自由主义社会里的公民，都能够根据他们自己所喜欢的善观念而自由地做出选择和生活，那个社会的结构和政策将不会建立在任何特定的善观念的基础之上，也无法通过援用任何特殊的善观念以证明它的正当性。这在事实上似乎是在暗示说，一个自由主义社会将会在竞争性的善观念之间最大限度地保持中立。可是，桑德尔却论证说，自由主义尊重支持他们的中立承诺、自律的绝对性以及自由主义假定的不受限制的正义优先性，其正当性只能通过假定一种特定的人的观念才能被证明。而承诺这种人的观念的结果，却有可能明昂地改变我们有关中立的性质和程度的观念，而这种中立又是自由主义充分主张的。

桑德尔声称，首先，对于政治领域里在各种善观念之间保持中立的承诺，其立论的基础却是形而上学领域里有关人类自我本质的非中立的承诺。其次，这种形而上学意义上的不中立又反过来在实质上减少了政治与道德领域里所体现的中立承诺。如果桑德尔对作为自由主义思想基础的有关人格的一系列假定是正确的，那么一个较之或许被假想的更为广泛的善观念，将有可能事实上在一个自由主义社会里受到歧视。为什么会是这样？因为一个作为先验个性化了的自我想象，排除了任何虑及或者假定对于价值、计划以及共同体的构成性人格依附的善观念；一个由想象中的先验个性化的自我构成的社会，无法为那些拥有围绕这种构成性归属建立起来的善观念的人们，提供一个家园。它不能为那些有着强烈的社群主义政治观念的人们提供家园，在这种善观念中，一个人既定的政治共同体成员资格被理解为一种构成性的配置，被理解为构成他们福祉与身份的至关重要的方面，而不是他们偶然拥有的品质或者目的。在桑德尔看来，罗尔斯式的城邦，将会迫使它的公民把他们自己看作相互合作体系的参与者，获得仅凭他们自己的努力无法获得的利益，而不是用一旦断裂或者改变将会使他们作为人的身份发生改变的纽带，把他们与其他公民伙伴连结在一起。总之，作为这种有局限性的政治观念基础的人的观念，也歪曲了我们对于非政治的社会关系的理解。在这种关系中，对于我们来说，相关的他人不是作为公民而是作为团体成员伙伴与我们共存的。例如，先验地个性化的自我，可能无法发展和保持他们作为家庭成员的品质：尽管一个母亲可能拥有作为其主要生活目标的她的孩子的善，但这种善无法成为她的身份的组成部分，即它只能成为她偶然拥有的目的，而不是她所以是谁的某一方面。如果一个政治共同体是建立在某种自我观念的基础之上，而这种自我观念又没有为这种非政治的品质留有任何空间，那么这个共同体也将因此失去了某些作为政治环境的吸引力：它没有提供这样一个框架，在这个框架里，那些把自己的人类福祉观念，建立在这种与他人的非政治关系基础之上。简言之，无论我们正在讨论的纽带是政治的还是非政治的，罗尔斯的正义理论似乎都没有为那些把自己与他人关系，理解为其作为人的身份构成这一观念留有任何空间。桑德尔的目的不是要指出，许多以正义的名义所要求的牺牲可能更有意义和更为广泛，而是要指出，自由主义者倾向于承认并且论证说，这种牺牲在根本上是在先验个性化的（形而上学意义上的利己的）人的观念的名义下造成的，这种观念可能缺少一致性，并且由它所支持的自由主义的道德主张，也缺少其似乎具有的吸引力。

简言之，根据桑德尔的观点，罗尔斯式的自由主义有着某种形而上学的短视。一个特定范围的善观念，将无法在一个真实的自由主义社会里发展起来，因为这种个人主义与自由主义正义原则的形而上学基础，导致了在保护和承认人类道德经验的多样性方面无能为力。而人类的善观念正是围绕着这种道德多样性，才得以发展起来，它们的真实价值才得以实现。这种短视所导致的结果是，罗尔斯的正义理论，掩盖了共同体所具有的某种强有力的强制，以及对于人们可以选择的价值、计划以及善观念范围的不合理限制。

根据桑德尔的看法，罗尔斯使用的是一个不一致的先验个性化的人的观念，并且因此而导致对于我们的善和目的，作用于我们成其为人的身份本质的诸多无知。他认为，作为其结果，罗尔斯无视社会的或者公共的人类诸善的本质上的重要性，以及为人们共同拥有的诸善的重要性。人们正是通过这些善才得以发展对于他人的构成性归属，罗尔斯把政治共同体仅仅看作一个相互冷漠的个人之间的合作体系，而不是构成性联系的可能节点。桑德尔指出，罗尔斯忽视了我们善观念的社会起源，这将是有关社会共同体对于我们个人目的或者目标的获得的重要性的一个哲学/社会学的错误；而且他没有看到个体具有先天的社会性的善观念的实质重要性，也就是没有看到我们与他人之间的纽带，有助于确定我们个人身份所具有的意义。通过这两个方面，桑德尔明确反对自由主义有关在竞争性的善观念之间保持最大限度的中立的主张。

在桑德尔看来，自由主义全部问题的根源就是罗尔斯的人的观念。罗尔斯有关社会与个人关系的观点，以及罗尔斯式的无法达到的国家中立程度，推导出了他全部的理论；它们的根源在于先验个性化，忽视或否定构成性归属的人的观念。桑德尔的主张是，这一自我观念也同样把罗尔斯引入有关个人选择其目的或者善观念的过程的某种特殊描述，即这种选择过程被看作偏好的任意表达。这样一来，一般意义上的道德判断就完全是主观的。

当罗尔斯在讨论个人将会如何选择善观念这一问题时，他是这样描述的："我们可以说，对于一个人来说，合理的计划是他将要根据审慎的合理性选择的计划，是那些与业经确定的计算原则以及其他理性选择原则相一致的计划之一。这一计划是作为审慎反省的结果而做出的，在这一反省中，行动者根据全部相关的事实，去审视执行这些计划将会如何，并且由此而断定，这一行动过程将会最好地实现他更为基本的愿望。"[1] 首先，罗尔斯似乎是要把审慎的焦点限定于自我愿望，而又不给那种把自我理解为这些愿望的主体的审慎留有任何空间。除了符合基本的工具理性信条（如利用更为有效的而不是无效的手段以达到目的）以外，个人选择过程的全部内容，似乎就是确定各种各样的可靠计划或者惠及他的各种可能的结果，并且确定他自己愿望的存在和相对强度。这一行动者的自我反省，似乎不过就是某种内省，即为了决定如何去生活，一个人只是需要权衡他现存的愿望与欲求的强度。换言之，尽管这种自我愿望与需求需要被审视，但作为这些愿望主体的自我却无须被审慎：我们可以反省我们所拥有的愿望，但却不能反省我们自己，即自我反省似乎并不会扩展到追问我们究竟是谁，它只不过会涉及我们真实的感觉是什么而已。

桑德尔认为，由于罗尔斯特定的人的观念的前提，这种强调完全是可以预期的。如果自我是先验地个性化的，那么我们所是的存在类型就是独立于任何形式的反省或者行为而确定的，也就不会有任何主体被这种反省

---

[1] John Rawls, *A Theory of Justice*, Revised Edition, Cambridge, MA: Harvard University Press, 1999, p. 417.

所修正。事实上，如果我们的全部目的、目标以及信念，至多只能是偶然地归结于自我，是为我们所有或者拥有的事物，而不是作为我们身份的组成部分的属性，那么自我也就没有什么东西可以反省了，它是构成属性的空白。在罗尔斯看来，在做出选择或者思考的时刻，主体的认同从来就不会发生问题，因为有可能导致其发生改变的行为将无法达到限定它的边界。

桑德尔认为，罗尔斯只是把理性选择理解为对愿望的相对权衡。在他看来，罗尔斯把这种审慎考虑看作赤裸裸的偏好表达。例如，根据罗尔斯的观点，"大量的计划有待于决定……我们最终达到了这样一点，在这里我们只是不得不做出决定，在没有那一原则的进一步引导的情况下我们最喜欢哪一个计划……我们可能会缩小纯粹偏好选择的范围，但是我们无法完全消除它……"① 桑德尔指出，如果决策是一个评估现存的愿望与欲求的问题，那么，选择一个生活计划的过程在根本上确实不是选择问题：行动者不过是通过内省，确定了既定愿望的存在并且按照这些愿望行事，而不是选择他应该信奉的价值或者他应该追求的目标。特别是，根据罗尔斯的观点，行动者的身份是构成品质的空白，因此完全不可能论证认为某种既定的愿望是这种品质的组成部分或者对它来说是实质性的。

总的来说，罗尔斯先验地个性化了人的观念，把人们的愿望和欲求归入了终极意义上偶然的自我品质。简单地说，人们的目的或者善观念选择是任意的，它们使人们的偏好得以表达，但同样是被主观给予的，而且也缺少一个更为合理的基础。根据桑德尔的观点，罗尔斯的自我观念把他推入了一种普遍的道德怀疑主义的立场，一种完全适应于自由主义的中立承诺的立场。在桑德尔看来，罗尔斯有关国家应该把任何个人的善观念选择，视为仅是某种个人偏好的表达，"我们拥有一种善观念而不是另一种善观念，并不是由于某种道德立场。在获得这种善观念的过程中，我们受到了相同种类的偶然性的影响，而这种偶然性引导我们排除了某种有关我们的性别与阶级方面的知识"。②

---

① John Rawls, *A Theory of Justice*, Revised Edition, Cambridge, MA: Harvard University Press, 1999, pp. 449, 551, 552.

② John Rawls, "Kantian Constructivism in Moral Theory," *Journal of Philosophy*, 1980, 77: pp. 515-571.

第五章 社群主义的类型及其对罗尔斯的批评

桑德尔认为，罗尔斯的正义理论使用了两个相互矛盾的自我观念。罗尔斯对于差别原则的论证，十分明显地表现出了对于一种替代性观念的需求。如我们在《正义论》中所见，他论证说，一个应该被原初状态下的各方一致同意的关键原则是：只有那些能够使处在最不利位置上的社会成员受惠的社会与经济的不平等才是被允许的。通过论证允许一个使那些被拥有社会与经济优势（财富、地位、权力）或者自然优势（禀赋、能力）的人，比没有这些优势的人们受惠更多的社会制度是不公正的。罗尔斯主张，这种原则决定了一种真正公正的社会和经济资源分配。这些财富——无论是社会的、文化的还是自然的——都不是它们的拥有者所应得的；这些财富分配有可能完全是偶然的，因此从某种道德观点看来是完全任意的，并不比抓阄更好。没有哪一个人被赋予的才智是应得的，至少不比生于一个富有的或有权势的家庭或者被提供高质量的教育与训练更为应得。"没有什么理由允许收入与财富的分配是由自然禀赋的分配，而不是由历史与社会机遇决定"。[①] 因为我对这些财富的拥有是任意的，如果认为我是由它们而产生的回报的合法拥有者，那将是不公正的；差别原则表达了某种把自然禀赋看作公共财产的一致同意，一种无论其结果是什么，都要共享由这种分配而产生的利益的一致同意。

需要注意的是，如果应得的概念没有被应用于一个人的财富，特殊种类的资格便会扮演重要角色。因为它存在于培养和运用我所有禀赋的一般利益之中，所以，作为整体的社会可能会由于它们的成果而受惠。罗尔斯曾认为，当我在特定的条款下有资格拥有它们的时候，我便有资格拥有由此而产生的利益份额。然而，这些主张是由那些旨在引发我的努力而设计的制度产生的合法期望，而不是基于我的美德的原生权利；它们预先假定的前提是社会合作安排的存在，而不具有任何独立于那些制度安排之外的合法性。因此，罗尔斯断言，我不应该得到由我的禀赋产生的结果：如果这些结果是应得的，那么我将不得不非任意地拥有这种禀赋，并且拥有社会看重这种特殊禀赋的前制度权利而不是其他什么东西。根据罗尔斯的观点，这两个条件都不成立。

由这一形式的论证而表明的可能性很值得重视。例如，桑德尔曾评论

[①] John Rawls, *A Theory of Justice*, Revised Edition, Cambridge, MA: Harvard University Press, 1999, p. 734.

说，这常常被用来证明——尽管罗尔斯没有明确地这样做——积极歧视政策的合理性。关于这一问题，德沃金曾论证说①，没有哪个人可以声称，他的权利因为某一积极的行动计划而受到侵害。一些人拥有某些相对特征仅仅是一个运气问题，这完全不能构成应得的基础。我们可以谈论资格或者合法期望，但它们并不具有前定的合法性，因此也不能独立于那些制度的基本原理而决定。对于积极行动的辩护，恰恰依赖于对于自然禀赋、应得以及资格的某种理解，正是这些支持着罗尔斯对于差别原则的辩护。

在桑德尔看来，罗尔斯这种无法提供应得基础的有关自然财富的观点，产生于一种承诺了先验个性化的人的观念的理论。根据这种观念，人们的特殊禀赋、特征以及动机是被偶然给定的，而且是其自我的无关紧要的属性——它们对于我之所是的特殊自我来说是无关紧要的。这样一种自我身份，由于它不受经验与环境的变化所影响而得以保存：如果它不是由这种如同禀赋一样的东西定义或者构成的，那么它也就不会由于它们的改变或者流失而发生改变或者被重新定义。

更为明确地说，一个把那些禀赋看作公共财富并且把它们的成果再分配给其他人的分配原则，很可能由于把它当作达到社会目的的手段而侵害了自我；因为被如此使用的不是人而是他们的品质。因为一种构成应得基础的禀赋，必须是为我自身拥有的某种东西，而且是构成意义上的拥有：如果我在一项事业中应该拥有较高的职级，那么这就必须依据我作为一个人的某些事实。然而，在罗尔斯看来，根本不存在这种事实，人们所拥有的任何属性都不能成为其身份的组成部分。如果人们可以在相对的意义上认为为其所有的那种东西不存在，那么也就没有任何东西可以为其提供一个应得的基础。人们不应该得到因其自然或者社会禀赋的运用所产生的利益，不是因为它们是被任意给定的，而是因为它们是非构成性所有的。

差别原则与罗尔斯的自我观念之间是紧密相关的，但问题也随之而来。首先，罗尔斯特别强调人与其禀赋、特征、能力以及财产之间的区别，由此人们不应该得到因其禀赋而获得的优势和利益。罗尔斯非常严格地把自我与其所有进行区分，这样做的后果容易造成自我完全脱离肉体的康德主义陷阱。罗尔斯意义上的主体，成为被剥离了经验特征的主体，以

---

① Ronald Dworkin, "To Each His Own", *New York Review of Books* (April 14, 1983).

第五章　社群主义的类型及其对罗尔斯的批评

至于成为悬置在具有自我特征的人之后的高度抽象的纯粹意识。如果差别原则在事实上依赖于这样一种自我观念，这很难成为对它有利的论证。

其次，即使我们承认，自我与其所有之间的区别，能够证明个人不应得到或者拥有他们的自然财富这一结论。但是，这并没有证明社会也不应该拥有这些自然财富。这样一来，从某种道德的观点看来，它们的分配就是任意的；但我们并不认为，社会有某种权力可以对它们实行再分配。在某种道德观点看来，作为主体的属性，共同体内的自然资源的分布难道不是偶然和任意的吗？为什么不简单地认为它们事先不属于任何特定的主体？

简言之，罗尔斯先验个性化的自我观念，并没有为差别原则提供充分的合理性证明，反而导致一种不一致的人格阐释。罗尔斯有关某些资源不应为个人获得或拥有而应该为社会拥有，这一假定的唯一可能的合理性证明方式，就是使用不同的主体观念。如果罗尔斯承认，有关自我的相关描述在某些时候可能要大于经验意义上的个性化的人，那么他可能会论证说，这些资源是公共的，因为它们属于一个公共的共同体。如果我作为个人的身份，是部分地由共同体的成员资格构成的；如果我在某种构成的意义上，与它以及我的伙伴成员实现了认同，那么把我的劳动成果分配给共同体其他成员，便不是把我当作实现完全不同的个人目的的手段。

《正义论》中的某些特定段落表明，罗尔斯对于他自己有关这一问题的思想倾向并不是全然不觉。事实上，在某一处他说道："……差别原则，实际上，表达了某种把自然禀赋看作一种公共财产，并且无论其结果如何，都要分享这种分配产生的利益的一致同意"。① 但桑德尔却声称，这种对待自然禀赋的方式，只能通过援用一个主体间的自我观念和构成性的共同体概念，才能被证明是合理的，而这两点都是罗尔斯明确表示反对的观念。

如果我们转向原初状态并且更为细密地探求罗尔斯想象人们就正义原则达成一致的方式，也会发现某种相似的援用主体间自我观念的需求。原初状态是罗尔斯从相反方向切近政治与社会问题的表述；他的正义原则被定义为"无知之幕"下的所有人自由地达成一致的原则。但是，正如原

---

① John Rawls, *A Theory of Justice*, Revised Edition, Cambridge, MA: Harvard University Press, 1999, p. 10.

初状态是一个表达设置，而不是一种事实状态一样，作为原初状态下审慎考虑结果的契约，也是一个想象的契约而不是事实上的契约。和事实上的契约一样，想象的契约假定了达成契约各方的多样性和区别，并且强调了他们在承认这些契约过程中的诸多选择要素。然而，和事实上的契约不同的是，罗尔斯式的假定的契约不会产生不公正：因为无知之幕下的各方都没有实力与知识的差别。因此，想象的契约也就没有从一个特定的现实社会实践和习俗中得以实现的可能性。如果各方处于某种不会产生不公正结果的情形下，那么在原初状态下所达成的契约便将是一个纯粹程序正义的实例，即仅依据它是一致同意的这一事实，无论其结果如何都是公正的。

在桑德尔看来，这里出现了一个十分重要的问题。如果原初状态是如此建构的，以至于能够保证所达成的任何契约都是公正的，那么原初状态下的人们行使自由选择的范围何在？尽管在理论上他们可以选择任何他们所希望的原则，但他们的境遇又是如此，以至于要保证他们将只是愿意选择某些原则，在此基础上，他们将会全体一致地聚焦于一点。如罗尔斯所指出的那样："对这些原则的接受将不会被臆测为某种心理学定律或者可能性。至少在观念上，我想要说明，对于它们的接受将是与有关原初状态的充分描述相符合的唯一选择。这一论证的目标最终是严格演绎的"。[①]

首先，可以得出这样的结论，即在原初状态下没有商谈在进行，因为任何意义上的商谈都要求商谈者的利益或者知识或者实力或者偏好方面的差别，然而，无知之幕却剥离了这些东西；人们之间也不会发生任何讨论，他们所有人都被假定以相同的方式推理并且会得出相同的结果，并且他们之中也没有人拥有那种有关他与其他人之间区别的感觉或者关注。如果商谈与讨论是不可能的，那么一致同意也就是不可能的；如果每个人都以相同的方式推理并且拥有一致的利益和偏好，那么任何特定的个人便只是需要达到某一适应于他的结论，以便知道这是所有人所达到的结论。实际上，原初状态下的一致同意，并不是在遵守特定条件的前提下与他人达成的体现自由意志的一致同意，而是对某种特定的陈述组合的有效性的承认。它是我们将要知道而不是由我们所决定的某种东西，即一致同意某种陈述而不是与他人的一致同意；这是在认知意义上的一致同意，而不是唯

---

① John Rawls, *A Theory of Justice*, Revised Edition, Cambridge, MA: Harvard University Press, 1999, p. 121.

意志论意义上的一致同意。

然而，如果罗尔斯真的强调原初状态下的一致同意是认知意义上的同意，那么我们所做出的原初状态承认并且尊重了人的多样性与差别的假定，看起来便有些草率了。因为无知之幕剥离了使一个人与其他人相区别的所有特征：这意味着并不是每个人都有着相似的境遇，而是他们有着完全相同的境遇，即我们没有任何手段可以把他们区别开来。在"无知之幕"背后没有商谈、讨论或者一致同意，因为人的多样性这种观念假定是不存在的；我们在"无知之幕"之后所能看到的，并不是许多的人而只是一个主体——我们看到了一个主体间的自我，而这正是那种罗尔斯公开表示反对的概念。

桑德尔概括他的主张如下："原初状态的秘密——以及它的辩解力量的关键——不在于各方在那里做了什么，而在于他们在那里理解到了什么。重要的不是他们选择了什么，而是他们看到了什么。原初状态下发生的归根结底不是契约，而是实现了对某种交互主体存在的自我理解。"① 这似乎是强烈的本体论怀疑主义。桑德尔其实是论证说，罗尔斯的原初状态以及它的契约者的概念，即他的自我概念以至人们对于正义的思考，似乎含有某种极其强烈的（事实上，是一种构成性的）共同体意识。因为只有人们认可自己在共同体中是相互联系的，他们接受原初状态强加于自己的诸多限制及其相关特征，并且在这些限制的范围内以罗尔斯所想象的方式进行审慎的思考，才会有意义。简言之，我们倾向于承认原初状态是一种适应于有关正义的审慎思考的适当设计的表达设置，这似乎是预示了对于联结我们与他人的道德纽带的承认——这正是我们在原初状态中被禁止想象或者利用的那种纽带，在这种状态中，所有各方都被规定为相互冷漠的。

因此，这一论证与桑德尔有关差别原则的诸多主张恰好是相对应的；在这两种情形中，桑德尔声称罗尔斯理论内部具有对构成性共同体意识的依赖。这种对于我们共同体以及共同体其他成员的构成性归属，恰恰是桑德尔所认为的罗尔斯的人的观念（如果罗尔斯想要证明对自律的绝对优先性主张是正当的，他就必须依赖这个概念）所禁止的。如他指出的："我们无法在成为一个在他看来正义是首要价值的人的同时，又是一个在他看

---

① Michael Sandel, *Liberalism and the Limit of Justice*, Cambridge University Press, 1982, p. 62.

来差别原则也是一个正义原则的人。"①

综上所述，桑德尔对罗尔斯关于人的观念的理论进行了全面批判。他指出，罗尔斯承诺了先于其目的选择而个性化的自我观念；把道德判断视为偏好的任意表达；人们在诸善观念之间保持中立。这些观念又依赖于对政治共同体的构成性归属，而这种归属又恰恰被其自我观念所拒绝。这一切导致了一个作为相互冷漠的人们之间的合作体系的共同体观念。

罗尔斯先验个性化的人的观念，排除了归属于任何善或目的的可能性，而这种善或目的可能从来就是作为每一个体的身份的组成部分。同时，桑德尔特别强调，它也排除了任何公共的善可能具有这种构成作用的可能性。尤其是，它促使罗尔斯把政治共同体看作一个在相互冷漠的个人之间分配互惠利益为目的的体系，而不是把它看作个人可能与之认同，并通过它可以发展和提炼他们自我认同的某种东西。在桑德尔看来，这种对政治共同体的构成性归属是至关重要的，罗尔斯自己的正义理念，可以被看作以这种归属为前提的。也就是说，我们的认同意识，与我们作为特定家庭或者阶级或者共同体或者人民或者国家的成员，与作为历史的载体，与作为一个特定共和国的公民都是分不开的。我们把参与政治领域看作这样一种途径，即通过发展和改善我们与之认同的共同体结构，可以发展和完善我们的自我意识。换言之，罗尔斯正义理论的诸多限制"……忽略了在政治运行良好的时候，我们可以知道某种我们单个人无法知晓的公共善的可能性"。②

当然，这并不是说，桑德尔认为罗尔斯明确偏爱的那些价值——自由与平等的价值——在政治中是不重要的。他所担心的是，罗尔斯的理论过于专注于它们以及它们相互一致的程度。根据桑德尔的批评，使罗尔斯承诺了一种先验个性化的自我观念的原因在于，他把绝对的优先性赋予了个人自律，赋予了个人选择其善观念的能力。但是，罗尔斯对于平等的承诺，例如在差别原则中所体现的那样，却假定了构成性的公共归属的绝对可能性，而这恰是其自我观念所禁止的。就像罗尔斯自己所承认的那样，他对于平等的承诺，假定了政治共同体成员之间的博爱的价值的存在和力量——他把差别原则看作对博爱的一种"解释"，一种我们与其他公民认

---

① Michael Sandel, *Liberalism and the Limit of Justice*, Cambridge University Press, 1982, p.178.
② Michael Sandel, *Liberalism and the Limit of Justice*, Cambridge University Press, 1982, p.183.

同和关注他们的能力的解释。[1] 但在桑德尔看来，罗尔斯对于自由承诺的绝对性（体现为他归结于平等自由原则的词典式的优先性）反而使其无法容纳自由价值。简言之，罗尔斯对平等的词典式的第二位承诺，预示了某种真实的东西，即他对于自由的词典式的首要承诺被置于博爱之下。总之，他先把平等放在一边，使自由完全从属于博爱（牺牲个人自由以追求仅能为我们知晓的公共善）将是错误的；但要使博爱完全从属于自由也同样是错误的。在桑德尔看来，对于它们二者的承诺必须实现某种平衡。

通过解读《正义论》的某些段落，我们可以看到，罗尔斯持有一种把政治共同体看作合作体系的观点，以及将某种作为偏好的任意表达作为道德判断的观点。这两种观点都是罗尔斯承诺了一种特殊的人的观念的结果。同样，桑德尔批评罗尔斯正义理论忽视那些关注对于计划、价值以及共同体的构成性归属的善观念，正是基于罗尔斯先验个性化的人的信念的观念。简言之，任何为罗尔斯辩护以反驳桑德尔批评的企图，都必须关注桑德尔对于罗尔斯人的观念的批评。因此，所有批判的焦点都集中在了这一问题上。罗尔斯的正义观假定了一种特殊的人的观念，它是一种先于它的目的而获得（特别是共同体的或者社会的目的）的个性化的人的观点。但它具有一般意义上有关人的本质的形而上学主张的功能吗？与那种适于政治问题但却不适应于道德或者形而上学问题的人的观念之间存在区分吗？如果罗尔斯没有承诺这样一种人的观念，那么究竟是什么能够证明他把绝对的优先性赋予他的自由主义社会里公民的正当性呢？此外，他又会怎样为他有关人们具有存在于这种能力之中的第一顺序利益的主张，在某种不容任何妥协的意义上，权利优先于善进行辩护呢？这些都是可以进一步探讨的问题。

第二节　古典社群主义之一：麦金太尔与美德

根据麦金太尔的观点，随着时间的流逝，意义与道德话语的运用已经变得极端的不一致。当下，我们把它们当作一种表达情感和态度的模式来使用，但我们以这种方式使用的话语意义仍然保存着前历史时期的痕迹，

---

[1] John Rawls, *A Theory of Justice*, Revised Edition, Cambridge, MA: Harvard University Press, 1999, pp. 105ff.

在这一历史时期,非个人标准是可靠的。我们现实的文化在事实上是一种情感主义文化,但它不可能永远是这样的文化。简言之,如果被理解为一种有道德判断意义的理论,情感主义是虚假的,但如果把它理解为一种有关这种话语在当代道德文化中运用的理论,它却是真实的。这也是麦金太尔在其《追寻美德》中所要追寻的东西,它为麦金太尔设定了一个双重的任务。首先,他必须充实他有关现代文化已经浸透着情感主义的态度和实践的主张;其次,他必须对那一文化的历史加以考察,以便理解它何以会成为情感主义的,并且由此评估使它恢复到一种道德判断,能够重新要求客观性与非个人性的状态的可能性。

在麦金太尔看来,"一种道德哲学都必然以某种社会学为前提。因为每一种道德哲学都至少或者清晰或者含蓄地对于行动者与其理由、动机、意图以及行动之间的关系部分地做出了概念分析,这种做法又在一般意义上预设了某些有关这些概念能够具体化或者至少可以在现实的社会世界中体现出来的主张。"[①] 在声称现代文化是情感主义文化的同时,麦金太尔因此提出了这样一种主张,即这种文化把它自己看作依照社会学这一道德哲学为前提的特殊分支而建构的。

麦金太尔论证说,在那些将以相对的方式影响一个人的理由,与一个人自己将判断为善的那些理由之间无法划出任何界限;根本没有真诚地诉诸于非个人标准,而且不管他与对话者的关系如何,这一标准的有效性都必须由一个人为他自己做判断。由于抹杀了个人理由与非个人理由之间的界限,情感主义也消除了把个人当作目的,当作能够做出某种有关他们认为什么是正当的理性存在者的可能性;除去把一个人的对话者当作实现自己目的的手段,也就是使其情感与自己的情感结盟以外,任何道德判断都是无关紧要的。

如果情感主义道德哲学把全部的道德讨论,看作一种操纵性的个人关系的实例,那么情感主义在本质上也将持有同样的社会学观点。我们可以看到,通过情感主义所看到的世界,很像是麦金太尔称之为现代文化"特征"的东西。这种特征就是一个特定的角色与一种特定的人格类型的混合,它在一定的意义上象征着体现在一种文化中的特定的道德与形而上学

---

① Alasdair MacIntyre, *After Virtue*, Notre Dame, Indiana: University of Notre Dame Press, Second Edition, 1984, p. 22.

理念。现代情感主义文化的象征是唯美主义者、经理人和临床医生。唯美主义者把社会的世界看作实现自我满足的竞技场，一系列的获得快乐和不惜任何代价避免厌烦的机会；他人则是他据以实现这一切的手段。经理人的目标是组织和指挥人的与非人的资源，以实现他的最大化效率和效果的目标；但是，他却回避了决定或者对于这些目标本身的评估任务——它们被看作既定的，是由市场或者股东或董事来确定的。临床医生所关注的仅仅是精神病症候群，向被认为在社会意义上有益的目标的精神转换；与经理人一样，他所关注的是技术、效率以及效果，他也避开了评估或者向其病人告知其所选择的目的的内在价值的义务。简言之，现代诸特征都一致把人们当作实现他人目的的手段，并且认为目的在终极意义上高于系统的、理性的或者客观的评估。

麦金太尔声称，正是通过参照诸如此类的角色模型，现代的个体得出了他的自我定义。这种情感主义的自我，不可能与它所接受的任何道德观点无条件地认同；由于缺少评估这种观点的理性标准，因此也没有任何有关究竟什么东西可以被评估的限制概念。在其所采纳的观点看来，任何东西都是可以批评的，包括这种观点本身。作为一个道德的行动者，他也就因此要从他所处的任何状态和每一种状态后退，从他所拥有的每一种特征后退；并且认为它们都应该从属于以某种纯粹普遍的和抽象的观点为依据的判断，一种与任何社会特性相分离的观点的审判。成为一个道德行动者的能力，只存在于自我之中，而不是在任何社会角色和他所从事的任何实践之中；行动者所拥有的资源以及道德判断的运用，是在那个不受任何干预的单独的自我中被发现的。

因此，现代自我脱离了其社会特征，是符合并且从情感主义的社会内容衍生出来的，他的社会特征是被固定下来或者被限定的，不存在一个理性的历史。无论是它在任何特定时间里的身份，还是其随时间而去的身份，都不是由它的态度、特点或者生活故事所固定的；无论是它的人格还是它的历史，都不是它的本质，那个本质假定了某种抽象的和可怖的特征。

当然，在更为普遍的意义上，这种情感主义的自我观念，与桑德尔归结于罗尔斯先验个性化的人的观念具有很大的相似性。在麦金太尔的论证中，他并没有明确地提及一般而言的自由主义，也没有特别提到罗尔斯；但很容易看到，麦金太尔对于现代文化的分析以及他基于这种分析的批评，集成于桑德尔对于自由主义的批评和分析。

根据麦金太尔的观点，情感主义的自我以及与之对应的陷于任意的个人意志冲突的道德论争的衰退，首先是在启蒙时期被决定性地确定下来的。尤其是，麦金太尔声称，在启蒙计划为道德失败的合理性，提供某种理性证明以后，现代文化的情感主义命运便是不可知的。基尔凯郭尔（Kierkegaard）、康德、狄德罗（Diderot）、休谟以及亚当·斯密的尝试都是不成功的；尽管他们之中的每个人都试图采取自己的形式，但麦金太尔确信，他们失败的原因是完全相同的。

所有这些哲学家都在一个令人惊讶的程度上，认同他们试图证明为正当的道德本质与内容，没有哪个人否认，婚姻与家庭是基本的道德结构，或者遵守诺言和正义是不可亵渎的价值。此外，他们都在很大程度上同意这种道德的合理性证明，将不得不采取这样一种形式：其关键前提将描述人性的某种或者某些特征，道德法则将被证明为拥有这样一种本质的存在者将要接受的那些原则。问题是，他们试图证明的道德法则，发生在某种历史与文化的背景下，在这一背景下，这些道德法则的功能，与那些继承了这些法则但却生活在完全不同的环境下的人们所想象的全然不同。

那些法则已经在一个更为广泛的道德计划中得以发展，这个计划是由亚里士多德（Aristotle）发起并支配了整个中世纪。在那个框架中，在"偶然所是的人"与"如果他认识到了他的本质而可能所是的人"之间，有着明显而至关重要的区别。由此，伦理学也看作一种使人能够理解如何从前一种状态向后一种状态转变的科学。其所依赖的前提是可能性与它在现实中的实现之间的某种区别，是对于真实的目的或者人性的实现可能是什么的说明，它认为人性在最初与伦理学规则相悖，所以需要在经验和实践理性的指导下进行转变，直至它的可能性得以完全实现，达到其终极目的。

因此，为了使构成道德的诸规则有意义，就需要一个未受教化的人性的概念和终极目的或者有关目的的概念；它们旨在帮助人们实现"如果它认识到了它的终极目的而可能所是的人性"，使他们从现实的状态走向新的状态。但我们提到的那些启蒙哲学家却省去了人类终极目的的理念，以及作为偶然所是的人性，与某种更高或者更充分实现的状态之间的差别的理念。这一观念的放弃，使得原有的道德计划中两个要素之间的相互关系，在整体上变得模糊。因为既然他们想要证明的道德命令是想要改变、

第五章 社群主义的类型及其对罗尔斯的批评

改善和改良作为恰巧所是的人,而不是适应于未受教化的人,那么根据那种现实状态的诸多特征来推论,或者以其他的方式把它们与这种状态的诸特征联系起来,将永远不可能使这些命令得到证明。

事实上,更有可能是的,人类本质因此而不被理解为有着某种强烈的不服从这一道德命令的倾向。正如麦金太尔所指出的那样:"……18世纪的道德哲学家所从事的是一种必然失败的计划;因为他们在事实上想要在一种对于人性的特殊理解中,为他们的道德信念找到一个理性的基石,然而,他们所继承的一系列的道德命令与人性概念,却被有意设计得相互矛盾……他们继承了曾经一致的思想与行为体系的某些不一致的片断,因为他们并没有意识到自己所特有的历史与文化处境,他们也就无法意识到他们自我指定的任务的不可能与唐·吉诃德式的本质。"[1]

我们或许可以用下面的方式来表述麦金太尔人的终极目的的重要性的观念。他认为,概念对于被理解为某种在理性的意义上可以证明的或者客观存在的道德来说是至关重要的,因为概念能够从事实陈述向价值或者义务陈述转换——从"是"向"应该"转换。我们可以立即从一把刀是钝的这一事实,转向它是一把坏刀的结论;从这把刀是锋利的这一事实,转向它等于是把好刀的判断。因为我们知道,刀是切割东西的工具——换句话说,我们知道,这种工具的目标或者目的是什么。功能的或者目的的概念,似乎也因此把可估价的判断转变为某种事实陈述;因为当时这种判断,立即来自于那种有着某些特殊特征的被判断的客体。如果我们认为人的本质是为某种终极目的所支配的,我们便可以同样地实现从"是"到"应该"的转换,因为我们对于充分实现的或者最终状态的人的本质的把握,使得我们能够把对那个终极目的的发展,与实现有益和无益的性格特征或者行为模式区别开来,把后者看作"坏的",而把前者看作"好的"。因此,我们也可以把道德判断看作某种事实的陈述。

所以,重新引入一个终极目的的概念,似乎对于任何恢复在某种意义上作为人类生活的某个方面的道德的尝试来说,都将是至关重要的,而这种人类生活在内容上可以说是理性的或者客观的。这种考察人的方式当然也是亚里士多德伦理学的核心,但根据麦金太尔的观点,它甚至要比亚里

---

[1] Alasdair MacIntyre, *After Virtue*, Notre Dame, Indiana: University of Notre Dame Press, Second Edition, 1984, p. 53.

士多德的伦理学还要古老:"它根植于古典[希腊]传统的理论家给予表达的社会生活样式。因为,根据那个传统,要成为一个人,就是要承担一系列的角色,每一个角色都有其自己的指向和目的:一个家庭的成员、市民、士兵、哲学家、教士。只有在人被看作是某种先于并且与全部的角色相分离的时候,'人'才不再是一个功能的概念。"① 如果认为人是前者,那么人们便认为他由于其角色的美德而具有特定的目标或目的,关于他应该如何行为——与他的动物、他的庄稼、他的农民伙伴以及他的公民伙伴相关——这一问题的答案,也就随即从我们对于他们所履行的任务的功能把握中推导出来。于是,在麦金太尔看来,借助于人的终极目的概念这一手段,把理性重新引入道德,只能通过拒绝那种抽象可怖的情感主义自我,并且把人看作由其社会的、文化的以及历史环境所影响和定义的方式才可以实现。这三个要素(作为事实的道德判断,人的终极目的以及有义务的自我)是古希腊道德理解的核心,并且构成了遗留给现代性的不一致的道德片断的原初的和意义协商的背景;它因此也就是麦金太尔转向如何在现代文化中重构这样一种框架的背景。

在亚里士多德的伦理学体系中,由于在一个合理限定或者高度确定性的社会结构所占据的位置,个人被认为拥有某种固定的角色或者身份。其结果,对于任何特定的个人在某种特定的环境下应该如何行动的理解,直接来自于他们的角色知识;由于知道了这些,我们也就会知道一个人对他人负有什么义务以及他人对他负有什么义务,他们与他的关系是由其在相同的家族、家庭以及社会等级中所占据的位置所决定的。美德是允许一个人履行其所负有的义务,并且在他履行那些义务时,就会在他的行动中体现出来的优良品格。此外,由于知道了他应该如何行动,知道了他所承担的角色,荷马时代的个体也就知道了他究竟是谁;拒绝或者使他自己远离那角色的观点,将是没有意义的,因为那等于是剥离了他的身份。因此,正当的行动源自一个人的身份,因为其身份是由他的社会角色所定义的,在荷马社会,道德与社会结构是一回事或相同的事情。换句话说,情感主义的自我根本不是自我,评价问题就是社会的事实问题。

亚里士多德把他自己理解为荷马传统的一部分,他把美德的概念以及

---

① Alasdair MacIntyre, *After Virtue*, Notre Dame, Indiana: University of Notre Dame Press, Second Edition, 1984, p.56.

道德的概念与特殊的社会角色的紧密联系分离开来，而不把它与任何角色分离开来。在他看来，相关的角色是"人类"，而不是"国王"或者"儿子"。人类被理解为有着特殊的本质，这一本质为他们设定了特定的目标和目的；而美德便是那些使他们走向特别意义上的人类终极目的的优秀品格，而那些美德并不仅仅是实现某种单独指定的目标状态的手段。"构成这种适合于人的善的东西就是一种彻底的过得最好的人类生活，美德的运用是这种生活必要的和核心的部分，而不仅仅是为实现这样一种生活的初步运用。如果不能参照美德，我们也就无法充分地描述适合于人的善。"[1]

如果我们想要理解麦金太尔提供一个亚里士多德伦理观的重构版本的企图，特别是那种与美德以及有关以旨在拥有善的生活的公共背景的需求相一致的核心角色，这一有关亚里士多德式的身份将是十分重要的。此外，之所以认为现代道德必须是完全重建的亚里士多德版本，麦金太尔至少有两个理由。首先，亚里士多德对于人类终极目的的自我理解，依赖于他的形而上学的生物学。麦金太尔因此必须说明，这种对于人类本质的目的论理解，能够被证明为合理的，或者不依赖这种形而上学假定是必要的；其次，亚里士多德极其强调城邦对于道德的构成性作用，但是雅典的城市国家却在历史意义上和文化意义上是一种特殊的生活方式，它不可能令人信服地在20世纪重生。所以，他必须找到一条没有纯粹假定乌托邦式社会与政治改变的前提下，援用道德意义上的共同体概念的路径。麦金太尔的这一重建试图通过展开三个核心概念——实践的概念、人的生活的叙述性统一的概念以及传统的概念——来应对这两个方面的挑战：特别是第一个概念和第三个概念，正如我们所看到的那样，全部三个概念都是想要提供一个有关道德的理性框架，在这个框架内，美德的概念保持着核心的地位。我们将依次考察这三个概念。

根据麦金太尔的观点，实践是"……任何一致的、复杂的、被社会确定的人类合作的活动形式，通过这种活动，诸善被内化于那种活动形式，都是在试图实现那些优秀标准的过程中达到的，这些标准适应于那种活动形式并且部分地由那一活动形式决定着，从而，人类达到优秀的力量，包

---

[1] Alasdair MacIntyre, *After Virtue*, Notre Dame, Indiana: University of Notre Dame Press, Second Edition, 1984, p.140.

括目的与善的观念在内,便被系统地延展了。"① 这一定义中其他术语的含义是极不明显的,特别是被内化于实践的善的概念。内在诸善是无法通过从事任何不属于实践本身的活动而达到的诸善;外在诸善是可以通过参与特定的实践获得,但也可以通过参与其他实践获得。以象棋为例:实力、名气以及财富可以通过在象棋比赛中的优秀表现而获得,但是它们却是外在的善,因为它们也可以通过其他途径获得;而由于象棋比赛而产生的极其特殊的分析能力、策略想象以及竞争热情则是内化于那一实践中的善,因为它们无法通过其他途径获得。没有任何缺少内在的善的活动,可以被看作是实践的,内在的善是麦金太尔第一个美德定义的支点。"美德是一种可以获得的人类品质,拥有和运用美德使得我们能够获得内化于实践的那些善,缺少善却会有效地阻止我们获得任何这样的善。"②

这一定义把善的拥有和运用与参与实践联结在了一起;尽管麦金太尔的定义允许把范围宽泛的事物计算为实践,但参与任何这样的事情都必然会带有某种特殊的特点。首先,参与这种实践需要承认标准的权威,以及当时在那一实践中有效的范例。如果我们还是以象棋为例:除非我们接受来自于那些精通这一比赛的人们的忠告,并且把特定的比赛和特定的棋手看作是象棋优秀的范例,我们便永远也不能希望在我们自己的比赛中,获得那种甚至是最普通的优秀见解,也无望获得象棋的内在诸善。简言之,我必须使我自己的偏好、品位以及态度服从于公共标准和当下限定了的那一实践的权威。

正是由于麦金太尔实践观的这一特征,他被认为承诺了某种形式的保守主义,承诺了那种对于某一特定实践中的现状的批评完全不值得考虑的观点。但这是对他的观点的误解:因为进入一个实践便要求我的个人偏好,服从于在这一实践中的流行标准这一事实,并没有限定我必须毫无疑问地接受由其他实践者的共同体所做的每一个判断。麦金太尔承认,这种判断将常常受到怀疑,将在某些时候在基本层面上受到怀疑;毕竟,实践有它的历史,在这个历史过程中,参与者对于范例和标准,并由此对于其

---

① Alasdair MacIntyre, *After Virtue*, Notre Dame, Indiana: University of Notre Dame Press, Second Edition, 1984, p.175.

② Alasdair MacIntyre, *After Virtue*, Notre Dame, Indiana: University of Notre Dame Press, Second Edition, 1984, p.178.

第五章 社群主义的类型及其对罗尔斯的批评

内在的善的感觉将会发生改变，怀疑便是那种改变的原动力。至于参与实践的一方想要改变实践的方向以及改变有关实践的自我理解的任何企图，也同样适用相同的一点：这种批评可能是激进的，但虽然如此，它必须要参照这个或者那个实践范例和标准。任何承认某一特定棋手缺乏策略想象力、分析技巧和竞争热情，但却仍然声称那个棋手是象棋天才的人，将无法证明一种相当不同的象棋之伟大的观念，他将表明完全没有能力参与象棋实践。换句话说，实践的标准，与棋手和比赛一起被认为是范例意义上的伟大，它提供了一个框架，在这个框架内，理性的论争可能会得到引导，一致同意可能会出现。这一框架本身要服从变化，但并不是突然地改变和以改革者所喜欢的任何方式发生的改变；因为那个框架起着构成实践的作用，并且对于它的整体拒绝也将造成实践的整体消失，而不是实践轨迹的改变。即使是革命的批评家也必须是一个参与者。

因此，在实践中的判断不能被认为是纯粹主观的和任意的；它们不能被给予某种情感主义的分析。这并不等于那个人以完全抽象和绝对无标准的方式决定，他将把什么看作是象棋之伟大的实现。尽管他可以决定把更多的重要性，赋予特定的象棋竞赛德性而不是其他，但是他不能完全拔除旧的特征并且使之变为这样一种德性；尽管他并不是被迫同意由他的实践伙伴所做的每一个判断，但是他不能为他自己决定什么可以被看作是有关这种判断的相对理由，或者什么将被看作是对他所援用的理由的相对回应或相反的理由。关于争论的一致同意模式所产生的框架和适当的共享标准，使得我们能够达到某种超乎纯粹个人偏好表达之上的客观性和客观的判断。

于是，这似乎就是参与这种共享计划，接受这种公共地和历史地决定了的标准，使那个人进入人类的价值判断能够免受情感主义威胁的生活方式。总之，可以有许多和各种类型的实践，以及如此广泛种类的内在诸善和美德的事实，它表明在麦金太尔有关什么是人类生活中有价值的东西这一观念中，存在明显的多元主义倾向。然而，同样的实践多样性也引发了某种担忧：因为如果假定在某一特定的实践中有关价值与值得的问题，可以通过非任意的方式得以解决，那么有关实践本身的相对价值和相对值得的问题又会如何？存在着如此之多的实践这一事实，使它很有可能是任何特定的个人将会在同一时刻参与若干种实践，这些实践赋予他的要求将不可避免地发生冲突；通过实践成为一名象棋大师的要求，将与成为一个好父亲和好丈夫的要求相冲突；艺术家生活的要求，将会与女运动员的要求发生冲突。但是，没有哪一个单一的实践可以提供一个共同框架，在这个框架里，哪一种要求应该优先的问题能够被给予一个合理的或者客观的答案。简言之，麦金太尔必须面对许多竞争性的实践，将会割裂诸多符合美德的生活的危险。他对这个问题的回答便是他对于人类生活的叙述性统一的说明。

我们不可以把人类行为简单地理解为身体运动的延伸。为了使这种运动在根本上被认为是行动，我们必须把它们与身体运动的意图、期望和目标联系起来加以描述。如果我们要弄清那些意图，我们就必须把它们与麦金太尔所说的行动背景联系起来。他以一个男人修理他的花园的情形为例。这样一种行动，可以通过或者把它解释为是他想要为花园做越冬准备的意图的结果，或者解释为他希望使他的妻子快乐的结果。在前一种情形中，这一行动与一种家务背景的特殊类型联系在一起，而后者则与这一背景和一桩婚姻的历史发生了联系。当然，任何一种行为都可能同时与两种以上的背景发生联系：这一修理行动可以被植入我们上述解释所援用的两种背景；如果我们想要确切知道行动者是在做什么，我们便需要找出这些背景中的哪一个对他来说是主要的。例如，如果他发现他消失在花园里会激怒他的妻子，他还会继续履行那一行为吗？换句话说，我们需要识别他有关这场修理花园的短期意图，这些意图之间的相互关系，以及这些意图与有关他的婚姻和花园的长期意图之间的关系。实际上，我们是把行动者的历史与它所属的背景的历史联系在了一起。

于是，描写一种可理解的行动似乎就是一个把它理解为行动者生活史的一段情节以及这一行动所发生的背景的问题：我们转而把它看作是一个叙述嵌套中的另一套设置。换言之，叙述一个特定种类的历史，就是人类行动描述的一种基本风格。这包括我们对于其他人行动的描述，以及对于我们自己行动的描述；为了提供一个有关我们正在做什么的解释，我们把它与我们自己的意图联系起来，从而在有关我们生活叙述的某种深层情节的方面来表现它。这就是能够解释这样一种事实的东西，那就是我们生活的延伸可以用，并且正在用适于文学作品的语言来描述。它们有开始、中间阶段和结果，它们都常常遇到戏剧性的反转和最后一刻的迟延，它们都会发展和衰败，它们都有主题和次要情节，它们都有各种风格。如果没有这些模式，对于参与者以及旁观者来说，它们就将变得遥远和不可理解。

因为行动有着基本的历史特征，在我们被叙述的生活中，我们既是被描写的人物，也是作者，一个人便是从一部历史中抽象出来的人物。

当然，我们并不完全是至高无上的作者。我们在其他人的戏剧中是次要的人物，我们行动必须发生于其中的背景并不是以我们确定的方式规定下来的，未来总是在根本上不可预见的。然而，尽管这种限制和不可预见性，但我们生活的叙述形式还是赋予它们一种特别的目的论特征："我们过着我们的生活，既是个人的，也是在我们相互之间的关系中的，根据某些有关一种可能的共享未来的观念，在一种未来之中，特定的可能性在促使我们向前，而其他可能性却在阻止我们；某些可能性已经结束，而其他可能性却或许不可避免。没有任何不充满着有关某些未来的想象，不充满其本身体现为某种终极目的——或者某种目的或目标——的未来景象的现在，我们或者是朝着这些目的运动，或者是在现实中没有朝着它们运动。不可预见性以及目的论因此作为我们生活的组成部分而存在着；就像某种小说叙述中的人物一样，我们不知道后面将会发生什么，但尽管如此，我们的生活仍然有着某种特定的形式，它筹划着生活本身走向我们的未来……如果我们个人生活的叙述要可理解地继续下去——任何一种叙述形式可能会流于不可理解——将总是这样的情形，既存在着关于这些故事如何可以继续下去的限制条件，同时，在那些限制条件中存在着许多这一故事可以继续下去的不确定的方式。"①

正是这种叙述形式为我们提供了一个框架，使我们能够据以对不同实践相互冲突的要求做出理性选择。实际上，麦金太尔是说，对于那个试图在把更多的时间用于象棋比赛和把更多的时间用于他的家庭之间做出决定的那个人来说："不要认为这是在真空中做出选择，这如同你不得不决定是否象棋本身要比家庭生活本身更有价值一样。这是由一个特定的人在他特定生活的某一特定阶段做出的选择——在这个选择中可能十分清楚的是，你拥有异常的象棋潜质，你的婚姻处于一个极限衰退阶段，或者在这一选择中十分清楚的是，你几年的婚后生活已经把曾经的对象棋的不可摆脱的承诺转换为某种满足，但在终极意义上象棋是次要的情节。不是问你自己：'哪一种内在的善是最好的？''哪一件事对我来说更好？'或者

---

① Alasdair MacIntyre, *After Virtue*, Notre Dame, Indiana: University of Notre Dame Press, Second Edition, 1984, pp. 200-201.

'哪一个决定将会引导或者保持我已经开始发展了的生活方式?',而是问你自己:'我究竟是谁——一个棋手还是一个配偶?'。这种感觉的转移,虽然不会必然地把你要做的正确事情分离出来,但却有可能实现这种分离;即使不这样,它也提供了一个背景,在这个背景下无论是你还是认识你的任何人,都可以把更好的和更坏的选择区别开来。或许永远不会清楚地感觉到你的决定的对错,或者也许只是在参照的意义上才是如此;但是,使你的洞察力如此清晰的将是,作为那一决定的结果,你的生活所采取的方式(它的统一、深度以及一致性)。"[1]

当然,在促使我们通过追问"我如何才能最好地实现我生活的叙述性统一",以接近这一两难抉择的同时,麦金太尔又论证说,对于这一问题的追问,至少与拥有适于人类的善的生活的个人成功是同等重要的。系统地追问这一问题,并且试图用语言和行动回答它,是保证合乎道德的生活实现统一之所在——对于善的叙述性审问的统一。因为从事这样的追求就等于是对某种善的生活观念的探求,这种观念将使我们能够为我们生活中的诸善排序,并且扩展我们对于美德的理解;但是,这一追求的目标与这一追求本身是不可分离的,在这一意义上,只有在追求的过程中,并且只有在应付那些威胁这种计划的事件的过程中,这一目标才会被最终地理解。

因为一种追求会训导一个从事于它的人,有关他自己以及他所追求的东西,麦金太尔可以把适合于人类的善的生活定义为,一种致力于对适合于人类的善的生活探求的生活,而不是像人们所批评的那样,在他的定义的核心留下了一个空洞的循环。他现在能够提供另一个经过修正的美德定义:"美德因此可以被理解为,那些不仅支持着我们的实践并且使我们能够达到内在于它的诸善,而且也通过使我们能够克服我们所遇到的伤害、危险、欲望和精神涣散,支持着我们对于善的相关追求的部署,它将为我们提供不断提高的自我认识和不断提高的对于善的认识。"[2]

当然,这种对生活的追求的形式,对于生活在不同地方的个人来说是

---

[1] Alasdair MacIntyre, *Whose Justice? Which Rationality?*, Notre Dame, Indiana: University of Notre Dame Press, 1988, p. 366.

[2] Alasdair MacIntyre, *After Virtue*, Notre Dame, Indiana: University of Notre Dame Press, Second Edition, 1984, p. 204.

各不相同的。首先，实践的历史特殊性意味着，善的生活对于一个雅典将军来说，将不同于一个中世纪的修女或 17 世纪的农民对于善的生活的追求。但是，这不仅是生活于不同社会环境下的不同的个人；也是我们作为特定的社会角色的承担者，而进入我们的环境的所有人。我是某个人的儿子或者女儿，另一个人的表兄或者舅舅；我是这个或者那个城市的市民，这个或者那个协会或者行业的成员；我属于这个种族、那个部落、这个国家。因此，对于我来说是善的东西，必须对于承担那些角色的人们来说也是善的。我同样地从我的家庭、我的城市、我的种族、我的国家的过去继承了大量的思想、遗产、合法的期望和义务。这些构成了特定的生活，以及我的道德起点。这部分地赋予了我的生活以道德的特性。[①]

这与麦金太尔的自我的叙述观念的一致性，实际上是显而易见的，麦金太尔声称，拥有一种历史身份与拥有一种社会身份是同时发生的。这一观点并不是说人们不能反抗那种身份；而是，在从事这种反抗的时候，人们便采用了一种承认它的模式，而在这种反抗以后，人们也不过是仍将处在一系列的特殊条件之下：至于情感主义的自我，根本没有任何方法能够发现一个完全把握了人的本质的真正抽象的和普遍原则的王国。于是，麦金太尔强调了使我们无法成为我们生活至高无上的作者的那种东西的核心部分，这种东西为我们提供了一种结构和框架，在这个框架内，我们可能会就如何使那些叙述发展下去，而做出更好或者更糟的决定。

这种社会遗产的核心部分之一便是一个人的成员资格，麦金太尔称之为传统。传统是由一系列的实践构成的，并且是一种理解它们的重要性与价值的模式。它是一个媒介，通过这一媒介，这种实践得以形成并且在代际之间传递。传统可以主要是宗教的、道德的、政治的、经济的或者审美的。体现在这一传统中的公共理解，既不是支配性的也不是稳定的；相反，在一个健康的传统里，那种理解在任何特定的时段都将是持续争论的主题。所以，当一个机构（如一个教会、一所大学、一家医院、一座农场）成为这种传统的载体的时候，它的公共生活将是部分地由，某种关于一个好教会、好大学、好医院或者好农场应该如何持续的论证——一种由那一传统最好的自我理解所限定，而又可以通过数量无限的方式向前推进

---

① Alasdair MacIntyre, *After Virtue*, Notre Dame, Indiana: University of Notre Dame Press, Second Edition, 1984, pp. 204-205.

的论证所构成的。

就人们必须被理解为部分地由于他们的传统成员资格而个性化的人而言，他们生活的历史将体现为一种更大的叙述，一种有关人类善的生活的历史地和社会地延展的论证的叙述。最为重要的是，这一背景将会限定个人的资源，这些资源关系到他应该如何从事善的追求而做出合理决策。这是因为，正是根据那一传统最好的自我理解（包括它的实践以及那些实践可以被估价和批评的方式），人们才去评价和批判他自己为拥有善的生活所做的努力。发展某种人类善的生活的观念的一部分，就是发展这样一种观念，即人们如何能够评价和批判其制定和扩展那一观念的努力；正是因为前者是有待于修正和重新定义的，所以，用来证明这种修正是正当的和可理解的标准本身，就是可以重塑的。在麦金太尔看来，认为有一种超历史的、永恒适用的所有个人都可以，而且必须承认的实践推理模式的观点，并不比那种认为有一种普遍适用的内在的善的评价或者永恒的自我本质的观点，更易于理解。

然而，在麦金太尔道德重建的第三阶段，似乎使我们陷于某种相对论的担忧，这种担忧恰恰是由于实践而产生的。因为现代文化包含着多样性的传统，即使我们生于某种传统之中，如果有某种方式来评价一种传统相对于它所对立的传统的有效性的话，我们也只能把有关留在那种传统之内或者离开它而到另一个传统的决定，看作是一个理性的决定。然而，如果唯一可靠的实践推理观念是传统，那么我们就只能或者依赖那些善观念中的某一种，并且回避与之相反的那些善观念，或者还原为在两种传统中的选择。

在《谁之正义？何种合理性？》一书中，麦金太尔试图缓解这个问题。他论证说，一种传统的相对价值或适用性，可以通过考察它在遭遇认识论危机时的表现而得到解决。任何传统都有自己的内在标准，以便断定其理论理解与善观念进步和深化的程度，或者是相反，确定它没有超过以往的成就，并且发现它不可能减少在它的议程中无法解决的困难的数量。当一种传统倾向于后一种——当一种传统被一种无结局的冲突所割裂并且重复陈旧的表述的时候——它便陷入一种认识论危机状态。只有发展一种新的概念系列或者原有理论与观念的新的组合，发展一种可以满足下列三个条件的框架，危机才能得到解决。这三个条件就是：它允许那一传统解决它的显著问题；解释这些问题是如何发生的并且它们何以迄今没有得到

第五章 社群主义的类型及其对罗尔斯的批评

解决；通过这种方式展现原有的组合与新的概念组合之间的连续性。

这种概念革新组合的内在可靠性，从来没有得到保证，也没有任何传统能够一直免受危机。所以，一个传统可能不仅会衰退，而且作为这种危机的结果，它会受到决定性的破坏。然而，作为一种选择，它的支持者可能会感受到，这种危机不可能在内部被克服，进而感觉到某一敌对的传统中具有某种资源可以用于观念和理论的重建——根据发生危机的那一传统的标准——既允许那一关键问题的解决，而且也提供了一个这种危机所以发生的原因的答案。当然，这些解决与答案，与那一传统的原有组合是不一致的；但这仅仅是肯定了敌对传统已经确立了对于危机之中的那一传统的合理优势。由于对这些传统自身标准的承诺，后一种传统的支持者便有义务承认那一外来传统在合理性，及其对于真理的要求方面的优越性。

《谁之正义？何种合理性？》对那些有关应对或者失于应对这种危机的那些传统的特殊例子，提供了丰富的历史信息，特别是阿奎那与亚里士多德主义的组合。当然，与他的"认识论危机"概念一样，麦金太尔对于这些历史细节的特殊解释是极有争议的；但是，在这里我们没有在任何深度上探讨这些问题的余地，他有可靠的资源来断定，诸多传统在整体上有待于合理的评估："正是由于对于它们对认识论危机反应的充分与不充分，这些传统得到了维护或者没有得到维护。"[1] 当没有危机发生的时候，那么便可以推测，任何传统的任何成员都没有好的理由对有争议的传统效忠，在它内部每一种理由依然存着。

麦金太尔对于相互关联的实践概念，人类生活的叙述性统一以及传统的核心地位的强调，至少能够说明他在根本上是一个社群主义思想家。因为根据他的观点，在道德与政治评价范围内保持合理性与客观性的相当可能性，依赖于确定的个人，以及他们在一个框架的范围内和本原的社会母体的嵌套内，与其他个人之间的论证。这便给予了"共同体"的概念，较之桑德尔的著作中的这一概念更为广泛和更为重要的作用。根据后者的观点，自由主义在个人发展对其目的的构成性归属的可能性这一问题上的短视，决定了他们无法承认一种重要的人类善，即在内容上有着强烈的公共性，并且只能通过对于共同体的构成性归属而达到的善。但是，根据麦

---

[1] Alasdair MacIntyre, *Whose Justice? Which Rationality?*, Notre Dame, Indiana: University of Notre Dame Press, 1988, p.336.

金太尔的观点，由于没有认识到人类可以，并且已经是构成性的归属于共同体的方式，决定了他们没有能力对于达到任何种类的人类善的必要环境，做出一致性的解释（无论它是否在内容上是公共的），因为没有这种构成性的公共框架，作为一种理性的和可以理解的计划的绝对道德理念，就被漏掉了。

然而，就我们的目的而言，至关重要的问题是，是否可以认为，一般意义上的自由主义与特别的罗尔斯自由主义，无视或者拒绝了麦金太尔所提出的社群主义主张。为什么麦金太尔认为，自由主义——比方说，作为对立面的情感主义——是其所批评的真正目标？简言之，他为什么以及在哪些方面认为，自由主义是情感主义的一个种类或者一个变体？

如前文所述，麦金太尔在实质上批评了自由主义。首先，他批评自由主义者承诺了一种不一致的情感主义的不受限制的自我观念，而且也承诺了这样一种观点，即由这样的自我做出的道德判断在本来的意义上是任意的和主观的，而不是能够得到理性的或者客观的证明的。在《追寻美德》一书中，他明显认为，这两种批评适用于一般意义上的自由主义，因此可以推测，他必定认为罗尔斯的正义理论也同样适用于这些批评；但是，他几乎没有提供任何支持这一主张的文本证据。因此，似乎那些想要把麦金太尔增补为罗尔斯批评家的人们，将不得不利用麦金太尔的这两个批评意见与桑德尔的批评意见相似这一事实。换言之，一个社群主义者可能会合理地论证说，桑德尔有关作为先验个性化的自我观念，在罗尔斯式的自由主义中的体现和重要性的详细的文本论证本身，便构成了断定罗尔斯落入麦金太尔的批评之下的主要理由。麦金太尔所说的不受限制的情感主义自我，与桑德尔所说的个性化了的自我是如此相似，以至于他们能够站在一起和结合在一起。如果罗尔斯可以被证明拥有后者，那么他也就可以被证明拥有了前者；如果他能被证明没有前者，他也就不可能拥有后者。

当然，尽管麦金太尔与桑德尔都由于其人的观念，及其犯有主观主义的错误而批评自由主义，但他们对于自由主义所以承诺这些观点的原因的诊断，却是不同的。在桑德尔看来，自由主义者的人的观念，是道德与政治理论模式的定义特征，其所犯的道德主观主义错误是其坚持这一观念的结果。但在麦金太尔看来，其人的观念以及所犯的道德主观主义错误，都是某种更为根本的自由主义短视的结果，也就是他们没有理解或者关照到，共同体对于保持全部道德思想的客观性与人的身份整合的重要性。简

第五章 社群主义的类型及其对罗尔斯的批评

言之,对于麦金太尔的前两个批评的充分理解,将会引导我们走向第三个阶段——自由主义在根本上是政治与道德中的利己个人主义的一种表现形式。麦金太尔对于自由主义的批评不同于桑德尔,桑德尔把他自己限定在这样的批评范围内,即自由主义看不到其内容是社会的或者公共的人类诸善(包括政治的与非政治的)的重要性;而麦金太尔的观点是,自由主义是一种普遍的现代无能为力在政治中的反映,即无法感觉到每种人类之善或目的(无论在内容上是否公共的),都有其社会来源,即全部人类之善来自于一个重叠的公共实践与传统的结构。在这里,麦金太尔并没有试图精确地论证,罗尔斯的政治观与政治理论属于他的批评范围。

麦金太尔批评罗尔斯认可了某种利己个人主义的政治变体的立论基础,似乎就是指罗尔斯论证中的原初状态,特别是这一表述设置是一种现代形式的社会契约论翻版这一事实,这促使我们把社会结构看作是那些已经拥有某些利益的人们走到一起,并且在自愿地被强加以对他们自己的无知的特定条件下,进行商谈的某种东西。"在罗尔斯看来,社会是由个人组成的,每个人都有她或他的自我利益,于是他们不得不走到一起,制定公共的生活规则……个人因此……是首要的,而社会则是次要的。个人利益的确定优先于并且独立于,他们之间任何道德的或者社会纽带的建构。"[①]

于是麦金太尔声称,通过把原初状态设定为一种有关正义思考的表达设置,罗尔斯展示了这样的观点,即人们进入社会应该在观念上被看作是,有着优先利益的理性个人的自愿行为。他们的问题是,"什么样的社会契约才是我与其他这些人所共享的合理契约?"麦金太尔断言,这种想象完全排除了这样一种可能性,即社会是或者可能是一个共同体,其主要纽带是对于人类的善与共同体的善这二者的共同理解,在这个共同体内,个人通过参照这些善来识别他们的基本利益。麦金太尔认为,罗尔斯正是由于他所说的那种明确的假定,才使得他无法正视这种可能性,"……我们必须期望在有关人们的善的生活是什么,这一问题上与他人的不一致,并且必须因此而排除我们可能通过我们对于正义原则的表述中,得到的对

[①] Alasdair MacIntyre, *After Virtue*, Notre Dame, Indiana: University of Notre Dame Press, Second Edition, 1984, pp. 232-233.

于它的任何理解。"①

但是，根据麦金太尔的观点，这只是通过努力以清晰地建立和保持，那种为我们所共享的对于善的公共理解。罗尔斯恰恰把这种理解排除于我们对于正义的考虑之外，而我们却可以把任何合理性与客观性给予那一思考过程。因为这仅仅是通过引入一个与共同体追求共享的善的公共任务相关的应得概念，从而为我们对于社会美德与社会正义的理性判断奠定了基础。由于缺少这种可以为这种应得概念创造空间的社会纽带，麦金太尔论证说，罗尔斯想要发展一种为我们一致同意的正义观的任务注定要失败。他断言，罗尔斯在证明他赋予有关必须反对竞争性的基本前提（如诺齐克的资格原则）的某种平等原则的重要性方面，是无能为力的，这表明了当这些问题被从它们的公共母体中剥离出来时，所遭遇的不可公度性。

因此，在麦金太尔看来，罗尔斯的利己个人主义决定了他无法为他的正义理论提供其所要求的理性基础。因此他的理论也就相应地无法在他的社会里形成政治一致的本质——无法填充这样一种绝对真空，这种真空使得他自己在政治推理中无法参照这种特殊的善观念。麦金太尔因此把罗尔斯与长期的个人主义政治思想传统联系起来，在这种理论中，似乎"……我们与一个由其他个人组成的团体漂流在一个无人居住的海岛上，他们之中的每一个人对于我和其他所有人来说都是陌生的"。②尽管原初状态的结构表明，罗尔斯很大程度上强调了个人，强调个人的社会结构被认为是他或她自由认可的结构，但这并不必然地体现了那种个人在某种时间序列的意义上，或者在逻辑的意义上优先于社会的主张。因此，它们的善观念未必在最初就是社会的。它将是一种表达设置，一种思考正义的方式。在这种思考方式中，已经处在一个社会里的人们，对于有关他们社会身份的特定信息毫无所知，也没有想象到他们会在事实上被剥去社会成员资格，并且仍然能够从事他们现在所从事的那种思考。因此，至少似乎可能的是，那种原初状态不只是要表述作为在根本上缺少任何社会纽带的个人集合的社会，而是要精确地表述有关个人基本利益的诸多假定，这些利益构

---

① Alasdair MacIntyre, *After Virtue*, Notre Dame, Indiana: University of Notre Dame Press, Second Edition, 1984, p. 233.

② Alasdair MacIntyre, *After Virtue*, Notre Dame, Indiana: University of Notre Dame Press, Second Edition, 1984, p. 233.

成了使我们特定的自由主义社会团结在一起的纽带。简言之，有充分的理由认为，罗尔斯设计的原初状态是为了反映，我们的政治共同体附属于它的公民自由与平等的高度重要性。他特殊的善观念，可能也是要反映我们对于能力依赖的重要性。这种能力就是自由地寻求人类善的生活的能力。

麦金太尔所讲述的故事是一个道德故事，其历史根源在于启蒙运动，并且试图发展某种超越传统的道德。他把自由主义政治理论定位于一种建构社会秩序的历史筹划的一部分，在这一筹划中，个人可以通过诉诸真正普遍的非传统依赖的规范，使他们自己从传统的偶然性和特殊性中解放出来。这种自由主义主张，是要提供一个政治的、法律的和经济的框架，在这种框架中，同意一个而且是同样可以被合理证明的诸多原则，将使那些赞成广泛不同和竞争性的善的生活观念的人们，和平地生活在同一个社会里。然而，根据麦金太尔的看法，这一目标必然要求禁止根据任何一种特殊的善观念重构共同体生活的企图。

麦金太尔认为，自由主义善观念（如罗尔斯的正义理论）之下包含某些共同的东西：一种特别的正义秩序观（主要是程序正义秩序），以及那一秩序所允许的实践推理模式的观念（把道德信念看作是纯粹个人偏好的表达），人类善的生活的观念（在这种生活中大量的善被追求着，每一种善都适合于它自己的领域，而没有任何能够满足整体生活的总体的善）。麦金太尔引用了《正义论》中的一段话进而断定确实如此："人类之善是各不相同的，因为自我的目标是各不相同的。尽管使我们的全部目的都服从于一个目的并没有严格地说是违反了理性选择的原则……这仍然警示我们这是非理性的或者更有可能是愚蠢的。自我是没有瑕疵的。"[1] 此外，由于麦金太尔的这些要素，不仅存在于诸如罗尔斯的正义理论这样一些理论中。而且它们又是通过一种特殊的、社会的、法律的以及文化的制度组合——特别是自由主义社会秩序的那些制度——而得以体现、论证和发扬。换言之，那种从建构一种基于非传统依赖原则，只要是理性的人就可以接受的道德尝试开始的东西，是以一种更为道德的传统的创造和不朽而终结的。"最好在根本上不要把自由主义理论理解为一种发现某种独立于传统的理性的尝试，而是它本身就被看作是某种历史地发展

---

[1] John Rawls, *A Theory of Justice*, Revised Edition, Cambridge, MA: Harvard University Press, 1999, p. 554.

的和正在发展中的系列社会制度与行为模式的结合点,也就是说,被理解为一种传统的声音。"①

根据麦金太尔的观点,代表一种传统是接受任何可估价的态度的不可避免的结果,因此不能被认为是一个弱点;很难想象,当代自由主义理论家,将会十分惊讶地发现,一种有特色的自由主义政治秩序的延续,便是他们高于一切的目标。正如我们已看的,当诸如罗尔斯这样的自由主义者,主张在竞争性的善观念之间保持中立的时候,他们从来没有想到在自由主义与其他形式的政治之间的中立;他们从来没有否认,他们将竭力保护自由地追求他们自己善观念的公民,并保护有利于平等权利实现的善观念。他们特别主张的是一种得到合理证明的中立,这种中立禁止在为国家政策和行为辩护的过程中援用任何善观念,即使那些政策和行为将不可避免地具有不中立的效果。简而言之,似乎麦金太尔对于自由主义中立的批评,不能被理解为一种极端形式的批评,因为这些论点似乎等于是在批判所以成其为自由主义的那些自由主义者。

自由主义传统特别反对运用善观念去证明国家行为的正当性,它只能是一种在政治领域里运行的传统,个人在他们生活的其他领域里是完全自由地按照这些善观念去行动的。换句话说,政治与非政治事务之间,公共道德与私人道德领域之间的界限,是自由主义思想的核心。但麦金太尔的新亚里士多德主义却否认那一界限:它正是作为一个基本的舞台建立在某种政治共同体观念之上的,在这个舞台中,我们对人类善的生活的理解和执行才能够得以发展,并且由此把政治与自由主义限制私人道德领域的诸多理由整合在一起。麦金太尔的观点不仅是对于这一问题的论辩之一:在这里我们可能会想到许多宗教思想传统。

由此而得以澄清的是,确认并保持政治与私人领域的分离不是一种传统且明晰的理念:它本身就是一个有争议的问题。根据麦金太尔的观点,要证明它的合理性,将运用包括特别意义上的自由主义实践推理观念,以及更一般意义上的人类生活的观念;这将包括利用一般的自由主义道德传统中某种更广泛的要素。如果这一主张被证明是合理的,似乎可以推论说,任何保持一种自由主义的政治秩序的企图,都不过是依赖于对一种普

---

① Alasdair MacIntyre, *Whose Justice? Which Rationality?*, Notre Dame, Indiana: University of Notre Dame Press, 1988, p. 345.

遍的有关人类善的生活观念的援用。简言之，自由主义所特别主张的适合于他们的政治观念的中立远没它看起来那样有意义。

当然，这一批评是否可以认为对于一般的自由主义，以及对特别意义上的罗尔斯自由主义有效，仍是有待讨论的问题。但是，至少应该更为清楚的是，麦金太尔为什么会认为，罗尔斯落入了他的批评范围。不过，在我们有关他的观点的讨论做出结论之前，至少绝对重要的是，我们要弄清他从对自由主义政治理论的复合批判中究竟推导出了什么东西；特别是，必须强调的是，麦金太尔并不倡导新亚里士多德主义的政治观，在现代西方民族国家层面上的重建。

如我们在前面看到的那样，麦金太尔特别相信，罗尔斯建构一个适用于现代社会的正义理论的计划注定要失败，因为在没有一种为共同体所承认的公共的善观念的情况下，也就不可能建立某种一致形式的政治共同体。罗尔斯的理论恰恰回避了对于这种善观念的依赖。然而麦金太尔并不认为，这一问题将会通过把这样一种善观念重新引入当代政治理论，就可以轻易地得到解决。因为这种理论与民族国家层次上的政治安排有关，麦金太尔也相信，任何在这一水平上引入一种共享的善观念的企图，都将是有害无益的。在这一方面，麦金太尔站在了那些反对当代美国以及其他地方的社群主义思想家的自由主义理论家一边，那些社群主义思想家主张，政府应该表达某些有关人类之善的共享观点；正如他所指出的那样，这场争论是这样的，"在这场争论中，在我看来，社群主义者就一个问题对于自由主义者的攻击，而在这个问题上，自由主义自始至终都是对的"。①

然而，麦金太尔据此得出的结论，却不是人类之善的共享想象在政治中根本没有任何作用；而是，如果没有某种对善的共享感觉，就不会有正确的政治。所以，正确的政治中心就应该从民族国家转向更小的、更为局部的共同体形式。在这种形式的共同体中，这种共享感觉可以在没有官僚政治的情况下得以建立和保持。他指出："纯粹亚里士多德主义的城邦概念……必须是一个相对小规模的和局部的政治组合形式。当以实践为基础的亚里士多德主义共同体形式在现代世界产生的时候，它们总是，并且不能不是，小规模的和局部的。"② 在纽芬兰海岸的一个渔村，一所学院或

---

① Peter, McCarthy. *Alasdair MacIntyre*, London, UK: Routledge, 1994, p. 302.
② Peter, McCarthy. *Alasdair MacIntyre*, London, UK: Routledge, 1994, p. 302.

大学，一座医院或者教堂——这些便是麦金太尔所认为的适于某种真正的、在道德意义上自足的，并且人道地实现的唯一切实可行的共同体及政治互动的形式；"民族国家不是也不可能是共同体的中心"。[①] 换言之，尽管在他后期著作中对于自由主义批评重心发生了重要转移，但麦金太尔仍然坚持《追寻美德》中所浸透的那种对于现代道德文化的近乎天启般的感觉。他认为，没有理由撤销那本书的结束语——我们最需要的是另一个圣本尼迪克特（St. Benedict）的到来，一个模范的、局部的、以实践为基础的共同体的创造者：一个将引领我们走出道德黑暗时代的人的到来。

第三节　古典社群主义之二：泰勒与共同体

与桑德尔和麦金太尔不同，查尔斯·泰勒（Charles Taylor）的著作，在政治思想领域被归入一种有关从柏拉图到后现代主义的西方道德与政治文化发展的广泛的分析性说明之中。在这一说明中，作为近代文化的一个核心线索，而不是泰勒所关注的唯一的焦点，自由主义却有着某种根本性的作用。此外，与桑德尔和麦金太尔不同，泰勒不倾向于否定自由主义的本质；相反，他认为自由主义的某些核心主张值得认真对待，但只有它们能够与各种错误的或者不一致的阐释方式，或者为他们辩护的方式分离的前提下才会如此。我们的关键问题也因此必然是，是否罗尔斯的自由主义就等于是那种错误的对自由主义价值的辩护；只有较为详细的断定泰勒究竟想要根除的是哪一种错误或者不一致——那些大体上与道德评价的形式和范围相关的错误，才能对这一问题做出回答。简言之，在我们能够断定是否泰勒的著作为有关罗尔斯的批评提供了材料之前，我们必须了解他对道德哲学中的那些似乎绝对抽象的问题的考察。

然而，我们至少可以事先陈述泰勒思想框架的主要方面，这些方面表明，他已经建构了一种有关自由主义的社群主义批评。这一建议的基础是泰勒的这样一种观点，人类是自我解释的动物和生灵，其作为人的身份依赖于他们的来源，并且从属于他们所生活的语言共同体之中获得的善观念。如果这种社群主义的人的观念是正确的，那么它将清楚地揭示，任何体现了某种先验个性化的人的观念，或者隔离了人的目的的必要社会来源

[①] Peter, McCarthy. *Alasdair MacIntyre*, London, UK: Routledge, 1994, p. 303.

的政治理论都将成为批判的对象。泰勒著作的另一个方面，是他的下述观点，即道德判断与直觉在根本上是可以理性地说明或者表述的，一个需要援用根本的和广泛的可评估框架的过程，也同样来自于共同体；这些主张意味着，泰勒反对任何形式的道德主观主义或怀疑主义，反对那些仅依赖某种肤浅的善的理论而不是其他任何东西的政治理论。

根据泰勒的观点，我们日常的和广泛共享的道德直觉——如由尊严被冒犯时对恐怖的本能反应，由怜悯而产生的对他人财产与尊严的尊重——具有两重性。一方面，就像对于某些味道感到恶心的反应一样，它们似乎是基本的和纯粹工具性的；另一方面，就说明引发它们的那些东西而言，它们又是可阐释的：行动者表明他们常常能够解释恰恰是什么对于人类来说是值得的或者应该的。如我们可以断言，人类拥有某种得到尊重的尊严，因为他们是上帝的孩子或者是理性的目的选择者；换言之，通过发展某种特殊的人类存在论，我们解释了我们的直觉。

至关重要的是，道德直觉的第二个方面，把它们与诸如对于某些味道的恶心或者喜欢之类的非理性反应完全区别开来。在后一种情形中，我们完全不承认有什么东西是需要解释或者讨论的。如果某个人被伏特加酒的味道弄得恶心，根本不存在要求他对此做出解释，或者试图说服他的这种反应是不适当的之类的问题；那种物质特性与那种反应之间的联系，仅仅是一种非理性的事实。在道德直觉的情形中，我们也对于某一特定客体的特性做出反应。但在这里，那一特性把客体标明为使那一反应值得的东西。在这一情形中，便存在着一个有关我们对那一客体的反应的适当性问题；存在着用于推理和论证我们的反应是否正确，或者是否最适当的反应的空间，以及用于指责我们的反应不一致的空间。简而言之，在我们援用有关那一客体的描述的论证中，论证的标准独立于我们的既定反应；我们要处理一个被泰勒称为"硬评价"（strong evaluation），即一种依据独立于我们的既定期望与偏好的标准的对错辨别，并且允许我们评价它们的价值的实例。

于是，在实际上，我们的道德反应含蓄地承认了由他们的对象向我们提出的主张，上面提到的各种各样的本体论阐释，便是试图对那些主张做出说明。再者，如果我们想要达到对于这些反应本身的有效性的真实的客观理解，那些说明就不能被看作是必须放弃的无谓赘语；因为解释与行动是内在相关的。那一说明的术语，标明了反应的特征或者个性；描述使反应成为应该的客体特性的过程中，它们在详细地说明着那一反应是对什么东西的反应，并且由此恰好告诉我们这是什么样的反应。如果我们放弃了这种本体论说明，也就在根本上不再会有论证的空间，因为那一说明的术语是仅仅适用于那些论证的术语；如果放弃它，我们将会因为那些恰好为我们所讨论的观点所迷惑，从而把那种反应转换为（而不是把它展示为）某种类似于恶心反应的东西。道德的生长，可能要求我们抑制或者改变我们的反应或者发展其他的反应，但是它从来不会要求我们把它与我们的反应完全割裂开来；它们是"我们进入这样一个世界的方式，在这个世界里，本体论的主张是可辨别的，并且是可以理性地论证和审察的。"[1]

泰勒认为，道德直觉和一般意义上的道德思维有三个轴。第一个轴与我们与其他人的关系有关。我们感觉到他人的价值与尊严，感觉到我们对他人的义务。第二个轴与我们的人类善的生活观念相关。我们感觉到一种充分或者繁荣的生活意味着什么。第三个轴与我们对于我们自己的尊严或者地位的感觉有关。对于我们所以博得或者没有博得他人的尊重的那些特征的感觉。因为所有这三个轴，都假定了某种人类本质或者地位的观念。这种道德直觉表述的组织方式，强调这样一点，即一种本体论的解释是那一解释的基本组成部分。这也说明，围绕这三个轴为展开的道德框架，将必然涉及硬评价的概念。例如，人们问他们自己什么是人类善的生活，由此可以充分地知道他们现实的期望，可能会引导他们错误地回答这一问题，并且荒废甚至毁掉他们的生活。换句话说，任何这样的框架，都适合于至关重要的定性区别的组合；在这些框架之内，涉及对某些行动、生活方式或者情感变形的感觉的判断，它要远远高于那些对我们来说更为可靠的判断。这种在某种意义上有价值的或者值得的目的，不能用与我们日常的期望和目的相同的尺度来度量；它们不仅在量化的意义上是值得的，而且也拥有某种在定性的意义上完全不同的地位——一种博得我们尊重、景仰和敬畏的价值。

泰勒断言，任何道德思想体系都无法回避这种硬评价。如果缺少这种评价，它就将在根本上无法构成一种伦理规范。特别是，诸如功利主义那样的思想体系，它们以公开指责某些更为传统的道德而感到骄傲，诸如荣誉伦理、反对邪恶的堕落，以及否定人的日常满足价值的诚信理念等。泰

---

[1] Charles Taylor, *Sources of Self*, Cambridge, Mass., Cambridge University Press, 1989, p. 8.

勒认为，它们本身便承诺了两种不同的达到那些日常满足的方式之间的差别。一种非理性、精神错乱或者屈从的日常的人类生活——换句话说，一种被忽视的或者被压抑的生活，无论其工具性的理由是多么重要——不可能被功利主义看作是值得的、有价值的或者高尚的生活。在更为一般的意义上，那种无论我们做什么都可以接受的观念，是站不住脚的，这是因为它不能成为人类尊严的可理解的基础。换言之，在我们的道德反应所构成的世界里，硬评价是不可避免的。

泰勒论证说，我们的道德反应假定了某种本体论的说明：如果不是根据前文概述的三个轴来解释一个框架，我们便无法说明究竟是什么才使我们的道德反应有了意义。当道德直觉和反应，在根本上被看作是偏好的任意表达的时，它便提供了一个强烈的拒绝道德主观主义的理由；因为这种主张没有承认这样一种义务，即只要我们把那些直觉表述为道德的直觉，我们就必须对这种直觉的基础加以阐释。他论证的下一步是要说明，发展、保持和阐释这种直觉并不是人类可以轻易或者令人信服地省却的某种东西；因为评价框架的存在，既是被道德论证预先假定的，也是由我们的人格概念预先假定的。根据泰勒的观点，如果我们省去了这种框架所体现的强硬的、定性的区别，我们便无法弄清人类行为的意义。

总之，这不仅仅意味着一个偶然真实的有关人类的心理学事实，或许有一天其结果，是不再支持某一异常的个人或者新型的某种脱离客观化的超人。相反，这一主张是，生活在这种被硬性限定的范围里的是人类行为的本质，走出这些界限将等于是走出了为我们所承认的整体的未受破坏的人格界限。①

泰勒的主张是，要知道我是谁，其至关重要的一部分就是知道我站在哪里：我的身份是由哪些义务以及提供哪一范围的证明所定义的；在哪一范围里，我可以就事论事地确定什么是有价值的、善的或者是值得做的。那些根据他们对于一个教会或者一个政党的承诺，或者根据一个民族、阶级、部落的成员资格，来定义他们的身份的人们，不仅仅是声称他们有着强烈的附属于特定的价值或者观念的感觉；那么，何以如此？泰勒的主张是，"你是谁？"这一问题是要求把某个人确定为对话社会里的一个潜在的对话人；我们通过给出我们的姓名、我们与他人的关系（我是约翰的姐

---

① Charles Taylor, *Sources of Self*, Cambridge, Mass., Cambridge University Press, 1989, p. 27.

姐)、我们的社会角色(我是总统)、我们的承诺(我是一个无政府主义者),对这一问题做出回答。所以,获得了这一问题的潜在对象资格的人,便是在其他人之间有着自己的立场或者角色的人,他们之中的每一个人都有自己的立场或者角色——他是一个可以代表自我说话的人。但是,欲回答这样一个问题,要代表自我做出回答,就要知道他自己在于何处——知道一个人想要回答的是什么;这部分地是一个知道个体道德来源的问题。一个游离于所有框架之外的行动者,将会处于可怖的认同危机之中。在面对大量的基本问题时,无法知道他在于何处,也不能够代表自我做出回答;一个没有感受这种缺失的痛苦的人,将会被一种可怕的分裂,一种病态的环境所控制,这种环境远远超出了我们通常描述为阴影的范围。我们的身份,要求我们定义什么对于我们而言是重要的,什么是不重要,它不可能完全没有硬性的评价;所以,那种仅仅由某种在事实上没有硬性评价的偏好所定义的身份观念是不一致的。

因此,那种认为道德框架的采用是随意的想法在根本上是错误的;道德来源是不可回避的,因为由那一框架提供答案的诸多问题本身就是不可回避的。"……如果说来源,就是假定了某种空间类似物,在这个空间里,人们找到他自己的路。要理解我们在道德空间里发现或者失去来源的状态,就是要把我们的框架,想要定义的那一空间当作本体论意义上的基础。问题是,通过什么样的框架定义我,才能发现我在它内部的方位?换句话说,我们把人类行动者存在于某一问题空间看作是基本的。倘若我们知道我们所处的范围,知道事物对于我们来说有什么样的意义,这些就是我们的框架定义成为其答案的那些问题。"[①]

找到我的方位,是我在一个空间里所做的某种事情,这个空间的存在既不依赖于我,也不依赖于我在确定我自己在它内部的方位时是成功还是失败。泰勒的这一特殊隐喻,说明了由道德框架为之提供答案的那些问题的客观地位;说明了那些问题所定义的空间,只不过是人们的虚构而不是物理空间本身这一事实。我们只是可以想象一种在道德空间里,没有说明自我的方位问题的人类生活;但我们却无法想象这样一种生活,这种生活会产生一种上下左右都被看作是随意的人类任务的感觉。

泰勒承诺一种有关人类身份,与拥有和运用道德框架之间关系的主

[①] Charles Taylor, *Sources of Self*, Cambridge, Mass., Cambridge University Press, 1989, p. 29.

张。人类的自我身份与他有关在生活中遭遇的客体与情境的意义，或者重要性的自我感觉有关，并且它部分地是由这种感觉所构成的。如果我们对这一问题变换一下说法，我们可以更清楚地看到，泰勒在《自我的来源》中所展开的观点，是以他的一篇题为《解释与人的知识》(Interpretation and the Science of Man)的论文中的基本观点为基础的。这一观点是，人类必须被看作是自我解释的动物，被看作是一旦离开了他们的自我解释，其本质与身份便无法得到说明的一种存在。

在那篇论文里，泰勒指出，某种特定的意义概念，在任何试图描述人类行为的企图中都有着至关重要的位置：那就是我们谈论某一情境、某一行为、某一要求以及对某一个人有着特殊意义的前景时的感觉。例如，谈论某种可怖的情境或者某种有吸引力的前景。我们的行为通常通过那种意义的探求而得以描述，通过追问期望、思想以及情感而得到解释。但是，我们用来描述那些目标、感觉以及情感的语言，也被用来描述某种情境对于行动者的意义。定义这种意义（"可怖的""吸引人的"）的词汇，与用于描述感情（"害怕""期望"），以及目标（"安全""拥有"）的词汇是紧密联系在一起的。

此外，这三组概念是如此地密切相关，以至于我们通过把握它们与其他概念之间的关系就能理解它们中的任何一个。如泰勒指出的那样，它们构成了一个解释学的圆环。例如，某种诸如羞愧的感觉，向我们提出了某一特定种类的情境（一种"可耻的"或者"使人丢脸的"环境），并且提示了某种特定种类的反应（隐藏、掩盖等）；对于这种可识别的羞愧感觉来说，至关重要的是，它与这一种类的情境联系在一起，并且引发了这种类型的情境。但是，羞愧的情境，并不能仅仅被看作是引发羞愧感觉的情境；除非参照所体验的感觉，针对某种目标的情境也同样是不可理解的——这种有争议的掩饰，是将要掩盖我羞愧的东西，而不是那种适合于被武装的敌人追捕的那种感觉。

于是，和道德反应一样，一种广泛的人类感觉与行为，并不是粗野的现象（如恶心），但对于情境而言却可以是适当的或者不适当的：我们可能因为其他人认为并不可耻的某种事情而感到羞愧，而没有对于真正可耻的情境做出适当的反应。然而，更为重要的是，对于人类的感觉和目的，以及他们的特殊身份的描述，与行动者用来描述他从中找到自我的那一情境的意义与重要性的词汇是分不开的。由此可以推论出，人类行为本身

（除非与期望、感觉、与情感以及目的的背景联系在一起，人类的行为本身将是不可理解的）只能根据有关行动者行为发生的情境的意义来描述。

　　在这一点上，泰勒提醒我们说，我们用来描述经验性的情境意义的词汇，只是作为语义场、一组相关的而且是对照术语的一部分，才有特殊的意义。在这个场里，每个术语都从它与这个场里的其他概念之间的对照中获得了意义。例如，对于某种"可怕的"情境的描写，将会根据是否与我的词汇里所包括的"令人恐怖的""令人担心的""令人惊慌的""胁迫的""令人讨厌的"这样一些术语有着可靠的对照，而意味着不同的东西。这个可靠对照的场的范围越宽，作为与另一个术语相对应的术语选择，而形成的级别也就越是精细，每个术语也就有了更为特殊的意义。因此，同一个术语被当作两个不同的语义场的组成部分来使用时，或者把一个新的术语引入这个语义场之前或者之后使用这一术语时，都将导致那一术语的意义发生变化；这也将依次导致它所描述的那一情境的经验性意义的改变，以及内在地与那些情境相关的感觉与目的的改变。

　　然而，在更为一般的意义上，这意味着行动者于其中发现自我的情境的意义、他的情感和目标的意义与本质，决定于对他而言适于这些描述的那些可靠词汇的范围和结构。如果他缺少一个词汇，在这个词汇中没有一个情境、感觉以及说明羞愧特征的范围，他就不会感到羞愧；羞愧感觉的精确本质，将依赖那个词汇所体现的语义场（羞愧与什么相对？）的范围而发生改变。当然，感觉与可靠词汇之间的关系，不是一种简单关系。一方面，这不只是那一词汇较为充分或者不很充分地符合先前存在的感觉问题，因为我们常常在体验如何获得一个更为精致的词汇，以使我们的情感生活更为精致。另一方面，这也不是一个使其如此感觉的思想问题，因为没有任何人可以把定义强加给我们，无论是他人还是我们自己，而某些我们乐于接纳的人，又可以被断定为虚假的、自欺欺人的和固执己见的。然而，无论我们如何小心谨慎地避免这些相反的错误，但依然不可避免的是，一个人的内心生活与对他来说适于解释或者描述这种生活的可靠词汇之间的关系，永远是一种紧密的关系。"如果这样，我们便不得不把人看作是一种自我解释的动物。他必须是这样一种动物，因为不存在独立于他们的自我解释的有关他们的意义结构这种东西；因为每一个人都与他人组合在了一起。但是，我们的解释文本与它们所解释的东西并不是异类的；因为被解释的东西本身便是一种解释；一种对于这种意义构成有所贡献的

第五章 社群主义的类型及其对罗尔斯的批评

经验意义的自我解释。换言之，我们试图发现的那种一致性本身是部分地由自我解释构成的。"[1]

从上文中可以明显地看出，泰勒的主张是，要成为一个行动者，就要体验一个人在特定方面的情境；这可以在某种意义上被认为是一种原初解释，它是依次由行动者体验这些意义的语言所解释和规定的。而且，如果这在诸如羞愧与恐惧之类的基本感觉与反应的水平上是真实的，这将在一个人在对他自己的特征、他有关善的生活的概念，以及他自己的本质的感觉的层次上更为贴切。简言之，一个人的身份——作为特定的个人以及作为某种类型的行动者——是部分地（或许主要地）由内在的自我解释构成的。人类的自我身份与其在生活中所遭遇的客体与情境的意义的自我感觉有关。

泰勒反对这样一种自我观念，即把人看作是木质与身份固定不变的实体。在他看来，对自我观念的研究，是不能独立于由人类提供的有关它的描述和解释的。与科学研究的对象相对照，要问一个人在有关他的自我解释的抽象中是什么，就是在问一个在根本上被误导了的问题。仅就我们是生物有机体而言，我们不是自我，也并不拥有自我。我们只是独立于我们的自我理解或者自我解释的带有这些器官的有生命的存在而已。但是，我们只有在某一特定的问题空间里移动，寻求某种善的来源时，我们才是自我。[2]

在泰勒看来，自我与自我解释之间的基本关系，决定了此自我与他自我之间同等重要的关系——一种对于共同体的关系。我们可以从两个方面看到这一点。首先，获得自我解释就是获得一个表述它们的词汇的问题。在泰勒看来，一种语言只是存在于某种语言共同体里。其次，如果我的自我定义被认为是对于"我是谁？"这一问题的答案，而且这一问题在说话者的交流中找到了它原初的感觉，那么，我便只能通过定义我与其他自我的关系，通过确定我说话的位置，在家庭谱系、在社会空间、在我与我所爱的人之间的关系之中，来定义我是谁。考察这一问题的这两种方式都限定，一个人只有在其他人中间才是自我。

---

[1] Charles Taylor, *Philosophy and the Human Sciences*, Cambridge, Uk: Cambridge University Press, 1985, p. 55.

[2] Charles Taylor, *Sources of Self*, Cambridge, Mass., Cambridge University Press, 1989, p. 34.

此外，有关这一问题的两种观点是内在相关的。一方面，泰勒声称，被传授一种语言，就是进入那些把我们养大的那些人之间正在进行的交谈。我学习的那些单词的意义，就是它们所具有的适于我以及我的谈话伙伴的意义。但是这种谈话主要是谈论某种事物，而且将起到描述某种事物之于谈话者的意义的作用。所以，我只能通过我以及他人对于愤怒、爱、焦虑等之于我们的意义——也就是对在构成我们共同体的关系网中，有着特定的角色与地位的人们的意义——的体验之中，得知它们的意义是什么。

当然，我们也有可能发展某种与我的家庭和背景明显不同的自我理解和人类生活；在泰勒的观点中，并没有保守地排除变化或者社会批评。但他想要强调的是，这种创新只有在我们共同语言的基础上才能发生，只有它们被置于与其他人的视野和观念相关的位置上（即使与它们明显相反），它们的意义才可被理解。我们之所以能够知道我们的意思是什么，实际上所依赖的是与人类对话者的谈话，即使这种谈话仅是想象的或者可能的。这是我们无法依据我们自己而成为自我的感觉。我只有在与特定的对话者有关的情况下才成其为自我：一方面与那些对我获得自我定义至关重要的谈话伙伴相关；另一方面与那些现在对于我继续把握自我理解的语言至关重要的人们相关——当然，这些层次可能是重叠的。自我只能存在于泰勒称之为"对话网络"的东西之中。[1]

简而言之，关于某个人身份的完整定义，通常不仅包括他在道德与精神事务中的立场，而且也与一个特定的共同体有关。泰勒反对运用他称之为原子论的概念来理解人类的整体与身份，这种概念认为社会只不过是先验地个性化的原子的集合，而没有说明什么样的人类将仍然是人。泰勒明显反对哲学的个人主义，而且是反对实质的利己个人主义；如果人们是自我解释的动物，他们就不必把最大的重要性，给予那些有着浓厚的公共内容的善观念。但是，他们的自我解释必须能够承认任何必要的社会来源，以及他们全部的善观念和自我观念。对于"我是谁"这一问题的早期回答，要涉及我们的家庭、关系以及特定文化、传统和国家的成员资格。确定"我是谁"，就是要确定我是在哪里说话，以及对谁说话——这一点对一个人的自我解释是至关重要的。

---

[1] Charles Taylor, *Sources of Self*, Cambridge, Mass., Cambridge University Press, 1989, p.36.

第五章　社群主义的类型及其对罗尔斯的批评

泰勒作为一种自我解释的动物的人的观点，使他特别强调这样一种观点，即个体与其共同体之间的关系是他的身份的构成要素。我们现在必须说明的是，为什么这种一般意义上的社群主义思想框架，引导他得出了其他有关人类自我本质的特定结论，而这些结论在我们看来已经由其社群主义思想家（特别是麦金太尔）展开了。

正如我们所看到的，泰勒倾向于认为，作为达到某一特定问题空间里的方位的手段，道德框架具有这样的含义，即这一相对空间的存在与我们是否有能力在这一空间发现我们的方位没有关系；这是与我们需要确定在实体空间里的方位同等重要的人类本体论的一个方面。现在，我们必须转向空间里的方位这一隐喻的另一种重要含义：在那里，有两种方式可以使我们无法找到方位。我们对周围的地理环境一无所知，我们需要一张主要的界标图以及这些界标相互关系图；或者我们已经拥有一张地图，但却不知道把我们自己放在这张图的何处。以此类推，我们与善相关的方位，不仅要求某种能够定义在质量上更高的形态的框架，而且也在某种意义上要求我们所处的位置与可评价的界标相关。这对于我们作为行动者的地位是至关重要的，所以我们才会把我们自己置于由特定的定性区别所定义的空间里。于是，我们处于与那些区别相关的何处，对于我们来说就是至关重要的："没有那绝对重要的空间方位就不能行使责任，这意味着要不停地关注我们在这个空间里处于何处"。[①] 由于假定对于诸善的构成性归属的可能性与重要性，泰勒在这里的观点有一个桑德尔式的圆环。他主张，定义我们精神方位的诸善，是我们度量我们生活价值的善的依据；这种对于我们生活的意义或者价值的关注，最好被看作是对于我们与那些善的关系如何的关注——无论我们与它们有联系与否，无论我们是否摆正了与他们的位置。正如这一空间隐喻所暗示的那样，这一问题可以在两种不同的意义上为我们提出来。首先，我们可以追问我们自己，我们是如何地接近于那些善，我的生活在何种程度上表现或者体现了家庭和谐或者我所获得的艺术成就；其次，我可以追问是否我们指明了我们的正确方向——距离我所渴望的家庭和谐有多远，我至少可以知道，对于那种善的基本态度和承诺，是我过上集中体现了它的那种生活的决定性的安排。

换句话说，对于和我们一样的存在者来说，这一问题不仅是我们在何

[①] Charles Taylor, *Sources of Self*, Cambridge, Mass., Cambridge University Press, 1989, p.42.

处，而且是我们去往何处：恰恰是因为我们的生活是这样的——它们运行着，我们生活的运行方向对于我是具有方向性的生活——它才是重要的。泰勒实际上是重复了麦金太尔著作的一个核心主题，即我们对于善的感觉、定性区别的感觉，必须融入作为一个展开故事的我对于我的生活理解的观念之中。我必须为我自己定位的道德问题的空间，是一个更大的问题空间的一部分。这个问题就是我如何成为我所是的人，以及我在去往何处。换言之，朝向善的方位的概念，以及这种叙述统一的概念或者一种生活的"追求"，是相互地明示并且内在联系的。

至关重要的是，在我所讨论的不同身份条件或者使一个人的生活有意义的条件之间，存在着某种紧密的联系。人们可以这样来考虑：因为我们不能——除非确定我们自己之于善的方位——断定我们相对于它的方位，并且因此而决定我们的生活方向，作为一种"追求"，我们必然不可避免地以叙述的形式来理解我们的生活。但是人们或许会从另一点出发：因为我们不得不决定我们与善相关的位置，因此我们不能没有一个相对它的方位，因此也就必须以故事的方式来看待我们的生活。无论从哪一个方向出发，我都把这些条件看作是同样真实的相关事实，是人类行为不可避免的结构性要求。①

泰勒并不仅反对道德主观主义，反对任何未受妨碍的或者先验地个性化的自我概念，以及反对利己个人主义的某些方面；而且他也反对那种特殊的道德与政治原则，这些原则仅是援用某种薄弱的适于人类的善观念而加以辩护。在对这些观念进行批判的过程中，泰勒使用了超级诸善（hypergood）概念。

泰勒认为，人类生活中存在许多善，而且它们相互之间常常会发生冲突。善观念对于确定人类行动者的身份至关重要，任何特定的个人都需要把诸多的善加以排序，以使他能够识别在其生活中哪些是值得追求的善；在某些情形中，某一种善相对于其他善而言，可能有着超级的重要性。例如，某些人可能认识到了自我表达、正义以及崇拜上帝和家庭生活的价值，但是他可能认为其中之一——或许是崇拜上帝——是最重要的。这样的个人，在认识到整个系列的定性级别或者道德框架的同时，也认识到在

---

① Charles Taylor, *Sources of Self*, Cambridge, Mass., Cambridge University Press, 1989, pp. 51-52.

一种这样的框架与其他框架之间的定性区则。简言之，他运用了一个更高序列的定性区别，以便区分根据较低级别而定义的诸善。泰勒称这种更高序列的善为超级诸善。

一般而言，超级诸善是某种冲突的根源，因为它们预先假定了这些善的绝对重要性，并且把这些重要性指派于较低等级的善。然而，更为有趣的是，它们通常是通过某种早期的历史更替而发生的，它们自己表现为通往更高道德意识的阶梯。例如，同等尊重的原则，在当今被许多人奉为一种超级善；可是，那些人也认识到它并不总是占据统治地位，它发生于一个冲突的过程，并且在这一过程的发展中，最终取代了早期的和局限性更多的伦理规范。甚至是在今天，它也仍然通过挑战其他的伦理规范，而寻求新的含义。这种价值的重新评估——对于先前其本身被认为是超级善的诸善的彻底否定——在本质上是冲突的。

当然，考察这种重新评估会引发实践推理问题。例如，即使一种特定的超级善确定了它的主导地位，以至于一种文化从先前占支配地位的伦理规范而转向了它，我们如何能够确定，这种转移是正当的或者合理的。当在这种新的善的框架内，不可避免地做出这样一种判断的时候，即先前占支配地位的善较之这种新的善，有着更多的局限或者价值更低，我们为什么应该接受这一判断？在泰勒看来，引发这种担忧的超级善的真实属性，也揭示了消解这种担忧的途径；因为人类的实践理性恰恰是要应付诸如此类的状态——这就是转变过程中的实践推理。

实践推理的目的并不是想要确定某一观点是绝对正确的，而是要确定某一观点是优先于其他某些观点的；这一目的是通过证明这一认识进步是通过从 A 观点向 B 观点转变而实现的。我们可以通过说明从 A 到 B 的转移，解决掉存在于 A 之中的矛盾或者 A 所依赖的某种混乱，或者通过承认某种为 A 筛选出去或者为 A 所掩盖的要素的重要性等方式达到这一结果。

这一有关合理性的描述，就是麦金太尔所描述的一种特定的道德传统的合理性与有效性，可以得到辩护的方式的完全再现，这种辩护方式就是依靠其应付认识论危机的能力以反对其他主张。因此，如果发现泰勒认为这种论证形式有其传记叙述的来源也就无须惊讶："我们被说服某一特定的观点具有优先性，是因为我们已经体验了被我们看作是错误弱减的某种转换。我发现我为恨与爱的关系所困惑，或者我看到有一种由时间赋予的深度的爱，而这在以前是我根本没有感觉到的。但是，这并不意味着我不去论证或者不能论证。有关我们在道德成长的信心可以接受另一种信心的挑战。这可能毕竟是幻想。于是我们论证了,而且在这里的论证是有关我们在过着怎样的生活的两种解释之间的竞赛。"①

于是,泰勒的观点并不是主张,作为一种超级善向另一种超级善的转换结果,无论是在个人的还是文化的层次上的道德成长,是不容置疑的或者保证为每一个人所信服的。关键是,根本没有这种超级善,也不可能有一个标准来决定哪种超级善具有优先性,因为超级善本身是以某一种或者其他的道德框架为前提的。任何个人的感觉都要而且必须由他所有的道德直觉来定义,由在道德上推动他的诸多理由来定义;他在根本上没有能力理解任何道德论证。一个道德的行动者,只能相信他对自己的道德体验的解读,特别是他对自己的生活故事的解读,对他所经历的或者拒绝经历的转变的解读。即使我的道德框架的基础是对上帝的信仰,而上帝又是一个无限地超越我的道德体验的存在,只有这一信仰基于那些考虑了我的道德体验的诸多理由的时候,我才对这种信念产生理性的自信。

因此,泰勒关于实践推理就是转换的主张,与那种任何实践推理的评价都将必然涉及善观念更新的主张,是相同的。特殊的道德决定与立场,只有通过参考人们自己具体的道德体验和直觉以及它们的善观念作为前提,才可以被评价为合理的或者不合理的;它也必然带来最高序列的竞争性的善。因此,行动者的合理性将根据直觉加以判断,他的答案是正确的还是错误的,合理的行动正是要做出正确回答。因此,缺乏对人们与善观念之间密切关系的理解,仅仅一个个体的人,将无法理解人类行动者的本质和道德。所以,一个行动者如果不珍视其所负载的东西,他将无法把握他所从事的道德推理的本质。

但许多现代伦理学理论,却坚持某种程序性的而不是实质性的道德推理观念。在他们看来,行动者的合理性是通过参照他如何思考,而不是他所达到的答案的正确性来评价的;合理性是一个遵守正确程序的问题。这一路径必然导致善观念的退出。因为就它以特定类型或者方法的考察,来重新定义实践推理的价值而言,便要求这一价值可以并且必须完全独立于已经选择的善观念的实质价值而被评价。由此可以推论,就泰勒而言,有两个与这种实践理性观念相关的问题。首先,任何这种理论都否认实践理

---

① Charles Taylor, *Sources of Self*, Cambridge, Mass., Cambridge University Press, 1989, p. 72.

性评价和价值与善的诉求之间某种联系的存在，而这种联系又是在伦理学中做出合理性判断的不可缺少的组成部分；其次，因为这一理论尽管构成了一种做出这种判断的方式（评价道德决定以及观点是合理的或者不合理的），不论它的正式承诺如何，其本身都必须援用特定的价值或者善。

在程序观念的情形中，这些价值并不难发现。强调这种类型或者一个人的推理方法而不是它的结论，是把优先性给予行动者自己的期望与意志的一种方式；它突出了自由与自主选择的重要性。而且，它明确地否认了在自然界或者宇宙中客观秩序的存在，因为这样一种秩序将会决定某些善观念是对的，而其他善观念是错的，并且由此引导我们一种实质性的实践推理观念。道德合理性的程序观念，旨在设计一个清醒的世界，在这个世界里，主体不仅可以自由地选择他们自己的生活方式，而且可以选择他们用来度量其生活价值的标准。实际上，它们承诺的是现代性的超级善，是为桑德尔和麦金太尔确定为他们主要标靶的那些价值。

然而，根据泰勒的观点，这些实质性的承诺，就是为他们自己的理论拒绝，与压制需求所驱动而支持这种观念的那些人的承诺。如果他们想要保持他们所承诺的诸善，他们就必须保证这种实践理性的追求与实现，被赋予了特定的反对其他追求的首要性；他们只能通过赋予这种道德范畴之于人类生活其他方面的首要性，才能实现这种追求。然而，与此同时，他们对于善观念诉求的厌恶，也使得他们无法提供有关他们坚持这种优先性的理由说明，因为那将使他们对于程序的强调转向对于实质论证的绝对依赖。"似乎他们是由那种最强有力的道德理念驱使的，如自由、利他主义和普遍主义。这些道德文化的核心，是渴望道德中特别的超级善。而这些理念促使理论家们走向的却是对于所有这种善的拒绝。他们陷入了一种古怪的实用主义矛盾，驱使他们的绝对诸善，又驱使他们拒绝或者改变了这些善的本质。他们在本质上无法全盘供出他们自己思想的深层来源。"[1]

罗尔斯式的正义理论，坚决避免对于任何特定的善观念的依赖。因为如果它不这样做，它所倡导的社会制度就将在实际上把那种善观念，强加给在这种制度下生活的所有人，他们的自律也将受到侵犯。然而，如果我们要对由这种理论派生出来的正义原则加以评价，我们就必须根据我们的道德直觉来评价它们，这便是罗尔斯所承认的作为其反思平衡方法主要内

---

[1] Charles Taylor, *Sources of Self*, Cambridge, Mass., Cambridge University Press, 1989, p. 88.

容的东西。如果我们想要清晰地说明支持而且必须支持，那些直觉的框架和本体论解释——换句话说，如果我们想要从事有关它们的实践推理——我们便有必要从说明一种绝对实质性的关于善的理论开始。即使我们没有说明它，当我们拥护那些原则时，我们也必然会依赖于一种复杂而又精致的善观念。泰勒把他的观点概述如下："在'善'意味着某种结果主义理论的主要目标的地方，在权利只仅仅是被其适用于这一目的的工具性意义所决定的时候，我们便必须坚持认为这种权利优先于善。但是，我们在这一讨论的意义上使用'善'的地方，在它意味着由一种定性区别，标明为更高的任何东西的时候，我们便可以说，其反面是这样一种情形，在某种意义上，善总是优先于……在有关它的解释中，善是让位于那些定义权利规则的东西的。"①

换言之，泰勒断言，程序的实践推理观念和道义论的正义观，援用一种弱的善观念。缺乏一种充分的善理论的广泛而且基本的定性区别，我们将没有任何方式去解释我们的道德直觉所指示行为和直觉的道德。在日常的道德生活中，虽然它们可能并不总是可以被明确或者清晰地被解释，但如果它们是不可解释的，或者如果我们被禁止运用它们，那么便没有任何东西可以被我们理解为道德的东西了。我们的道德直觉将缺少那种把它与诸如呕吐之类的粗野行为，进行区别的绝对品质；而那却是可辨别的人类自我身份与可辨别的人类自我身份叙述，二者统一的组成部分——它们将缺少任何与善观念之间的联系。

除了在讨论权利对于善的优先性时，泰勒的理论并没有明确地把罗尔斯作为他的批评目标，相反，他的立场是反对更为一般的和普遍的文化思想线索，如本能主义（naturalism）和功利主义。因此，人们甚至并不认为泰勒参与了社群主义者对于自由主义的批评。

显然，泰勒的一般结论与桑德尔和麦金太尔的那些结论具有很大的相似性。与桑德尔和麦金太尔一样，泰勒也声称，对于善的承诺或者对于善的取向，是自我身份的组成部分或者构成要素；此外，和麦金太尔一样，他也主张，人类生活只能根据它的叙述形式——对于个人走向或者离开善的过程的叙述——进行理解。另外，泰勒还认为——正像麦金太尔一样——作为某种合理计划，绝对的道德观念假定了这种人的观点以及有关

---

① Charles Taylor, *Sources of Self*, Cambridge, Mass., Cambridge University Press, 1989, p. 89.

人类生活的观念，因为只有这些观念才能为实质的实践推理观念留有余地，而这种推理又总是根植于具体的道德体验和特定的道德框架。泰勒也和麦金太尔一样认为，任何声称无须善观念或者善观念之间保持中立的道德理论或政治理论，都将发现其本身便陷入了某种实际矛盾之中，将被迫依赖于为其公开反对的对某种价值的承诺，并且主张某种程度的通则。

此外，我们可以从泰勒的观点中，看到某种根本意义上的社群主义道德框架观念和自我观念，这些观念更接近于麦金太尔而不是桑德尔的观点。因为在泰勒的观点中，任何充分的道德观念、自我概念及其叙述性的统一和实践推理观念，都必须承认道德框架或者定性区别的根本重要性；在一种文化中，所有这些框架在根本上都是公共的：它们可以被建立、保持并且只能通过一个语言共同体的成员资格而获得。这构成了某种对于利己个人主义的深刻攻击，但却是对它的哲学变体而不是实质变体的攻击，因为这等于是在批评那些道德和政治理论无视或者压制，对于所有的善观念以及建立在社会共同体基础上的自我概念的依赖，而不是批评它们无视那些在内容上有着强烈公共性的善观念。在这方面，泰勒也仍然接近于麦金太尔而不是桑德尔。当然，泰勒的这种社群主义变体，归根到底是他的自我概念的结果。

泰勒的人类自我概念产生的这样一种批评，适用于任何持有非实体的自我概念的政治理论；适用于某些利己个人主义的哲学观点；适用于任何道德主观主义的变体以及任何不援用善的理论的主张。但泰勒从来没有明确地指出罗尔斯的理论中存在这些错误。桑德尔和麦金太尔明确批评罗尔斯承诺了某种原子式的或者情感主义的自我概念，这种概念把自我看作是先于目的选择，以及在参与共同体之前而个性化的观念。按照泰勒的观点，这样一种自我身份将不依赖他对于善观念的选择；他的生活逻辑将没有叙述的逻辑；他的实践推理将是程序的；他的道德框架将没有任何基本的合理地位。总之，承诺了这种自我概念的任何人，都将被认为是承诺了某种形式的原子论或者利己个人主义。因为先验个性化的自我，在逻辑上先于并且在根本上独立于他们可以成为其成员的任何社会。简言之，这种概念是其在根本意义上对于自我的本质的非社群主义理解的必然结果。但必须注意的是，泰勒的著作并没有表明，罗尔斯在事实上或者必然承诺了这样一种自我概念。

根据泰勒的观点，任何道德的或者政治的理论，都必须依赖于一种明确的定性区别组合，以及一种有关人类本质的本体论说明。如果那一理论被认为是对于道德论争的一种贡献，它便将利用某种意义上必须是可描述的善；而且任何这样的描述都将包括某种试图说明为什么必须以那种理论所要求的方式来对待人类的理由。因此，泰勒的观点是非常值得重视的，即任何特定的有关公正地对待人的理论，都将包括某种人的观念；如果理论家准备在实质上承认某种相当普遍的有关人类本质的概念，以及他们生活的价值的话，这便是唯一可以为这样一种理论辩护的更为有力的双重主张。泰勒似乎是支持这样一种结论，罗尔斯的人的观念，可能并不是桑德尔所认为的那种观念。但尽管如此，他也必须依赖于某种特殊的人的存在论。似乎也可以认为，罗尔斯很容易受到泰勒对于程序的实践推理观念的批评。因为罗尔斯作为公平的正义，呈现在我们面前的就是原初状态下的推理产物；在那个状态中，不依靠某种善观念的知识是可以被允许的。但某种纯粹的程序正义观念又是十分危险的。①

根据泰勒关于道德评价与论争的论证，自由主义者主要是利用最少量的有关人类善的生活以及符合人类本质的评价性假定，来为他们自己辩护。实际上，泰勒赞同麦金太尔论证的主要之点，即自由主义通过禁止在政治中援用善的生活观念，将其与广泛理解的伦理或者道德领域分离开来。因此，自由主义必须利用构成广泛的自由主义伦理传统的善观念和普遍的人类存在论，它的政治观念仅是这种传统的一部分。

此外，泰勒认为，发展、保护以及保持人类作为公民的充分自律这一目标，大量地需要自由主义政治体系的支持，它要求一个有特色的自由主义社会的存在。这种观点来自于他对于作为自我解释的动物的人的理解。因为，在一个制度与文化都体现了作为自律的目的选择者的人的观念的社会里，这种动物只能是自律的目的选择者：它不可能有别的观念来源，并且以那种方式解释自己之所以成为那样的一种人。所以，近代自由民主社会的制度与实践，致力于保护其社会成员把自己看作是，并且也成为，其人际关系具有意志倾向的人，其身份有别于其他个人的人，能够自律地选择和修正自己善观念的人。

换言之，任何一个可以被看作是人类行动者的存在的人，都必须拥有

---

① Charles Taylor, *Sources of Self*, Cambridge, Mass., Cambridge University Press, 1989, pp. 87, n60.

某种意志并且能够体验这种意志，但这并不是一个人在根本的意义上把自己解释为自律的目的选择者的人的条件：它将仅仅会发生在一个适当的自由主义社会之中。据此可以得出两个重要的结论。第一，它意味着一个诸如自由主义的个人主义政治传统，一个强调每个人的权利是自由与平等量度的政治传统，并不一定要表达其对于保护权利的关注。例如，如果自由主义想要把那种体现个人主义价值的制度和程序，表述为纯粹的工具性事务，以及表述为个人为保护他们自己而反对他人的手段，那么他们便有可能弱化那种忠实于那些制度的感觉，但没有这些制度，他们将无法执行他们的工具性工作，由它而促成的社会也将失去它的一致性。简而言之，即使那些忠实于那些在内容上基本是个人的价值或善的人，也必须承诺要为那些个人主义价值的公共结构辩护。[①]

我们看到自由主义者承诺为之辩护的公共结构，是遍布于我们社会生活的要素，据此我们可以得出的第二个结论，即只有在相当宽泛的理解中，商谈模式以及诸多类型的公开论争才成其为"政治"结构。但是由此可能会令人误解的是，自由主义政治理论把它本身表述为某种东西，它可以不利用那些适用范围，远远超出政党政治领域的价值而加以论证，也可以作为一般意义上的自由主义社会秩序的一部分而得以实施。换言之，政治中的罗尔斯自由主义，可能只是作为某种更为一般意义上的建立和维护一个体现了相当特殊的人类善观念的社会计划的一部分才是可辩护的。如果泰勒是对的，那么罗尔斯自由主义自身将会发生改变。即使泰勒有关罗尔斯自我理解的观点是错误的，也会在很大程度上改变人们对当代自由主义的印象。

第四节　政治社群主义：沃尔泽与复合平等

迈克尔·沃尔泽（Michael Walzer）对罗尔斯自由主义的批评，在很大程度上与前文所考察过的另外三个社群主义思想家（桑德尔、麦金太尔、泰勒）明显不在同一层次上。与桑德尔不同，沃尔泽主要不是对罗尔斯的人的观念的批评；与麦金太尔和泰勒不同的是，他没有兴趣表述一个有关西方文化的宏大叙事，并且从这一说明中演绎出对于一般意义上的自

[①] 这是泰勒对于原子论表示担忧的最核心的一点，也是他自己对桑德尔有关罗尔斯自由主义批判的分析的分歧所在。

由主义和特殊意义上的罗尔斯自由主义的批评。他在《正义诸领域》(Spheres of Justice) 一书中提出的观点，主要集中于什么样的方法论适合于政治哲学这一问题上。沃尔泽试图论证，究竟应该怎样着手建构并且为一种正义理论辩护。更为特别的是，他集中关注的是，我们应该如何理解一种正义理论想要说明有关它的分配原则的那些善，从而对于他所认定的罗尔斯理论有关这一问题的理解进行批评。

沃尔泽拥有一种进行跨学科研究的惊人能力，他可以在社会学、哲学、历史学、伦理学与宗教研究的基础上进行哲学对话。他为正义、民主、社会批评、共同体与宽容等论题做出了重要贡献。沃尔泽并非传统意义上的政治哲学家。他并不像某些政治哲学家那样，首先提出关于正义的抽象标准或关于好生活的抽象理念，然后再将它们运用于人类共同体之中；相反他首先考察人类在其共同体之中进行道德决断的多元方式，然后再根据这些历史与社会的现实，形成自己的理论观念。[①] 高尔斯顿认为，"沃尔泽发展了一种独特的政治哲学方法，具体的而非抽象的，历史的而非永恒的，个人的而非空洞的。"[②] 沃尔泽力求使其理论适应现实社会，而不是使现实适应抽象的理论。他的理论并不反对历史或社会的哲学洞见，但他更强调应根据人们的"生活体验"来确定理论关注。

沃尔泽政治哲学思想的主题之一，就是探究在广泛的民族与国际背景之中，政治与文化共同体之间的张力，包括在像美国这样的多元民主社会中，共同体之间的再生关系。[③] 而且他试图表达自由主义理念（自由、平等、正义）与社群主义理念（共同体、公共责任、共同利益）在理论与实践

[①] "Philosophy and Democracy", in *Thinking Politically: Essays in PoliticalTheory*, ed. David Miller, New Haven, CT: Yale University Press, 2007, 1-21. 以及 "A Critique ofPhilosophical Conversation", in *Thinking Politically: Essays in Political Theory*, ed. David Miller, New Haven, CT: Yale University Press, 2007, pp.22-37. [美] 迈克尔·沃尔泽:《阐释和社会批判》，任辉献等译，江苏人民出版社 2010 年版。

[②] William Galston, "Community, Democracy, Philosophy: The Political Thought of Michael Walzer", *Political Theory* 17: 1 (1989): 119.

[③] [美] 迈克尔·沃尔泽:《论宽容》，袁建华译，上海人民出版社 2002 年版，第 30—35 页。以及 Michael Walzer, "Shared Meanings in a Poly-ethnic Democratic Setting: A Response", *Journal of Religious Ethics* 22: 2 (Fall 1994): pp.401-405。

方面彼此联系的方式。① 他的政治哲学思想的核心洞见包括：公共道德规范的根源，自由民主国家中的多元主义，自我在共同体中的本质，宽容在民族国家中的作用，以及共同体创造与支撑内在的社会批评的过程等。

共同体起初如何获得关于对错、好坏等道德规范的共享理解呢？这是沃尔泽反复提出的哲学问题。但他并没有将自己视为典型的政治哲学家，因为"他并不相信超然的、抽象的思想能够告知我们应如何进行政治性的行动"。② 他反对哲学家与其政治共同体之间的分离，反对维特根斯坦的观点，即"哲学家不是任何观念共同体的公民。那就是他成为哲学家的原因"。③ 相反，他主张，道德反思的出发点，应是既定共同体的成员对其道德世界如何运作的共享理解。在《正义诸领域》一书中，沃尔泽解释道："我的论点完全是特殊主义的，……着手哲学事业的一种方法——可能是最初的方法——是走出洞穴，离开城市，攀登山峰，为自己塑造一个客观的普遍的立场。于是，你就可以在局外描述日常生活领域，这样，日常生活领域就失去了它特有的轮廓而呈现出一种一般形态。但我的意思是站在洞穴里，站在城市里，站在地面上来做描述。研究哲学的另一个方法是向其他公民们阐释我们共享的意义世界。"④ 他选择了从事政治哲学的一种"阐释"的方法，反对他称之为"创造"和"发现"的方法。⑤ "创造"的方法是哲学家的典型方法，他们站在文化之上，试图通过理性的推理过程，创造某些或许无中生有的普遍规范。当这些被"创造"的规范外在地强加于某种文化时，不仅不能有效地发挥作用，甚至具有很大的风险，因为文化共同体无法认同或理解它们。也就是说，这些规范与共同体

---

① 沃尔泽在《论宽容》和《政治与激情》中详细讨论了政治共同体问题。美国是他关注的主要对象，他同时也讨论了全球共同体中的正义问题。[美] 迈克尔·沃尔泽：《论宽容》，袁建华译，上海人民出版社2002年版。M. Walzer, *Politics and Passion: Toward a More Egalitarian Liberalism*. New Haven: Yale University Press, 2005.

② M. Walzer, *Thinking Politically: Essays in Political Theory*, New Haven: Yale University Press, 2007, p. viii.

③ M. Walzer, *Thinking Politically: Essays in Political Theory*, New Haven: Yale University Press, 2007, p. 14.

④ [美] 迈克尔·沃尔泽：《正义诸领域：为多元主义与平等一辩》，褚松燕译，译林出版社2002年版，第5页。

⑤ [美] 迈克尔·沃尔泽：《阐释与社会批判》，任辉献等译，江苏人民出版社2010年版，第1—41页。

的公共生活并不相干，它们试图从某个中立的空间来创造和决定道德原则，但这样的中立空间并不存在。因为政治与道德的论证，是发生于具有现实利益与特定价值的群体之间的。即使假定这些哲学家可以创造某些相互耦合的道德原则，沃尔泽仍不相信他们可以重新回到自己的共同体之中，并有效地运用这些原则。因为他们所创造的道德原则太过抽象，过于远离他们试图影响的共同体的日常生活。"为什么应该为已经分享一种道德文化并讲一种自然语言的人们创造一些原则呢？"① 因此，沃尔泽反对像罗尔斯、哈贝马斯、布鲁斯·艾克曼这样的政治哲学家，他们的政治哲学目的在于，"创造对话式的结局、完整的论证以及一致同意的主张，而这些主张就是我们有义务承认的真实的价值或道德正当性。"② 他们所宣称的参与式的理想对话，实际上限制了政治参与者进行真正参与和讨论的能力，而且他们所宣称的思想实验与真实世界的道德冲突是完全不同的。对沃尔泽而言，不受哲学规划与预想方案束缚的对话，才是不断变化的政治与道德的真实对话。因此，他反对这些政治哲学家或英雄式的自由主义者，单纯从理性推理中创造某些道德语汇，进而导致一种脱离共同体生活的先验的道德或政治后果。③

沃尔泽明确反对的第二种方法是"发现"的方法。这种方法广泛存在于宗教思想家之中，这些思想家运用这种方法在神圣启示、自然秩序或自然法中"发现"了某些普遍的和客观的道德规范。这些"发现者"主张，他们的道德标准具有权威性，因为它们与自然的或神圣的终极现实相一致，因此，人们应该遵循这样的标准。对沃尔泽而言，"发现"的方式是不适当的。他认为，这些启示的道德标准可能的确有利于批评某个文化共同体，但随着时间的推移，这些启示的洞见会被同化进这个文化共同体的信念结构中，成为这种文化的历史与传统的一部分，进而它们就失去了

---

① [美] 迈克尔·沃尔泽：《阐释与社会批判》，任辉献等译，江苏人民出版社 2010 年版，第 16 页。

② M. Walzer, *Thinking Politically: Essays in Political Theory*, New Haven: Yale University Press, 2007, p. 22.

③ 但金里卡认为，沃尔泽的方法与柏拉图、康德或罗尔斯的方法并无本质不同。康德和罗尔斯也是"居住在文化的洞穴里"，在文化上也可以获得关于绝对命令和公平观念的共享理解。他们的差异并不在于哲学事业始于何处，而在于终于何处。参见 [加] 威尔·金里卡《自由主义、社群与文化》，应奇等译，上海译文出版社 2005 年版，第 68 页。

批评某些新的或未知的非正义的能力。更为严重的是，这些启示的掌控者，可能运用这些规范去摧毁甚至粗暴的压制特定共同体所持有的"厚重的"价值。[①] 因此，沃尔泽反对哲学家和神学家的这种普遍化倾向，他们试图运用源于某些所谓客观的"阿基米德支点"来超越和判定每一个特殊的共同体。

"创造"和"发现"的方法都是不充分的，因为它们都没有诉诸真实的社会生活世界。在沃尔泽看来，"创造"或"发现"的道德规范的根本问题，就是它们都回避了"阐释"的责任。他写道，"对我而言，日常生活的世界就是一个道德的世界，我们最好先去研究它内在的规律、箴言、惯例和理念，而不是将我们自己从中分离出去以寻求一种普遍的或超然的立场。"[②] 他倡导，道德反思包括社会批评的过程应该运用第三种方式："阐释"。政治哲学家运用这种方式，可以理解共同体创造、解释和捍卫它们自己道德规范的复杂过程。伦理与政治的价值总是与特定的文化紧密相关，并不是与某种关于人性或正义的先验概念相关。"道德思考没有任何其他出发点。我们只能从所在的地方出发。可是，我们所在的地方总是有价值的某个地方，否则我们绝对不会在那里生活。"[③] 沃尔泽将价值视为"彻底的特殊主义的"，总是根源于特定的共同体的，这也是为什么他总是被错误地视为社群主义者的原因。

沃尔泽主张一种批判性道德（在一定程度上是普遍化的道德），但他也认为一切地方化的解释都是适当的，这两种认识之间存在着张力。高尔

---

① [美] 迈克尔·沃尔泽：《阐释与社会批判》，任辉献等译，江苏人民出版社 2010 年版，第 5—9 页。这种主张得益于沃尔泽的犹太人出身，他的主张明显是哲学化的，但他的犹太成长经历明显影响了他所关注的哲学问题。这种影响可以参见 M. Walzer, *Exodus and Revolution*, New York: BasicBooks, 1986. 以及 M. Walzer, *Law, Politics and Morality in Judaism*, Princeton: Princeton University Press, 2006. 高尔斯顿认为，犹太人的历史在沃尔泽的思想中占据着一个重要位置，它提供了沃尔泽关于共同体的基础性观念，参见 William Galston, "Community, Democracy, Philosophy: The Political Thought of Michael Walzer", *Political Theory* 17: 1 (1989): p.120.

② M. Walzer, *The Company of Critics: Social Criticism and Political Commitment in the Twentieth Century*. New York: Basic Books, 1988, p. ix.

③ [美] 迈克尔·沃尔泽：《阐释与社会批判》，任辉献等译，江苏人民出版社 2010 年版，第 20 页。

斯顿建议了三种方式来缓解这种张力。首先，沃尔泽反对"空洞的普遍主义"。① 内格尔认为，每个人都有能力从"本然观点出发"，尤其是"从某个超越客观性的地方"观察世界；同时，每个人也都有一种内在的、个人的视角来看待世界。这些视角都是重要的。虽然它们并不一定总是协调一致，但有时是整合在一起的。沃尔泽的观点与之有些类似，他认为，普遍性并不是建立在一种超验的客观性之上的，而是"经验的共性，我们是这一类存在物并在这一类情境之下发现我们自己。"② 其次，高尔斯顿认为，沃尔泽的方法论与古典哲学方法并非完全不同。"柏拉图也是在洞穴里开始他的洞穴理论，并走出洞穴的。这是一种运动，从共同体之中观察生活，再到对那个共同体道德生活中所存在的矛盾的观察。从那种观察出发，社会批评来自这个共同体之外。"也就是说，沃尔泽和柏拉图采用了同样的过程，但柏拉图是以"客观性"为基础的，而沃尔泽则不然。但两者的效果是一样的，社会批评源于并以社会的与公共的价值为基础。第三种方式是考察沃尔泽的基本假定与承诺，即"对理性与一致性、公共说服以及通过非暴力的手段解决社会差异的承诺。"③ 古典哲学也具有这样的承诺。沃尔泽认为，"道德律令包括那些我们共同认同的普遍原则，即使我们不能或不愿遵守它们时也是如此。"④ 社会批评的责任，就是指出共同体中的哪些文化不符合它们自己的道德律令。"战争的道德世界是共享的，并不是因为我们达致了同样的结论……而是我们必须这样行动，它们是一种可能的（实际的）道德生活的条件。"⑤

在一定意义上而言，方法论问题是《阐释与社会批评》《批评家群体》中的主要论题，我在上文中已经有所涉及。在《正义诸领域》中，

---

① William Galston, "Community, Democracy, Philosophy: The Political Thought of Michael Walzer", *Political Theory* 17: 1 (1989): 126. 在此，高尔斯顿指的是内格尔的道德观。参见 Thomas Nagel, *A View from Nowhere*, New York: Oxford University Press, 1987。

② William Galston, "Community, Democracy, Philosophy: The Political Thought of Michael Walzer", *Political Theory* 17: 1 (1989): 126.

③ William Galston, "Community, Democracy, Philosophy: The Political Thought of Michael Walzer", *Political Theory* 17: 1 (1989): 127.

④ [美] 迈克尔·沃尔泽：《正义与非正义战争：通过历史实例的道德论证》，任辉献译，江苏人民出版社 2008 年版，第 xxvii 页。

⑤ [美] 迈克尔·沃尔泽：《正义与非正义战争：通过历史实例的道德论证》，任辉献译，江苏人民出版社 2008 年版，第 xxix 页。

第五章 社群主义的类型及其对罗尔斯的批评

沃尔泽已经提到他采用了与当代政治哲学家不同的学科方法。在这本著作的最后几章中,他也提到了政治哲学家和政治哲学在共同体中的角色与地位问题。此外,"哲学与民主"和"自由主义与区分的艺术"两篇论文也对这个问题进行了论述;《正义与非正义战争》中运用历史事例的道德论证,也是对方法论问题的一种表达。但在这些论著中,方法论只是一个次要主题,直到20世纪80年代后期,沃尔泽才开始专注于政治哲学家应如何进行研究和理论论证的问题。

在这里,我不想重复沃尔泽在社会批评中的立场。我想讨论的是:是什么影响了沃尔泽将"阐释"作为研究政治和道德哲学的最好路径。就像我已经说过的,沃尔泽在早年主要受到三种智识传统的影响:研究生时期的历史化的理想主义、《异议》和《新共和》杂志的激进民主传统以及伦理与法哲学学会的分析哲学传统。他强调社会批评比抽象的道德主义更可取,也是由于受到这些思想传统的影响:一是研究生时代他对历史的研究,二是他对美国新左派的愿景和问题的研究。换言之,从沃尔泽身上我们可以看出,我们的政治承诺影响着我们关于应该如何进行理论研究的观念,而且这些政治承诺大多早于对理论的研究。因此,沃尔泽关于方法论的立场明显受到了《异议》杂志的影响。

历史化的理想主义和美国激进民主传统,已经影响了沃尔泽关于社会批评和阐释路径的观念,而后者是一个更为有力的激发因素。在《阐释与社会批评》的第二章和整个《批评家群体》中,沃尔泽都主张,"尽管只有很小的批评距离,社会批评家仍然可以进行激进的批评",美国激进民主对这种观点产生了决定性的影响。作为《异议》和《新共和》杂志的编辑和撰稿人,沃尔泽无疑会相信,专注于美国政治生活以及成为共同体的积极成员是完全可能的,而且同时对共同体进行激进的批评也是可能的。

关于第三种影响,即通过伦理与法哲学学会而受到的分析哲学传统的影响,这种影响在这个时期主要是消极的。沃尔泽将分析政治哲学所使用的路径视为"发现和创造"的路径,并将内格尔视为典型的"发现者",将罗尔斯视为典型的"创造者"。沃尔泽反对这两种路径,并认为它们既是不必要的也是不充分的。"我们已经生活在一个道德世界中,因此,我们不需要重新再去创造或发现一个道德世界。而且,即使我们发现或创造了一个道德世界,我们也必须去阐释它。"因此,阐释是无论如何也不能回避的路径。

事实上，还有第四种传统对沃尔泽产生了影响，即犹太传统。从其论著中，我们完全可以看到沃尔泽对犹太历史的浓厚兴趣，这并非一种巧合。因为沃尔泽的犹太人出身，在他成为一位政治哲学家之前，就已经影响了他关于"阐释的不可避免性"的观念。

此外，这种方法论也是使沃尔泽看起来像社群主义者的原因之一。沃尔泽的很多著名观点，都包含了他的这种方法论主张，如，政治哲学家应该而且能够阐释他们共同体的价值；每个共同体都在发展它自己的道德世界；正是因为每个统治阶级都必须将自己呈现为一个普遍的阶级，因此会保留其虚伪性，这样一来，社会批评家就能够对其进行激进的批评。就方法论而言，沃尔泽似乎是一位社群主义者，但他是情境化的和平等主义的社群主义者。

正是沃尔泽的特殊方法论表明，正义必须是文化特殊性的原则这一观念，决定了其对于任何体现普遍性的政治理论的敌视。此外，和桑德尔一样，沃尔泽也谨慎地提供了特殊的论证，并且引证罗尔斯的理论，以便验证罗尔斯自由主义在其方法论上不是充分特殊性的。所以，我们可以清楚地感受到，沃尔泽的著作是以善为导向而不是以人为导向的。他从没有提及支撑他所反对的罗尔斯理论的人的观念，而是专注于特定的善对于它所要分配的人的意义。这可能暗示着他的方法，最好被看作是对于罗尔斯理论分配方面的关注，而不是强调对于个人自由与共同体之间关系的关注。然而，如我们将要看到的那样，沃尔泽集中关注于诸善与适应于其分配的原则，其中包括一个有关作为价值来源的共同体的重要性的主张，以及由此而得的有关共同体对于个人的优先性的主张。他批评的关键要素可以换一种方式来叙述，即把它们与某种人的观念，以及什么是他们的利益或者福祉所在这一点更为直接地联系起来加以叙述。此外，十分清楚的是，沃尔泽持有异议的关于罗尔斯有分配问题的前提假定，在事实上是罗尔斯对个人自由特别关注的结果——集中体现在他所反对的在政治领域中对于善观念的援用。

沃尔泽通过种姓社会的实例，表达了他有关尊重社会意义的一般方法论。也就是，不同的物品应该根据不同的理由分配，因为这一点对于一个种姓社会来说，它们的意义并不是特别清楚。相反，"……这一制度是由各种意义的超常整合构成的，声望、财富、知识、职务、职业、食物、衣服，甚至对话的社会善：所有这些都从属于知识的以及等级制度的自然戒律。而等级制度本身又决定于仪式的纯正这一唯一的价值……诸社会意义是重叠的和一致的。"① 换言之，沃尔泽的理论之所以向我们暗示分配原则的差别，这仅仅是因为他错误地认为，我们的社会意义向我们承诺了这种差别，可是在一个种姓社会里，事情将不会是一样的。当然，沃尔泽完全能够认识到，在这样的社会里，支持普遍的和系统的不平等的意义，可能在事实上并不是共享的，较低种姓的社会成员可能在实际上感受不到愤怒和不平。在那种情形中，正义也将需要对他们的理解的关注，因为"社会意义不必是和谐的"，并且在某些时候"只是提供用于讨论分配的知识结构"。② 但是，批评的基础将仍然是"本土化的"（local），是那个社会本身的意义所固有的，而不是对任何外在的和普遍原则的诉求；如果这种意义在事实上为那个社会的所有成员所承认，那么批评的基础就将在根本上不复存在。

沃尔泽在《正义诸领域》中表现出了明显的相对主义主张，这一点也招致了大量的批评。他晚近的著作《解释与社会批评》（Inepetationand Social Criticism）、《批评家群体》（The Company of Critics）以及《厚与薄》（Thick or Thin）仍然坚持对于特殊性和文化意义的关注，而这种特殊性和文化意义并不足以使其免受尖锐的社会批评。严格地说，他的论证所涉及的，与其说是拒绝这种社会批评本身，莫不如说是拒绝这种批评可能被适当地构思和表达的特定方式。这种批评是"内在的"还是"相关的"，至关重要的，在于是否承认它与其试图说明的那种文化之间的关系，而不认为它来自于与那种文化相分离的外在的和普遍的优势的观点。在我们的道德信念引导我们拒绝另一种文化的实践的情况下，即使我们不得不诉诸于那些对于他们的实践几乎没有意义的原则，我们也仍然能够证明，阻止他们承诺于自己的社会意义是正当的。

就人们自己的文化而言，作为社会意义理解的政治理论，不仅仅与激进社会批判的可能性是一致的，而且在某种程度上引发了社会批判。即使人们同意马克思的社会意义是"统治阶级的观念"的主张，那些观念也必然要为批评策略留有余地。马克思有关每一个统治阶级，都被迫把它自

---

① Michael Walzer, *Spheres of Justice*, New York: Basic Books, Inc., 1983, p. 27.
② Michael Walzer, *Spheres of Justice*, New York: Basic Books, Inc., 1983, pp. 313-314.

己表达为一种全人类的阶级的评论,也使得批评有了某种持久的可能性。统治者的这一自我表白是知识分子精心制作的。他们的工作就是辩护,但是这种辩护是一种交给未来的社会社评家作为抵押品的辩护。它设定了统治者无法实践的诸多标准,这些标准本身体现了统治阶级的标准……人们可能会说,这些标准本身体现了统治阶级的利益,不过它们仅仅是在一种普遍主义的伪装下体现这些利益的。它们也体现了较低阶级的利益,否则那一伪装将是不会令人信服的。作为其成功的条件之一,意识形态倾向于普遍性。①

意大利人安东尼奥·格拉姆西是一个马克思主义者,他第一次把这种社会批评家的这一理解表述为"相关的"。他论证说,为了建立支配从属团体的和谐一致的知识的与道德的领导,统治阶级必须对那些团体做出某些牺牲。因此,统治观念将不可避免地包含着矛盾,他敦促那些激进的批评家们发起"一个变异的过程,感受原有的意识形态曾经拥有的那些要素的相对重要性。以往是第二位的和从属的那些要素……现在被看作是主要的要素,并且成为新的意识形态与理论复合体的内核"。与列宁和那些布尔什维克形成鲜明不同的是,其理论框架与他们用这种理论所塑造的社会很少或者根本没有联系,格拉姆西主义的社会批评可以被理解为对已然存在于那种文化中的观念的复述,把到目前为止潜在的东西引到前台。

沃尔泽这一论证线索首先表现出来的是,他以为"社会意义"是随意的,并且无限地从属于解释的东西。任何具体的文化都将包含着各种不同的甚至是矛盾的概念线索,政治理论家的任务就是尽可能地使它们成为统一的整体。社会意义,在表面上看,绝不是封闭的,而且同样为辩护者和批评家提供了资源。这反过来又暗示着,政治理论家的任务,要比仅仅是"读出"他们自己社会中各种物品的意义更具创造性。这也说明,一种基于方法论的解释方式并不必然是保守的。尽管它——更为通常的是与文献研究相结合——提出这样一些困难的问题,究竟是什么使一种解释比另一种解释更佳——也就是,我们要根据哪一种标准对于辩护者与批评家提供给我们的不同解释做出选择?——对于政治理论家任务的这一理解至少包括,他不只是手持一面朝着那个社会及其现实实践的镜子。例如,在

---

① Michael Walzer, *Interpretation and Social Criticism*, Cambridge, Mass.: Harvard University Press, 1987, p.41.

第五章 社群主义的类型及其对罗尔斯的批评

我们的社会里可能有一种普遍的观念,即家务事或者照顾孩子是一种由妇女来做并且没有工资的善,但是批评家们可能会指向另一种在我们文化中意味着另一种分配原则的以平等为基础的线索。进而建议说,如果改变我们当前的实践,我们可能在总体上更加符合我们的社会意义。

沃尔泽也没有否认通过援用我们自己的价值观而批判异质文化的可能性。在《正义诸领域》中他解释说,对于我们来说,最合适的是要尝试说服那些人们相信,支持种姓制度的那些理论在事实上是错误的。这表明,他的相对主义并不是如此的极端,以至于想取消任何我们能够据以评价我们文化的社会意义的基础。他所反对的并不是试图说服其他文化改变他们自己的理解,而是在没有改变它们的情况下而践踏那些理解。在这里,我们或许可以看到对于沃尔泽观点的诸多理解,这些理解虽然削弱了他的观点但却是合理的。似乎说服一个人以不同的方式理解事物的条件之一,便是说某事对于那个人来说是可理解的,某事对他来说是有意义的。但是,在那种情形下,如果这些被看作是要标明可理解的事物的边界的话,一个人的社会批判显然有必要诉诸于他自己文化的"社会意义"。如果一个人试图使某人相信一种绝不可能融入其现实信仰的价值体系,他将完全无法使其了解这个价值体系的意义,他看起来似乎完全是胡说八道。即使我们认为这一特殊的理解使得沃尔泽的主张过于软弱,而无法成为一个引人注意的主张,因为它现在还原为这样一种观点,在没有说一种可以为其理解的语言的时候,一个人无法改变另一个人的意愿,一种高度合理的看法是,一个人的成功改变将与其诉诸于已经存在于他的文化之中的观念的程度密切相关。那种批评必须在某种弱的意义上与之"结合",以便真正地成为可理解的,但更有可能的是,如果一个人在实际上改变了人们的意愿,可能存在着某种更强有力的必要结合。

此外,在《解释与社会批评》中,沃尔泽论证,即使是那种说服并且由此诉诸于对另一种文化的潜在理解的尝试已经失败,也还有正当的理由去干预另一种文化的实践。因为他设置了"一种最低限度的普遍道德准则"[1],作为达到某种家园的过渡场所,一种为厚重构成的道德文化而准备的法则,构成了一种基本道德框架。它虽然由于过弱和过于简单,而无

---

[1] Michael Walzer, *Interpretation and Social Criticism*, Cambridge, Mass.: Harvard University Press, 1987, p. 24.

法提供人们需要知道的应该如何生活的细节，但仍然被理解为对于共享意义的准文化约束。这种最低限度法则的有效性来自于这样一种事实，即在普遍的意义上，那些没有注意到它的社会，必定是极少的特例。但是，当它们没有注意到这一法则的时候，其他社会对其加以干预进而阻止它对于这一道德法则的违反，便可能被证明是正当的。

沃尔泽列举了西班牙人在中美洲的例子，他们有些时候声称要代表天主教讲话，有些时候只是代表自然法。要知道，他们对于自然法有着某种天主教的理解，但是他们反对人祭，却仍然有可能是正当的。例如，不是因为它违反了正统的教义，而是因为它"违反了自然"。可是，阿兹特克人（the Aztecs）大概不理解，这一论证并不具有与有关基督的血液与身体的论证同等程度的客观性，如果不是由于那种信仰，它可能已经与那些牺牲者的情感很好地联系在一起。①

沃尔泽似乎在暗示，很有可能在阿兹特克文化中，发现这种最低限度法则的痕迹。而且，并不是那个社会的所有成员，都真正地分享体现在人祭实践中的那些理解。在那一意义上，社会批评家可能认为他自己是诉诸于那一文化中当前处于从属地位的线索。但沃尔泽显然认为，在最低限度的法则的名义下的干预，在这里被理解为自然法，在任何情况下都将被证明是正当的。如果我们感到一种基本价值，正在受到某种异质文化的成员的破坏，那么即使那些破坏者无法理解我们的理由，我们也可以在道德的意义上证明，我们以行动阻止那种破坏是正当的。在社会意义已经穷尽的地方，在使我们自己能够为人理解的基础不再可靠的地方，我们无法再去寻求去说服别人。但是，在某些场合下，那些危急问题的严重性可能仍然证明干预是正当的。

此外，还有一个更进一步的可能的跨文化原则，这是沃尔泽分析中所暗示，但却没有明确说明的。他似乎并不认为它是那种最低限度法则的一部分，即使没有与那种文化自身的自我理解联系在一起，似乎也可以产生一种我们据以批评另一种文化的基础。一种支撑沃尔泽意义本位方法论的原则，是对于人类观点的适当尊重。这一原则引导我们倡导通过说服的方式改变社会，包括作为可理解性前提与成功前提的批判和文化批评的必要

---

① Michael Walzer, *Interpretation and Social Criticism*, Cambridge, Mass.: Harvard University Press, 1987, p. 45.

第五章　社群主义的类型及其对罗尔斯的批评

整合，而不是简单地践踏现存的社会意义。回想一下他的修辞学的问题："凭借哪些特征我们相互之间才是平等的？首先有一种特征是我论证的核心。我们（我们所有人）都是文化的创造者，我们创造并且生活在意义的世界里。"① 因为尊重那种文化特殊性的基础，是这样一种原则，即我们都是平等的文化创造物，这一原则导向了他的理论中的相对主义线索。我们可能认为，我们对于其他文化的行为方式的尊重，没有必要扩展到那些并不承认这一原则的文化之中。如果一个社会不能允许人们平等地创造他们赖以依存的文化结构，那么来自于沃尔泽论证的这一观点，似乎只能证明干预的正当性而不是约束的正当性。

　　沃尔泽的有关过程的观点遇到了许多困难。我们如何能够知道，是否某一团体的人们被排除于这一文化创造过程之外？所谓发生在那些贱民身上或者原教旨的穆斯林社会里那些发生在妇女身上的事情都是正当的说法，难道是对种姓制度的合理分析吗？似乎，我们无法去问人们，对于我们所以为的排斥，他们又是怎么想的。因为他们对于自己地位的接受与承认，既可以被解释为他们没有受到排斥的证据，也可以被解释为他们在很大限度上从他们被阻隔在外的建构中内化为某种身份的证据。我们可能倾向于认为，有着平等地位的人们，在文化创造过程中，将从来不会创造一种使他们处于从属地位的文化，也不会怀疑那些被认为的劣等人必须被排除于这一创造过程之外。但是，这或许是错误地或者不公正地应用了我们自己有关人们怎样做才是合理的观念。在某种程度上，沃尔泽的反普遍主义以及尊重文化特殊性的主张，恰恰是寻求避免这种错误。

　　尽管由相对主义问题引发的诸多困难是难于解决的，但是似乎沃尔泽提供的这两点，至少有关跨文化批评原则的建议，存在于某种有关人的观念之中。沃尔泽对自由主义与社群主义之辩的贡献，是对于物品的特别关注而不是对于人的关注。不过，值得强调的是，他的理论可以被理解为是以某种有关对于人们来说是重要的独特性这一问题的理解为前提的。

　　从沃尔泽所支持的特殊方法论之中，我们可以理解他把那种方法论应用于当代社会时所体现出来的实质正义理论，即一种"适合于有差别实质"的理论。沃尔泽论证的这一实质正义理论的要点，即"不同物品根据不同的理由"进行分配。根据沃尔泽有关我们社会中生产和分配的物品

---

① Michael Walzer, *Spheres of Justice*, New York: Basic Books, Inc., 1983, p. 314.

的社会意义的解释，那些意义是清楚的；并且当意义清楚的时候，分配必须是自主的。可以说，每一种社会善或者每一组物品构成了一个分配领域，在这个领域里，只有某些特定的标准和安排是适当的。如金钱在教会职位的领域里是不适当的，它是来自另一个领域的闯入；根据人们对市场的通常理解，虔敬在市场中应该也没有任何优势。① 把金钱转换到教会职位"领域"之所以是错误的，在于它侵犯了两种不同善的社会意义。应该说明的是，这与我们所讨论的沃尔泽的特殊方法论是联系在一起的。尊重文化特殊性，要求关注一个共同体理解它的物品的方式，以及这种物品所负载的适合于它的分配方式的含义。如果一种物品被换成意义不同的另一种物品，那么便是对于那种相关文化结构的侵犯。

因此，沃尔泽正义理论的核心关注在于，一种根据物品自身的意义对它们加以分配的主张。与其说他关注的是一个又一个被考虑的物品分配，倒不如说是防止它们之间的交换。因此，资本主义社会之所以不正义，与其说是金钱的不公平分配，不如说是金钱能够为它的所有者带来属于不同分配领域的物品这一事实，诸如卫生保健或者教育。用沃尔泽的术语，它之所以是错的，就在于金钱是一种"支配的"善，一种对其他诸善实行统治的善。关注金钱的更为平等的分配，而不关注防止它与其他物品之间交换的分配方式，就是追求"简单的"而不是"复合的"平等。

让我们试着从沃尔泽对于"支配"与"垄断"的区分开始，来澄清这些术语的意思："如果拥有一种善的个人，因为他们拥有它，便可以支配大量的其他物品，我便称这种善为支配的。无论什么时候，一个单个的男人或者女人、一个等级社会的君主——或者一群男人和女人、寡头——成功地拥有一种善以反对所有的对手，这种善便是垄断的。支配描述了一种不受物品内在意义的限制而使用物品的方式，或者根据它自己的想象构造物品的意义的方式。垄断描述了一种拥有或者控制社会物品以行使其支配权的方式。"② 这一区别，使他能够对两种有关正义的主张加以区分：首先是支配的善，无论它是什么，应该被再分配以便它能够平等地或者至少更广泛地为人们所共享（这等于是说垄断是不正义的）的主张；其次是全部社会物品的自主分配方式，应该是开放的主张（这等于是说支配是不

---

① Michael Walzer, *Spheres of Justice*, New York: Basic Books, Inc., 1983, p. 10.
② Michael Walzer, *Spheres of Justice*, New York: Basic Books, Inc., 1983, pp. 10-11.

正义的)。沃尔泽的论证适合于后者而不是前者,也就是物品的自主分配,与每一种物品的特殊意义相一致的分配,而不是有关无论什么恰巧成为支配的善的更为平等的分配。

不同的善应该根据不同的理由加以分配,以及我们应该防止意义有别的诸善之间相互转换的想法,在直觉上具有很大的合理性。始终存在某种我们社会不允许的特殊转换,例如,我们不允许人们买卖选票或者官职。同样,也有一些善,如教育与卫生保健,我们倾向于认为它们是如此重要,与直接商品有着如此本质的不同,以至于它们不应该根据购买力来加以分配。我们可能会觉得,富人购买优良的或者更快捷的卫生保健的能力,与他们购买优良的或者更快速的小汽车的能力相比,有着某种更大的不公正。当然,即使沃尔泽的主张,来自于他对我们共享的社会意义的解释而得出的实质结论,但它们没有某种特定的自明合理性。一种切近这一论证的方式,是思考一下如果有一种平等的资源分配的话,不同诸善之间的转换是否会消失。假设每一个人都拥有等量的金钱,我们还会认为人们把金钱用于卫生保健有什么问题吗?不应该由他们来决定如何配置他们的资源吗?如果他们更喜欢度过一个奢侈的假日,或者购买一部电视卫星天线,而不是得到健康保险,这似乎都是他们自己的决定。或许,促使我们以别的方式思考的,并不是有关卫生保健的任何东西都不能用金钱购买,而是某种对于人们应该平等地获得医学治疗的关注,以及金钱分配的现实平等不利于这种权利;或者用另一方式来说,这种购买力的不平等分配,将意味着卫生保健的分配,反映的并不是个人的自由选择,而是被扭曲得有利于富有者。在资源平等的状态下,卫生保健分配,将真正地反映个人有关他们将如何花掉他们的金钱的选择,那里将存在着平等机会,而且在那种情形中,允许这种交换似乎在原则上并没有什么错误。

这种在根本上有关个人为自己做出选择的自由的论证,可以扩展到更为极端的情形。我们倾向于认为,不应该允许人们出卖他们的肾脏以换得金钱。但是,如果一个特定的个人宁愿要一定数量的现金而不要肾脏,而另一个人宁愿要肾脏而不要那笔现金,我们又有什么理由去阻止他们双方做他们愿意的事情呢?我们的即刻反应就是,认为没有任何人可以真正自由地选择出卖他的肾脏;他一定是走投无路了,为贫穷或者类似的环境所迫,去做某种他并不真正愿意做的事情。在经验的意义上,这无疑是一种不可抗拒的情形。但是,我们可以想象这样一种情形,一个已经足够富裕的人，通过出卖他的肾脏可以获得足够的金钱，以购买他一生向往的钢琴。如果那就是他的选择的话，他为什么要受到阻止呢？

笔者的意思并不是说这种问题没有答案。个人自由与自由市场之间的关系，是一个相当大的问题，那些怀疑后者的人们仍然有许多论证需要他们来处理。一种选择要成其为"自由的"，做出那一选择的人就必须拥有足够的信息吗？或许我们可以根据这样的理由，个人没有能力断定他们患病的真实可能性，因此购买较少的保险将是理性的，证明卫生保健远离市场是正当的。难道这就意味着，如果一个选择是"理性的"才是唯一自由的吗？[①] 那么又由谁来决定它是理性或者不是理性的？或者它可能是这样一种情形吗——大量的由个人做出的自由选择，集合在一起产生了任何人都不希望的无意识结果。如果是的话，在另一方面对于个人自由的限制，可能会被证明是正当的。总之，沃尔泽有关阻止有着不同意义的物品之间交换的主张，涉嫌限制了个人去做他愿意做的事情的自由。

至关重要的是，尽管我们可以选择对它做出详细说明和限定，而且不同种类的自由主义者，在他们的政治理论中使市场适应于不同的角色，但自由主义与市场之间关系的一般形态应该是清楚的。那种人们应该自由地做出有关他们如何拥有自己生活的决定的主张，与之完美相伴的是以自由交换为基础的经济体系。事实上，还有许多更为复杂的论证，它们主张市场决定价格的方式，作为一种满足需求的功能，具有这样一种巨大的优点，即不用涉及任何有关特定物品价值的实质判断，而是简单地反映由那种经济体系中各不相同的人们给予它们的相对价值。于是，在某种意义上，也是根据某种资源平等分配的假定前提，自由市场可以被认为是体现了反至善主义的线索，或许是在各种善观念之间的中立，在我们看来至少是某些自由主义思想线索的核心。[②]

沃尔泽的实质论证，阻止自由交换——对此，按照诺齐克的说法，我们可以称之为同意的成年人之间的自愿行为——以不同分配领域的自主名义，涉嫌以值得怀疑的物品的"社会意义"的名义践踏了个人的选择。

[①] 有关自由概念的不同理解方式的经典论文，特别是思考这一概念与合理性之间的关系的论文，是柏林的《两种自由概念》。

[②] 关于这一点的充分讨论可参见 Michael Walzer, "Liberalism and the Art of Separation", Political Theory, 1984。

第五章 社群主义的类型及其对罗尔斯的批评

因为那一"社会的"效力是要提醒我们，那些意义必然是被创造的并且是被公共理解的，这暗示了某种明显的共同体超乎个人的优先性。沃尔泽十分明确地说，他提醒我们要尊重的"人类观点"，并不是可能得到某种粗暴反应的"这个或者那个人"的观点："我的意思是，作为个人心智反映的那些更为深刻的观点，也是由个人思想塑造的，是构成我们公共生活的社会意义。"[1] 自由主义通常关注保证个人追求自己生活方式的自由，在其看来，在社会文化内部存着关于诸善的社会意义实际是什么的真实的和有意义的分歧。人们对于应该如何度过自己的生活以及特殊的诸善应该如何分配没有达成一致。这其实是现代先进工业社会的某种精确的经验性的写照。在这种环境下，那种人们应该自由决定他们应该如何度过自己生活，以及他们应该如何利用自己的资源的理论，看起来可能特别有诱惑力。而一种反至善主义的政府和自由市场，可能被认为是体现了这种理论的社会制度。

作为对罗尔斯自由主义的社群主义批评，沃尔泽的实质正义理论更多地依赖于他有关社会正义理论的方法论论证。由于他在罗尔斯那里看到的和批评的，大体上是任何没有看到文化背景特殊性的政治理论模式，而这种理论又必须应用于那一文化背景。简言之，正是罗尔斯对于基本善的强调，以及由此导致的附着于其结论的普遍化范围的表象成为沃尔泽所批评的谬误，那就是任何正义理论本身都必须以对其分配有争议物品的特殊社会意义的解读为基础。否则，就是没有尊重民主价值，并且在任何具体的社会条件下毫无用处。

使沃尔泽的方法论批评具有社群主义偏见的东西，是它给予社会意义的核心地位：物品分配不可能是在远离对于那些物品的特殊意义把握的情况下来决定的，而那些意义又是内在的社会的——创造、产生和保持这些意义的是共同体及其实践和制度，而不是任何个人的思想和行为。因此，沃尔泽的著作，便以某种个人与共同体关系的观念为前提，以某种公共结构重要性的观念为前提，也因此以某种公共实践与制度固有价值的观念为前提，这使他更接近于麦金太尔与泰勒。其中最突出的是，沃尔泽关于作为文化创造的生灵的人类的想象，完全是泰勒关于人类自我解释的动物的主张的翻版。

沃尔泽是一位多元主义者，主要表现在两个方面：首先，在《哲学与

---

[1] Michael Walzer, *Spheres of Justice*, New York: Basic Books, Inc., 1983, p.320.

民主》《自由主义与区分的艺术》和《正义诸领域》中，沃尔泽都明确主张，应尊重不同社会的历史传统；以及在《正义与非正义战争》《国家的道德身份》等论著中，他都提到，应尊重不同社会与政治形式的多样性；尊重每个共同体按照自己的意愿自我组织的权利，以及共同体应允许其成员在自我意愿的情形下自由退出。这种意义上的多元主义，使沃尔泽看起来更像是一位社群主义者，他不断强调"政治共同体是这种事业的合适背景"，[1] 不同的政治共同体根据共同体的价值，具有不同的分配标准。这种类型的多元主义显然是社群主义的，可以称之为外部多元主义，它与沃尔泽对成员资格以及正义多样性的思考紧密相关。外部多元主义非常重视这种观念，即共同体在培育自我认同方面所具有的重要意义，它也是沃尔泽对民主和集体自决权进行辩护的一部分。就像沃尔泽在《哲学与民主》一文中所指出的，外部多元主义是重要的，因为我们重视民众参与政治决策的权利。即使某个特定的政治问题存在"哲学上正确的"解决方法，民众也有做出错误决定的权利。外部多元主义可以视为对共同体权利的尊重，或者对民主尊重的一种形式，它本身建立在个人参与政治的权利基础之上。这些论述就是沃尔泽对外部多元主义所做的辩护，也部分解释了他对"社群主义者"这个标签不大认同的原因。[2]

沃尔泽的这种外部多元主义主要体现在《正义诸领域》一书中。在这本著作中，沃尔泽特别探究了特定的历史共同体创造与塑造正义观念的方式，这种方式与其内在的文化规范相一致。他提出了一种包含"领域"的复合平等的正义观。沃尔泽观察到人类共同体中存在诸多不同的社会善、分配这些善的诸多方式、创造和接纳这些善的不同主体，以及衡量和分配这些善的诸多标准。因此，我们不应寻求某种关于善的单一分配原则。他提出，"正义原则本身在形式上就是多元的；社会不同善应当基于不同的理由、依据不同的程序、通过不同的机构来分配；并且，所有这些不同都来自对社会诸善本身的不同理解——历史和文化特殊主义的必然产物。"[3] 换

---

[1] [美] 迈克尔·沃尔泽：《正义诸领域：为多元主义与平等一辩》，褚松燕译，译林出版社 2002 年版，第 34 页。

[2] M. Walzer, *Thinking Politically: Essays in Political Theory*, New Haven: Yale University Press, 2007, pp. 96-114.

[3] [美] 迈克尔·沃尔泽：《正义诸领域：为多元主义与平等一辩》，褚松燕译，译林出版社 2002 年版，第 4 页。

言之，沃尔泽至少在三种意义上论证了一种复合的多元主义。首先，社会善本身就是多元的，特定的文化通过特定的原则分配这些社会善。这些原则内在地符合这些善的"领域"和这些善在文化上的共同意义，而不是通过一种包罗万象的单一原则进行分配。沃尔泽划分了十一种社会善的分配领域：共同体的成员资格、安全与福利、金钱与商品、职位、艰苦工作、闲暇时间、教育、爱与亲情、神恩、承认以及政治权力。其次，社会善在文化上的理解是多元的。社会善本身或许保持不变，但对其的文化解释则可能发生变化。特殊的社会意义将最终决定在某个社会中进行分配的适当方式。再次，由于社会善本身和它们内在的文化理解都是多元的，因此决定社会善应如何进行分配的正义原则也应是多元的。所有特定的正义观念，都依赖于特定历史时期的特定共同体。"从来不存在一个适用于所有分配的单一标准或一套相互联系的标准，……至于分配正义，历史向我们展示了大量不同的制度安排和意识形态。"①

沃尔泽的分配领域是有价值的，因为它们生动地描述了历史与社会中存在的多样性的道德世界。沃尔泽所主张的多元主义是实用主义的而非抽象的。在他看来，不存在一种所有的文化都能借以评价自身地方性规范的超文化的元规范，但多样性的文化共同体有可能一致认同某种"稀薄的"道德规范，如，正义，进而实现某种形式的跨文化的一致性。但在文化上普遍的正义观念，在创造、解释以及运用方面在根本上仍是"厚重的"、地方化的和独特的。② 尽管沃尔泽无意寻求普遍适用的跨文化的正义原则，但他仍试图描述在既定的共同体中正义与非正义究竟意味着什么。为此，沃尔泽提出一种复合平等理论。"用正式术语讲，复合平等意味着任何处于某个领域或掌握某种善的公民可以被剥夺在其他领域的地位或其他的善。因此，可能是公民 X 而不是公民 Y 当选政治职务，于是，这两个人在政治领域就是不平等的。但只要 X 的职务没有在任何领域给他带来超越 Y 的利益——优越的医疗照顾、将自己子女送到更好的学校、享有更好的事业机会等等，那么，一般而言他们并不是不平等的。只要职务不是

---

① ［美］迈克尔·沃尔泽：《正义诸领域：为多元主义与平等一辩》，褚松燕译，译林出版社 2002 年版，第 2—3 页。

② M. Walzer, *Thick and Thin: Moral Argument at Home and Abroad*, Notre Dame, IN: Notre Dame University Press, 1994, pp. xi, 16—17.

一种支配性的善，不是可以广泛转换的，职位持有人就会处于或至少能够与他们所治理的男人们和女人们处于平等的关系中。"① 沃尔泽写作《正义诸领域》的目的就是"描述一个这样的社会，在这个社会中，没有一种社会物品充当或能够充当支配的手段。"② 这样的一个社会就是他称为复合平等的社会。

复合平等允许公民对某一领域的社会善进行垄断性的占有，但不允许公民进行跨领域的支配。按照沃尔泽的理解，非正义至少以两种方式出现，首先，某个社会群体垄断了几乎所有领域的善。在一个领域进行垄断是正当的，但将这种垄断扩展至其他领域就是非正义的了。其次，某种社会善（如金钱）的分配原则，妨碍或干预了其他社会善的分配（如教育）。这是因为不同的社会善在其特定的领域内，具有自己独特的分配原则，这些原则在文化上是特殊的，"忽视这些原则就是专制"。③ 人类的平等源于这样的事实，即我们既是文化的创造物也是创造文化的生物。忽视了这一点，或者将自己的文化外在的强加于别人，就会违背沃尔泽的正义观念。"我们（所有的人）都是文化的产物；我们创造并生活在有意义的社会里。……正义扎根于人们对地位、荣誉、工作以及构成一种共享生活方式的所有东西的不同理解。践踏这些不同的理解（常常）就是不公正地行动。"④ 那为什么社会善以及它们的分配原则，最终依赖公共的阐释而不是普遍的标准呢？沃尔泽的回答很简单，因为善"处于人们手中之前就已经进入人们的脑海中了；分配是依据人们所共享的关于善是什么和它们的用途何在的观念摹制出来的。"⑤ 在他看来，这里首先要考虑的是，社会善的文化解释与其分配原则之间的紧密相关性。某种文化所珍视的善

---

① ［美］迈克尔·沃尔泽：《正义诸领域：为多元主义与平等一辩》，褚松燕译，译林出版社 2002 年版，第 23—24 页。
② ［美］迈克尔·沃尔泽：《正义诸领域：为多元主义与平等一辩》，褚松燕译，译林出版社 2002 年版，第 5 页。
③ ［美］迈克尔·沃尔泽：《正义诸领域：为多元主义与平等一辩》，褚松燕译，译林出版社 2002 年版，第 23 页。
④ ［美］迈克尔·沃尔泽：《正义诸领域：为多元主义与平等一辩》，褚松燕译，译林出版社 2002 年版，第 419 页。
⑤ ［美］迈克尔·沃尔泽：《正义诸领域：为多元主义与平等一辩》，褚松燕译，译林出版社 2002 年版，第 6 页。

第五章 社群主义的类型及其对罗尔斯的批评

在另一种文化中却未必如此,甚至在同一共同体之中每一代人对同一种社会善的理解就可能不同。"世上的物品有着人们共享的含义,因为构想和创造都是社会过程。出于同一个原因,物品在不同的社会里有着不同的含义。同一个东西因不同的原因而被重视,或者在此地被珍爱而在别处则一文不值。"①

在沃尔泽的大多数著作中,还存在一种内部多元主义,它与外部多元主义相互伴随和相互作用。这种内部多元主义就是我们通常所说的社会分化。关于内部多元主义的论证大多表现在《自由主义与区分的艺术》和《正义诸领域》中,此外,也表现在《出埃及记与革命》中,尤其是表现在他对摩西与先知以及人民的关系的论证之中。当然,关于内部多元主义的最充分论述还是在《正义诸领域》一书中。按照沃尔泽的观点,在一个特定社会中,内部多元主义的合理安排是这样的:"……合适的制度安排是那些分权性民主社会主义制度;一个强有力的福利国家,至少部分地是由地方和业余官员经营的;一个受约束的市场;一个开放的非神秘化的公务系统;独立的公共学校;分享艰苦工作和闲暇时间;保护宗教生活和家庭生活;一个不要考虑等级或阶级的公共荣誉和不名誉系统;工人们控制公司和工厂;一个政党、运动、会议和公开辩论的政治。"② 这是内部多元主义的一种形式,也是沃尔泽在《正义诸领域》中所主张的一种形式。

社会生活的不同领域遵循内在于各领域的原则运作,并且不存在领域间的支配,内部多元主义就会出现。这也是复合平等社会的核心特征。沃尔泽认为,一个人拥有别人没有的"高级音响或游艇或毛地毯等"并非是不正义的,只要这些东西"只具有使用价值和个人化的象征价值"。③ 这些东西是金钱和商品领域的一部分,因此,它们都是"金钱能够买到的"。相反,不正义的是,人们在金钱和商品领域的优势,同时赋

---

① [美]迈克尔·沃尔泽:《正义诸领域:为多元主义与平等一辩》,褚松燕译,译林出版社 2002 年版,第 7 页。
② [美]迈克尔·沃尔泽:《正义诸领域:为多元主义与平等一辩》,褚松燕译,译林出版社 2002 年版,第 424 页。
③ [美]迈克尔·沃尔泽:《正义诸领域:为多元主义与平等一辩》,褚松燕译,译林出版社 2002 年版,第 131—137 页。

予其在其他领域的优势，使得他们能够对其他人构成威胁。① 正是由于这个原因，沃尔泽提出了他称为"受阻的交易"清单。② 这个清单上的东西是不能通过金钱进行交换的，因为它们不是商品，不属于金钱和商品的领域。如，刑事正义、政治权力、政治职位以及福利设施等。③ 这个清单也是对当代社会中内部多元主义描述的一部分。事实上，它是最重要的一部分，因为就像沃尔泽不断强调的，在当代社会中，金钱和商品领域最有可能对其他领域形成支配。此外，内部多元主义也是沃尔泽民主论证的一部分，与其成员资格理论相关。内部多元主义也是其复合平等思想的核心所在。这种意义上的多元主义并不完全是社群主义的，它更像是沃尔泽独特的社会主义的一个特征。从《自由主义与区分的艺术》一文中可以看出，沃尔泽的社会主义是与自由主义的某些特征相关的，这两者都要服从民主的承诺。将内部多元主义视为其社会主义的一种形式，这在很大程度是由于沃尔泽对政治行动主义的承诺，以及他在《异议》和《新共和》等左翼杂志工作的经历。当然，这也表明了英美分析哲学传统对他的影响。

如前文所述，复合平等是社会化民主与多元主义的结合，符合这种平等模式的社会是多元主义的。它意味着社会生活的不同领域都是自治的，每个领域都不是支配性的交换媒介，都不能超越其正当的领域；每个人在不同领域中的地位，也是由内在于那个领域的特性所决定的。沃尔泽对复合平等的论证依赖两个相关的假定：一是自由结合有助于在较大的共同体中产生多样性的社群；二是在某个领域内发挥主导作用的属性，不能在领

---

① M. Walzer, *Thinking Politically: Essays in Political Theory*, New Haven: Yale University Press, 2007, p. 59.

② [美]迈克尔·沃尔泽：《正义诸领域：为多元主义与平等一辩》，褚松燕译，译林出版社2002年版，第127—132页。

③ [美]迈克尔·沃尔泽：《正义诸领域：为多元主义与平等一辩》，褚松燕译，译林出版社2002年版，第127—131页。不能进行买卖的物品的完整清单：(1) 人口不能买卖；(2) 政治权力和影响不能买卖；(3) 刑事司法是不能出售的；(4) 言论、新闻、宗教、集会自由；(5) 婚姻和生育权是不可出售的；(6) 离开政治共同体的权利不可出售；(7) 免除服兵役、免于陪审团职责、免于其他任何形式的公共工作的义务既不能由政府出售，也不能由公民购买；(8) 政治职位不能购买；(9) 基本的福利服务如警察保护或初级、中级学校教育只在边际情况下才可购买。对于每一个公民来说，都有一个最低保证且不需要个人为之支付费用；(10) 绝望交易（Desperate exchange），"最后手段的交易"是禁止的；(11) 多种奖品和荣誉，不论是公共还是私人设立的，都不是可以买到的；(12) 神的恩宠是买不到的。

域间进行转化。复合平等的特征之一，就是不存在检验人们是否平等的简单标准。这也是它不是"简单平等"的原因。就像德沃金和金里卡所主张的，当代政治哲学基本上都将正义理论建立在社会成员的平等之上，只是在关于什么应被平等的分配等问题上存在某些差异。在以权利为基础的自由主义形式中，人们的平等是按照他们所支配的资源来检验的；马克思主义者可能通过福利的质量来检验人们的平等；功利主义者可能通过公民的幸福或效用来检验平等。但对沃尔泽而言，并不存在检验平等的具体标准。这也是为什么复合平等是一种"未经加工的平等"。

很多批评者质疑沃尔泽的复合平等理论在多大程度上可以被视为一种平等形式。在《正义诸领域》中，沃尔泽承认，他并不清楚我们"由于何种特征"是平等的，并认为，这本著作只有作为一个整体才能回答这个问题：即"在什么方面我们是彼此平等的？"[①] 平等主义的大多数形式都对这个问题拥有明确的答案：我们是平等的，因为我们的需要应得到平等的满足，或者因为我们拥有平等的权利，或者因为我们拥有平等的资源分享权，或者因为我们拥有平等的参与权等。但沃尔泽并没有提出某种明确的答案。他认为，"复合平等的道德意义"在于，在一个公正的社会中，人们想要的是"自由给予的承认和他的同辈人的诚实判决。"[②] 平等是一种可能，而不是一种事实。复合平等"并不保证自尊；它只帮助使它成为可能。这可能是分配正义的最深层目的。"[③] "民主社会的公民资格是一种与每一种等级制度都完全脱离的地位"，复合平等和公民资格的紧密结合可以确保自尊。因为"它们使一种不依赖任何特定社会地位的自尊成为可能，这种自尊与一个人在共同体中的一般地位以及一个人对自己的感觉相联系，而不是简单的作为一个人……而是作为一个完整的平等的成员，一个积极的参与者。公民资格的经验，要求优先承认每个人都是公民——一种简单承认的公开形式。这可能是'平等尊敬'这个短语的意义。……自尊不能成为一种特质；它不是一种意志上的事。在任何实质意义上，它

[①] [美]迈克尔·沃尔泽：《正义诸领域：为多元主义与平等一辩》，褚松燕译，译林出版社2002年版，第3页。

[②] [美]迈克尔·沃尔泽：《正义诸领域：为多元主义与平等一辩》，褚松燕译，译林出版社2002年版，第376页。

[③] [美]迈克尔·沃尔泽：《正义诸领域：为多元主义与平等一辩》，褚松燕译，译林出版社2002年版，第374页。

是成员资格的一个函数,尽管总是一种复杂函数,依赖于成员间的平等尊敬。"① 换言之,在一个复合平等的社会中,使人们变得平等的,是人们共同的努力和参与:即集体的自治。我们尊重彼此具有的作为共同体参与者的平等资格,共同讨论和决定我们应如何过好我们的公共生活。因此,民主参与成为实现复合平等的关键,人们从这种参与中获得平等和自尊。

总的来看,复合平等是沃尔泽思想中的自由主义原则与社会民主主义原则相调和的结果,这种平等形式具有一种明显的社群主义特征。他主张,使我们平等的东西,不是那些我们出于个人原因而欲求的事物,而是我们作为平等参与的公民所具有的共同经验。而且,我们应按照公共参与优先于私人欲求的顺序进行价值排序。这也是沃尔泽所谓的社会化民主的形式。这与罗尔斯的主张明显不同,罗尔斯认为,公民最高阶的利益是制定、修正和追求一种好生活的能力,政府应对好生活的观念保持中立,以便于个人能够按照自己的意愿,自由的进行选择。相比之下,源于平等的公民资格的复合平等观念则明显不同,沃尔泽很可能将罗尔斯的这种观念视为一种"虚构的或低劣的社会学"。②

在沃尔泽的思想中,包含一种独特的社会主义形式、一种平等观念以及某些自由主义价值,所有这些都是其政治哲学思想的重要组成部分。而民主在其思想中则占有更为重要的地位,它在很多方面都构成了沃尔泽世界观的基础,其他所有的价值要么来源于它,要么服从于它。在《激进原则》一书中,沃尔泽将自己视为"不妥协的民主主义者",民主的论题几乎贯穿了他的所有论著。通过考察《哲学与民主》《自由主义与区分的艺术》《政治决策与政治教育》以及《正义诸领域》等论著,我们可以更为清晰地理解沃尔泽意义上的民主究竟意味着什么。

沃尔泽意义上的民主并非自由主义的民主,而是一种"社会化的民主主义"。这一术语并不意味着它是一种社会主义的民主,而是意味着民主首要的是一种社会产物。对沃尔泽而言,民主是社会主义的,但更是社会化的。这是他在《自由主义与区分艺术》一文中的观点。在此文中,他

---

① [美]迈克尔·沃尔泽:《正义诸领域:为多元主义与平等一辩》,褚松燕译,译林出版社 2002 年版,第 372—373 页。

② "Liberalism and the Art of Separation", in M. Walzer, *Thinking Politically: Essays in Political Theory*, New Haven: Yale University Press, 2007, p. 62.

倡导通过制度设置的社会化,来保证参与者之间的"朴素平等","区分的艺术不仅有助于自由而且有助于平等"。① 换言之,社会化的民主意味着,其中的参与者实际的参与进来,并将彼此视为社会的一部分,在这种制度下,参与者是"朴素平等的"。但社会化的民主并不是一种自由主义的民主,主要有以下几个原因。首先,民主显然不仅仅是一种选举制度。"民主是一种配置权力并使其合法化的途径——或更好地说,它是配置权力的政治途径。每一种外部理由都被排除了。真正重要的是公民中的争论。"② 在沃尔泽看来,民主的本质就是讨论。当我们讨论日常政治问题并按照"理性的统治"来做出决定时,我们就生活在民主之中。③ 对他而言,仅把投票的权利视为民主,不仅是一种贫乏无力的民主,而且是一种反民主。在这种情形中,投票者并没有实质性地参与进来,金钱和政治技巧在决策中发挥着过大的作用。沃尔泽强调,政治集会是一种"更强烈的参与形式,实际上减少了领袖与追随者之间的距离,而他们服务于维持争论的集中性——没有这一点,政治平等很快就变成一种毫无意义的分配。"④ 对沃尔泽来说,民主是政治平等最有意义的形式,所有的公民都应参与到讨论和决策中去。"政治权利是永久的保证;它们支撑着一个没有终点的过程,是一场没有最终结论的争论。"⑤

正因为民主意味着对政治讨论的参与,因而政治教育对政治过程而言,就变得非常重要。沃尔泽在《政治决策与政治教育》一文中提道,公民最重要的责任就是彻底深思政治领导者所做出的决定。他强调,如果民主仅被视为一种选举领导集体的方式,那么公民的这种深思可能只是一种次要行为,但如果将民主视为一种社会讨论过程,那么这种对政治决定

---

① M. Walzer, *Thinking Politically: Essays in Political Theory*, New Haven: Yale University Press, 2007, p. 66.

② M. Walzer, *Thinking Politically: Essays in Political Theory*, New Haven: Yale University Press, 2007, p. 69.

③ [美] 迈克尔·沃尔泽:《正义诸领域:为多元主义与平等一辩》,褚松燕译,译林出版社 2002 年版,第 407 页。

④ [美] 迈克尔·沃尔泽:《正义诸领域:为多元主义与平等一辩》,褚松燕译,译林出版社 2002 年版,第 412 页。

⑤ [美] 迈克尔·沃尔泽:《正义诸领域:为多元主义与平等一辩》,褚松燕译,译林出版社 2002 年版,第 414 页。

的思考就变得非常重要。沃尔泽在《哲学与民主》一文中，还讨论了哲学家在民主中的角色问题，即哲学家的"真理"仅是意见世界中的一种意见而已。这不仅意味着哲学家也是仅有一个投票权，而且意味着哲学家在向共同体表达其意见时，也必须思考表达的方式。像其他的意见制造者一样，他也必须寻求使他的论证更有说服力。这也是他所强调的，哲学家"不应丧失作为普通公民的任何权利"。① 哲学家有权利为其真理寻求最大的认可，但他们必须采取不同于进行哲学研究的方式去实现这一点：他们必须成为辩论家或批评家并努力去说服公众。他的知识"只能从特定的位置之外被发现，它们并不具有一种内在的权利"，哲学家也必须使用共同体共享的论证标准。②

民主就是一种政治讨论，在说服推理的基础上产生某些"永远是暂时的"决策。正是因为民主应当坚持"说服推理的规则"，沃尔泽也列出了一种"受阻的政治权力"清单。③ 它与"受阻的交易"清单有些类似。他将金钱与政治权力视为对复合平等的最大威胁，也是最有可能形成支配的两个领域。这是因为，"在人类大部分历史上，政治领域是建构在专制主义模式之上的，权力被唯一一个人所垄断，他所有的精力都投入到使权力不仅控制边界，而且跨越边界在每个领域进行控制的活动中。"④ 沃尔泽提出"受阻的政治权力"清单，不仅为了培育民主，也是为了将权力限定在自己的领域之内。这份清单包括："禁止奴役、保护私有财产不被任意征税、禁止政治权力的买卖、宗教与政治相分离，以及禁止国家官员'管理或审查不仅在政治领域，而且在所有领域正在发生的对社会诸善的意义和恰当的分配边界的争论'。"⑤ 在沃尔泽的思想中，民主与政治参与

---

① M. Walzer, *Thinking Politically: Essays in Political Theory*, New Haven: Yale University Press, 2007, p. 17.

② M. Walzer, *Thinking Politically: Essays in Political Theory*, New Haven: Yale University Press, 2007, pp. 17-18.

③ [美] 迈克尔·沃尔泽：《正义诸领域：为多元主义与平等一辩》，褚松燕译，译林出版社 2002 年版，第 379—380 页。

④ [美] 迈克尔·沃尔泽：《正义诸领域：为多元主义与平等一辩》，褚松燕译，译林出版社 2002 年版，第 378 页。

⑤ [美] 迈克尔·沃尔泽：《正义诸领域：为多元主义与平等一辩》，褚松燕译，译林出版社 2002 年版，第 380 页。

第五章 社群主义的类型及其对罗尔斯的批评

是不可分割的。"政治是不可避免的",这也导致了政治参与的必要性。① 民主的本质其实就是一种政治媒介,这也反映了政治的不可避免性。如果我们没有同等的权利参与政治生活,我们就不能将彼此视为自由平等的个体。因此,民主是沃尔泽所有其他意识形态承诺的必要基础。

沃尔泽试图对自由主义和社会主义进行调和,并将民主置于最为优先的地位,正是这些因素的结合使得沃尔泽的思想倾向于社群主义。本书认为,沃尔泽在寻求调和激进民主传统与分析哲学传统时出现了困境,他独特的社群主义就是试图消解这种困境的结果。首先,我们需要考察一下"社群主义"这个术语究竟意味着什么。"自由主义""社会主义"与"民主"都是沃尔泽经常使用的术语。他将"民主"理解为,按照理性的规则进行政治讨论,民主优先于个体化的多元主义,并将民主视为自由主义和社会主义都应服从的原则。但他却并不经常使用"社群主义"这个术语,如,在《正义诸领域》中他根本没有提到"社群主义"。他在20世纪90年代写了一篇文章来讨论社群主义和自由主义,在这篇文章中,他对社群主义持有一种矛盾的态度,认为社群主义对自由主义进行了两种相互冲突的批评,它们中的每一个都并非完全正确但又不是完全错误。② 由此,他认为社群主义对自由主义的批评将是一个"不断回复的过程"。③

《自由主义与区分的艺术》一文提供了关于自由主义和社会主义之间关系的概念性解释。沃尔泽肯定了自由主义思想中区分的艺术与多元主义的重要性,并为区分的艺术提供了一种社会化版本,"我们不能分离个人;我们可以分离制度、实践与关系"。④ 他吸收了自由主义关于区分的艺术和多元主义的主张,并寻求以社会化的术语来理解这种区分。在一定意义上而言,这也是他在《正义诸领域》中所做的事情。在这本著作中,

---

① [美]迈克尔·沃尔泽:《正义诸领域:为多元主义与平等一辩》,褚松燕译,译林出版社2002年版,第410页。

② M. Walzer, "The Communitarian Critique of Liberalism", *Political Theory* 1990 (18): 6-23. 后收录在 M. Walzer, *Thinking Politically: Essays in Political Theory*, New Haven: Yale University Press, 2007, pp. 96-114.

③ M. Walzer, "The Communitarian Critique of Liberalism", *Political Theory* 1990 (18): 112.

④ Walzer, "Liberalism and the Art of Separation", *Political Theory* 1984 (12): 315-330. 后收录在 M. Walzer, *Thinking Politically: Essays in Political Theory*, New Haven: Yale University Press, 2007, p. 63.

多元主义的意义之一就是区分制度、实践与关系而不是个人。这种多元主义可以称为内部多元主义，它其实就是对社会的不同部分进行区分的自由主义观念的一种社会化版本。在沃尔泽的思想中，自由主义的社会化版本就是社会民主主义。这一点我们可以从这个主张中看出，即"当社会领域被社会化地确定时，自由主义最后就进入了社会民主主义。"[1] 复合平等理论中的不同领域就是被社会化地确定的：正是社会而不是个人，决定了领域的边界。因此，复合平等最终是一种社会民主主义的形式，而不是自由主义的形式。但它却是社会民主主义的一种自由主义形式，因为它的多元论与平等观都根源于"区分的艺术"这一自由主义原则，而这一原则又通常是社会主义所反对的。可以说，沃尔泽的平等主义似乎更多地根源于社会主义而不是自由主义，他既是一位平等主义者也是一位社会主义者。沃尔泽的政治哲学尤其是他的复合平等理论，都是其试图在自由主义的基础上建立一种社会民主主义的努力。

换言之，在这个时期，沃尔泽是在为一种社会民主主义形式进行辩护，这种形式"与自由主义政治相联系"。[2] 这与他在《激进原则》中所做的自由主义与社会主义之间关系的论证有些相似。对他而言，自由主义与社会主义是重叠存在的。它们虽不完全相同，但却源于相似的思想传统。而且，它们之间的另一相似性在于，当多数决定与自由主义或社会主义原则不一致时，它们都必须服从民主的优先性。这也是《哲学与民主》一文中的核心论证，以及《自由主义与区分的艺术》一文的结论。

在讨论共同体的本质之前，最好首先澄清一个重要的哲学问题。由于沃尔泽对源于共同体的"共享理解"的强烈捍卫，导致了很多思想家把他视为一位社群主义者。但如上文所述，沃尔泽并不是一位社群主义者；因为他相信任何一个单一的共同体都不可能创造一个单一的真正的"好社会"。[3] 在《自由主义的社群主义批评》一文中，沃尔泽认为，社群主义的理念是值得重视的，它可以作为对自由主义的一种"周期性修

---

[1] M. Walzer, *Thinking Politically: Essays in Political Theory*, New Haven: Yale University Press, 2007, p. 65.

[2] M. Walzer, *Thinking Politically: Essays in Political Theory*, New Haven: Yale University Press, 2007, p. 96.

[3] M. Walzer, "What is the Good Society?" *Dissent*, winter 2009.

第五章 社群主义的类型及其对罗尔斯的批评

正"。① "社群主义就像裤子上的褶皱一样,它只是自由主义的一种暂时的特征。没有自由主义的成功,社群主义对自由主义的批评也将会永久的失去吸引力。同时,社群主义的批评也只是自由主义的某些不稳定的特征。"② 尤其是,社群主义的某些批评指向了自由主义的实践,另一些批评则指向了自由主义的理论,这两者都是部分准确的。沃尔泽写道,"……它们不可能都是正确的。"社群主义作为无所不包的政治哲学不能自我独立,因为自由主义本身具有其独立的一致性。从实践上而言,社群主义者也不能使用他们所设计的共同体来取代自由主义。③

按照沃尔泽的理解,自由主义与社群主义的政治哲学最好通过一种辩证的方式进行考察,以弥补彼此的不足。他反对武断地倾向于哪一方,因为情境与政治共同体的需要是不断变化的。"一些具有压制性的文化需要个人主义的矫正。但当个人主义过于主导时,就需要共同体与文化凝聚力的矫正。"当过于强大的共同体对政治或其成员造成压制时,"就需要寻求一些方式进入这些共同体并塑造它们的内在生活。"④ 在这种情况下,就需要强政府来保护自由。也就是说,政治自由主义所保障的个人自由,有可能对很多小社群的团结与义务造成潜在的腐蚀性,应该保障这些社群为了实现多样性的社会目的所需的凝聚力。因此,在合理的社会中,多元主义并不干涉人们各种自愿与非自愿的联合以及人们彼此结合的各种方式。⑤

人类共同体及其在文化与政治上的各种表现,是沃尔泽论著的重要主题。但要明确确定沃尔泽意义上的共同体究竟意味着什么,却并不容易。因为他拒绝各种关于共同体的一成不变的通用性定义。在他看来,一个普遍化的定义,并不能涵盖多元共同体的复杂性,因为不同共同体的目标、成员和价值在很大程度上是彼此不同的。按照他的说法,人类所拥有的最

---

① M. Walzer, "The Communitarian Critique of Liberalism", *Political Theory* 1990 (18): 6-23.
② M. Walzer, "The Communitarian Critique of Liberalism", *Political Theory* 1990 (18): 6.
③ M. Walzer, "The Communitarian Critique of Liberalism", *Political Theory* 1990 (18): 6-8.
④ M. Walzer, interview by Amy Otchet, "Michael Walzer: A User's Guide to Democracy", *United Nations Educational Scientific and Educational Organization*, January 2000. http://www.unesco.org/courier/2000_01/uk/dires/txt1.htm.
⑤ 沃尔泽在《政治与激情》中概括了存在问题的社群类型。M. Walzer, *Politics and Passion: Toward a More Egalitarian Liberalism*, New Haven: Yale University Press, 2005, pp. 49-55.

重要的社会善就是共同体的成员资格，因为人们对共同体的参与，会首先影响人们对社会善与正义规范的文化理解。"我们互相分配的首要善是成员资格。"[1] 换言之，共同体从政治上和文化上决定了我们所做的分配选择。某个特定共同体的居民创造并塑造着那个共同体的本质，这样一来，每个共同体就成为一种文化的产物。沃尔泽写道，"共同体是社会的构建：想象、创造并将大量的文化与政治材料聚合在一起。构建的共同体是可以存在的唯一共同体，它是真实实在的。"根据这样的前提，共同体就应是按照自己的理念进行自治与自我保存的。"不存在理想的部落。"[2] 因为每一种文化都是人造物，它们彼此是平等的。当然，社会有可能忠诚于或不忠诚于它们内在的正义原则，但是从社会都是人类创造物这一点而言，它们都是平等的。"由于没有办法按这些社会对社会诸善的理解来给这些社会分等和排序，我们就通过尊重男人们和女人们的具体创造来对实际中的男女实施正义。正义扎根于人们对地位、荣誉、工作以及构成一种共享生活方式的所有东西的不同理解。践踏这些不同的理解（常常）就是不公正地行动。"[3] 在《何谓好社会？》这篇文章中，沃尔泽描述了重叠共同体（他称之为社会）的四种普遍类型，它们彼此之间是动态的关系。与其对多元主义的承诺相一致，他主张，"不可能只存在一种好社会，因为人类倾向于想象、议论和构建各种类型的好社会，而且所有的好社会都是可以共存的。"前三种社会类型，即运动（movements）、联合（association）和社群（communities）共存；第四种类型类似于他所说的"中空的社会结构"，这种社会结构可能就是自由主义政体，"代表着但不是唯一可能的封闭的结构形式。"[4]

第一种社会类型是"运动"。"运动"的实例是"党派、协会、学校、报纸、文化体育组织、青年团体以及夏令营等。"运动具有产生、发展和

---

[1] [美] 迈克尔·沃尔泽：《正义诸领域：为多元主义与平等一辩》，褚松燕译，译林出版社2002年版，第38页。

[2] M. Walzer, *Thick and Thin: Moral Argument at Home and Abroad*. Notre Dame: University of Notre Dame Press, 1994, p. 68.

[3] [美] 迈克尔·沃尔泽：《正义诸领域：为多元主义与平等一辩》，褚松燕译，译林出版社2002年版，第419页。

[4] Michael Walzer, "What is the Good Society?" *Dissent*, winter 2009. http://dissentmagazine.org/article/? article=1333.

消亡的过程，它们一般不能进行代际传承，不具有时间上的持续性。运动一般拥有特定的目标，其成员可以自由选择是否对其保持承诺。因此，这种社会类型要求成员间较高的忠诚。

第二种社会类型是"联合"。与"运动"相比，"联合"对其成员的要求更少，仅要求部分的承诺。它们的目标也更为有限。"联合"一般会为其参与者提供特定的利益，并根据参与者传递这些利益的能力对他们进行评价。它们的成员可以自己决定自身的组织与规则。"联合"社会类型的实例有：读者群体、兴趣小组、扶贫组织、专业组织等。

第三种社会类型是"社群"。沃尔泽写道，"运动与联合只是更大世界的一部分；而我将社群视为一个自成一体的世界，它所包括的成员不仅承诺于社群的共同事业，而且承诺于社群的生活方式。"宗教与种族群体是社群最好的例子，它们将自己的生活方式理解为一种"完整性"。社群可以为其成员维持一种深具意义的生活方式，但同时它们也为它们的后代留有一定的选择权。令沃尔泽感到忧虑的是，现代的很多因素干扰甚至毁坏了对社群的承诺。而社群的繁荣离不开某些信念，如，对社群的所有成员都要平等地接受；对社群内在生活的广泛接受；由于某些深层的原因离开社群的自由等。在他看来，意识形态并不能决定这些社会善（除非是种族主义或沙文主义的社群），"真正重要的是政策制定的方式：是否被所有成员自由的接受？对政策的修正是否公开？等。"[1]

最后，第四种社会类型是国家。沃尔泽所说的这种类型更多的是一种结构，国家就是这样一种结构，"在其中，联合、运动和社群可以共存。它不仅保护其公民不受其他国家的侵犯，而且保护不同群体不受非法的压制，它是个人权利的保障者。"在沃尔泽的观念中，理想的国家拥有一个自由民主的结构，因为正是这样的结构，允许个体拥有分离的多样性的忠诚。[2] 此外，由于国家寻求将自己的价值与生活方式传递给后代，因此它也是社群的一种形式。但沃尔泽认为，国家这种无所不包的社会类型，可能比从属于它的"联合""运动"和"社群"这些社会类型具有更少的意

---

[1] Michael Walzer, "What is the Good Society?" *Dissent*, winter 2009. http://dissentmagazine.org/article/? article=1333.

[2] M. Walzer, *Politics and Passion: Toward a More Egalitarian Liberalism*. New Haven: Yale University Press, 2005, p. 47.

义。虽然国家的成员对其公民身份负有一定的义务,"但他们没有责任接受这样的观点,即公民身份是人类最高的召唤。"① 政治共同体最初似乎是思考善的分配的逻辑起点,但沃尔泽断定:"世界最终将是一个自足的分配体系。"② 高尔斯顿这样概括了沃尔泽的观点:"沃尔泽实际上提出了两种共同体的解释,这些解释并不是连贯一致的。一种是道德共同体的观念(就像犹太人的例子),在其中,社会善的共享理解将人们结合在一起;另一种是法律共同体的观念,在其中,个体通过同意、创造与划定主权权威边界的特定行动结合在一起。"③

沃尔泽所主张的四种社会类型在其成员身份、目的、期望与判断成员好坏的标准方面是不同的。在他的观念中,理想的社会就是一种包含这些类型的多元社会。个体将被包含在各种不同的社会类型之中:家庭、种族、语言、政治以及教会等形式,它们通过复杂多元的方式塑造着各自成员的信念与习惯,这些方式有可能是不一致甚至是相互冲突的。可以想象,既然同一个体有可能同时是所有这四种社会类型的成员,同时参与到它们的组织与活动中去,那么一个好社会就需要包容个体所拥有的这种复合多元的自由与可能性。沃尔泽写道,"一元论是一种激进的哲学,而多元主义给协商与调节保留了更多的空间……善需要丰富性。这意味着,很多人将以多种方式积极而有活力的参与到不同的群体中去。"④ 与某个文化共同体具有"厚重"关联的人们,可能共享某种独特的语言、历史、价值、种族性以及宗教等,通过这些特性,他们孕育着共同的文化认同。但由于不同的社会背景,尤其是在多元的社会形式中,成员身份的边界可能是模糊不清的,甚至可能存在相当大的张力。国家形式的共同体成员,通过公民身份或许可以清晰地承认与认同它们的政治共同体,而非国家形式的共同体的边界则可能难以描述和维持,因为共同体的传统是处于不断

---

① M. Walzer, "What is the Good Society?" *Dissent*, winter 2009. http://dissentmagazine.org/article/? article=1333.

② [美] 迈克尔·沃尔泽:《正义诸领域:为多元主义与平等一辩》,褚松燕译,译林出版社2002年版,第34页。

③ Elizabeth Bounds, "Conflicting Harmonies: Michael Walzer's Vision of Community", *Journal of Religious Ethics* 22: 2 (Fall 1994): 356.

④ M. Walzer, "What is the Good Society?" *Dissent*, winter 2009. http://dissentmagazine.org/article/? article=1333.

第五章　社群主义的类型及其对罗尔斯的批评

变迁中的,文化共同体之间也会相互影响。如,共享同一种语言但并不是同一种族;共享同一宗教但并不共享同一语言等。因此,在共同体边界内外会有无数的影响在成员之间出现。

在自由多元社会中,文化共同体处于不同的关系背景之中,总会遭遇不同的威胁。其中之一就是由于不同文化之间的融合与交往,导致文化认同的消解。这样一来,就会出现如何描述一个特定文化共同体的问题。[1] 就沃尔泽而言,在多元文化背景之下,文化共同体总是会处于融合、同化、弱化的变迁之中。在多元社会中,共同体的成员可以有很多选择,他们可以选择参与、退出、再参与、再退出不同的共同体,这也是共同体随着时间而消亡的方式。

文化共同体所面临的另一个威胁,则可能来自政治共同体本身。它会试图消解共同体文化的独特性,在一种"稀薄的"普遍原则之下实现对部落、文化的统一。这种稀薄的普遍原则的典型就是,它宣称来源于理性的经典自由主义政治哲学。[2] 这是一种"熔炉式"的威胁,它寻求将所有文化均质化,并统一到一种支配性的共同体之中。在历史上,很多不利于自由政治秩序统一的文化共同体,已经被合法地或强制地消解,某些原教旨主义的种族或宗教群体利用政治或社会权力将自己之外的所有群体加以边缘化。而且,即使政治秩序没有遭到威胁,政治共同体也经常试图将文化共同体"控制"在自己的成员身份边界之内。沃尔泽指出,文化共同体(即使是那些代表大多数人的文化)会在这个过程之中被消解。"面对现代性,所有的人类部落都是濒危的,他们厚重的文化很容易受到侵蚀。"[3] 少数群体没有绝对的文化安全,多数群体同样如此,文化共同体必然屈服于政治共同体。但少数群体不会不加以抵抗而任其如此;它们抵抗的有效性将取决于少数文化的价值与制度的强度。少群群体在地域上的分散性,将使其更快地失去文化的统一性。沃尔泽基于历史背景与文化价值,提出解决"文化流失"的办法。他认为,那些寻求保护自由主义文

---

[1] [加]威尔·金里卡:《自由主义、社群与文化》,应奇等译,上海译文出版社2005年版,第11章"沃尔泽与少数群体权利"。

[2] M. Walzer, *Thick and Thin: Moral Argument at Home and Abroad*. Notre Dame: University of Notre Dame Press, 1994, p. 64.

[3] M. Walzer, *Thick and Thin: Moral Argument at Home and Abroad*. Notre Dame: University of Notre Dame Press, 1994, p. 72.

化或其他文化多元性的解决模式只能是"粗略的指导","并没有一种单一的正确的解决方案。"①

沃尔泽承认,处于基础地位的文化共同体在反思正义时,往往处于某种优先地位,因为"分配正义的每一种实质解释都是一种地方性解释。"② 他意识到,要清晰地认定一个既定共同体的道德规范,可能要比认定民族国家的多重文化结构更为困难。因此,沃尔泽最终依赖政治共同体,来承担获取共享理解与凝聚共同体忠诚的责任。"政治共同体可能是最接近我们理解的有共同意义的世界。语言、历史与文化结合起来（在这里比在任何别的地方结合得更紧密）产生一种集体意识。作为一个固定而永久的精神情结的民族特性显然就是一个神话。但一个历史共同体成员有共同的感情和直觉却是一个生活事实……它为思考分配的正义设立了一个不能避免的背景。"③

在政治共同体中,民族国家通过强制性的政治法律约定,让人们彼此订立盟约。对那些同意成为政治共同体成员的人们而言,即使他们属于不同的文化共同体,也会产生政治义务。④ 虽然共同体的成员之间存在显著的文化差异,但共同体的成员身份意味着成员之间具有相互的政治义务与权利。沃尔泽简要描述了政治共同体:"分配正义的思想假定了一个有边界的分配世界……"政治共同体是无形的,"我们实际上看到的只是它的象征符号、办事机构和代表人员。"⑤ 换言之,"当文化共同体消失时,成员之间所遗留的唯一的东西,将是彼此之间的政治性连结。因此,当分属不同文化共同体的人们,在学校、法庭、道路或投票亭等地方分享政治空间时,他们都处于将他们连结起来的政治共同体之中,这种连结是稀薄

---

① M. Walzer, *Thick and Thin*: *Moral Argument at Home and Abroad*. Notre Dame: University of Notre Dame Press, 1994, pp. 74—75.

② [美] 迈克尔·沃尔泽：《正义诸领域：为多元主义与平等一辩》，褚松燕译，译林出版社 2002 年版，第 419 页。

③ [美] 迈克尔·沃尔泽：《正义诸领域：为多元主义与平等一辩》，褚松燕译，译林出版社 2002 年版，第 34—35 页。

④ [美] 迈克尔·沃尔泽：《正义诸领域：为多元主义与平等一辩》，褚松燕译，译林出版社 2002 年版，第 50 页。

⑤ [美] 迈克尔·沃尔泽：《正义诸领域：为多元主义与平等一辩》，褚松燕译，译林出版社 2002 年版，第 38 页。

第五章　社群主义的类型及其对罗尔斯的批评

的，甚至是不被人注意的。尽管是无形的，但政治共同体仍是一个'有边界的世界'，分配就发生在其中。在政治共同体的世界中，成员资格是首要的社会基本善，因为它建构着我们所有其他的分配选择。"① 在沃尔泽看来，在一种地方化的邻里关系中，对文化陌生人的开放性，依赖这种政治性的成员资格。政治共同体就像一个俱乐部，它拥有决定人们能否加入的准入权，却没有阻止人们离开的权力。俱乐部试图在其所接纳的成员中间确立一种共同体性质，它们愿意接纳赞同其文化与气质的成员。政治共同体也愿意给予那些赞成其气质与特性的人们以成员资格。而国家就是完美的俱乐部。②

沃尔泽认为，当自由主义民族国家（或其他某种共同体的内在信仰体系）强制性的威胁另一个共同体所共享的生活方式时，对共同体凝聚力的另一种威胁就会出现。在这种情况下，如何裁定这种冲突就成为一个问题。他主张，一方面尊重和保护多样性的文化与宗教群体的自治；另一方面，通过强制性的政治共同体裁定个体与群体之间的冲突。如，某个宗教或种族共同体对政治共同体中的成员，采取了压迫性的行动，民主主义国家就应该"寻求一些方式强制进入这些共同体并重塑它们的内部生活。"③ 同时，沃尔泽鼓励文化群体通过自决的方式，塑造它们自己的社会生活形式，但它们必须在一种更广的政治共同体背景之中进行，并且不能寻求对其他群体的文化支配。最后，沃尔泽寻求培育对国家政体与地方性文化规范的双重忠诚。④

沃尔泽认为，在自由政治社会中，既然大多数文化群体不能对其他群体提出某些极权主义的要求，那么它们解决冲突的典型方式就将是宽容与政治协商。自由民主社会中的共同体通常都有能力在这些多元与分离的共

---

① ［美］迈克尔·沃尔泽：《正义诸领域：为多元主义与平等一辩》，褚松燕译，译林出版社 2002 年版，第 38 页。

② ［美］迈克尔·沃尔泽：《正义诸领域：为多元主义与平等一辩》，褚松燕译，译林出版社 2002 年版，第 49 页。

③ M. Walzer, interview by Amy Otchet, January 2000. Amy Otchet, "Michael Walzer: A User's Guide to Democracy", *United Nations Educational Scientific and Educational Organization*. January 2000. http://www.unesco.org/courier/2000-01/uk/dires/txt1.htm.

④ M. Walzer, *Thinking Politically: Essays in Political Theory*, New Haven: Yale University Press, 2007, pp. xvi-xvii.

同体中间运用其文化资源。① 共同体内部肯定会发生关于如何处理外部冲突的讨论。但"当民族国家内部的不同共同体的固有原则不一致时",又会发生什么呢?② 在民主主义国家中,当特定共同体向其成员寻求极端的承诺,并对其他非成员主张不妥协的极权主义的提议时,又会发生什么呢?"那我们(自由主义者与民主主义者)是否应该承认极权主义的共同体的权利,就像某些原教旨主义或非正统的宗教群体(如,以色列的丁派)或像传统主义的种族群体(如,加拿大和新西兰的土著部落)。这些群体寻求维护它们自己的文化,即他们认为有利于传承他们的生活方式的必要事情。国家是否应该以任何方式支持他们运用这种权利?"③ 沃尔泽提供了四种理由来宽容这些群体:首先,为了有意义的生活,个体需要文化共同体所孕育和维持的特性。其次,由于文化共同体的自然性质,个体对其抱有深深的道德的依恋。再次,文化共同体的创造、维持和发展,通常是长期而复杂的历史过程,它们作为历史产物是富有价值的。最后,"不同文化共同体所包含的价值并不能以某种单一标准进行衡量和排序(但这并不意味他们的实践与政策不能被批评)。"④

有趣的是,某些狭隘的群体尽管对民主主义的价值抱有敌意,但它们仍寻求国家的宽容。也就是说,这些群体尊重并追求政治共同体的一种核心价值:宽容。沃尔泽承认,种族共同体通常不能同它们周围的政治结构生活在一个共享的意义世界里,如俄国的犹太人。但种族共同体对多种族的民主主义国家(如美国)的社会批评,也在使用这两个共同体共享的重叠的道德理解。"他们对美国政治与社会的批评是指向所有美国人的,是根据我们所有人的共享理解来开展批评的。"⑤ 边缘化群体的社会批评

---

① M. Walzer, *Politics and Passion: Toward a More Egalitarian Liberalism*. New Haven: Yale University Press, 2005, p. 49.

② M. Walzer, "Shared Meanings in a Poly-ethnic Democratic Setting: A Response." *Journal of Religious Ethics* 22, no. 2 (Fall 1994): 401–405.

③ M. Walzer, *Politics and Passion: Toward a More Egalitarian Liberalism*. New Haven: Yale University Press, 2005, p. 50.

④ M. Walzer, *Politics and Passion: Toward a More Egalitarian Liberalism*. New Haven: Yale University Press, 2005, p. 55.

⑤ M. Walzer, "Shared Meanings in a Poly-ethnic Democratic Setting: A Response", *Journal of Religious Ethics* 22: 2 (Fall 1994): 401.

或许更为重要,但这些批评要想取得影响和效果,必须运用像自由和平等这样共享的美国价值进行表达。① 沃尔泽支持"积极的文化多元论",他称之为"注重实际的文化多元论",即使是那些处于边缘的文化共同体的价值也是"我们应该承认的价值——那是它们的要求如此有力的原因,它们随之而来的愤慨也就是可以理解的了"。② 少数群体可以做出的最重要的论证就是,它们的价值可以并入整体的民族价值之中。值得注意的是,沃尔泽将国家理解为支配一切的公民结构,同时强调国家在公民结构中对少数群体文化的整合性。他将政治共同体作为社会善的分配(与共享理解相一致)场域,道德与法律共同体以某些复杂的方式彼此相连。因此,沃尔泽得出结论认为,"政治共同体可能接近我们理解的有共同意义的世界。"③

沃尔泽认为,一个强大的民族国家结构是很重要的,它通常是纠正重大非正义的唯一的强制性力量。他承认,当某些实践违背了"最小主义的道德",如,对生命或自由的不可容忍的压制,就需要一种文化对另一种文化的干预。他列举了西班牙天主教徒阻止阿兹特克人的活人献祭的例子,因为这种做法违背了自然法。沃尔泽反对将非政府组织视为抵制非正义的最强有力的道德共同体。他认为,非政府组织"在紧急情况下,的确做了很多有益的工作;它们缓解了急需救济的人们。但这些并非反对不平等的社会运动——国家是能够控制金融投机者的唯一主体,限制使用童工、保护地方工业、强制实施工业安全标准、保护环境、充分分配财富。尽管它们可以进行呼吁并给政府施加压力,但这些工作是它们做不到的。在国家瓦解的地方,军阀统治的地方,就没有人去施压、去行动了。这也是我主张,世界上最贫穷的人们最需要的东西,是一个强有力而开明的国家的保护。"④ 简言之,政治权力是一种地方性的垄断。道德与法律共同

---

① M. Walzer, "Shared Meanings in a Poly-ethnic Democratic Setting: A Response", *Journal of Religious Ethics* 22: 2 (Fall 1994): 402.

② M. Walzer, "Shared Meanings in a Poly-ethnic Democratic Setting: A Response", *Journal of Religious Ethics* 22: 2 (Fall 1994): 403.

③ [美]迈克尔·沃尔泽:《正义诸领域:为多元主义与平等一辩》,褚松燕译,译林出版社2002年版,第34页。

④ M. Walzer, "Political Theology: Response to the Six." *Political Theology* 7: 1 (2006): 91-99, 93.

体之间的张力时高时低,时而分离,时而结合。但任何的分离与结合最终必须"……通过政治方式达成,并且其根本特征将建立在公民对文化多样性、地方自治等价值的共识基础之上。"①

沃尔泽对道德与法律共同体的充分肯定,对社群主义者与自由主义者都具有吸引力。他坚持社群主义对共同体、义务与成员资格的承诺,以及自由主义对个性、自治、宽容与自由的主张,并试图将两者加以整合。沃尔泽设想了一种自由主义的民族国家结构,这种结构以对平等、自由和个人选择的道德承诺为基础,并肯定和保护文化共同体的完整性,这种文化共同体通过种族或宗教的义务与忠诚,内在性的而非政治性的联结在一起。沃尔泽对在文化多元的社会中,保持一个持续稳定的政治共同体表示乐观。

在沃尔泽的政治哲学思想中,"公共生活"是一个非常重要的概念。他将此概念解释为"涉及人们的共享意义与对事件的共有阐释,这些共享意义通过一定的历史经验和社会交往模式得以形成和发展","经过很长时间,分享的生活经历和纷繁多样的合作活动形成了公共生活"。② 在讨论正义战争理论中的侵略与自卫时,沃尔泽指出,国家战争行为的正当性与自卫行为的正义性取决于:"所有国家的道德地位,都取决于它所保护的共同生活的现实性,以及在什么程度上人们愿意为了获得国家保护而放弃自己的某些权利,并且认为这样做是值得的。如果不存在共同生活,或者存在共同生活而国家却没有给予保护,那么国家的自卫就没有任何道德正当性。不过,大多数国家至少是在某种程度上,的确保卫了其公民的共同体:这就是为什么我们假定这些国家的自卫战争是正当的。"③ 显然,沃尔泽不仅相信确实存在着由每个政治共同体创造的公共生活,而且非常重视这种公共生活的意义。他在《出埃及记与革命》这本著作中提出,以色列人出埃及的圣经故事,提供了关于公共生活的一个很好的例子,正是这样的历史经历,为以色列人提供着共享意义,这些共享意义深刻影响

---

① [美]迈克尔·沃尔泽:《正义诸领域:为多元主义与平等一辩》,褚松燕译,译林出版社2002年版,第35页。
② [美]迈克尔·沃尔泽:《正义与非正义战争:通过历史实例的道德论证》,任辉献译,江苏人民出版社2008年版,第62页。
③ [美]迈克尔·沃尔泽:《正义与非正义战争:通过历史实例的道德论证》,任辉献译,江苏人民出版社2008年版,第63页。

着他们文化的生成与发展。"出埃及记"这个故事是否是历史事实并不重要,它可能只是一个历史故事。但时至今日,很多人仍相信它是一个真实的历史事件,尤其是在深受希伯来圣经影响的文化中,这个事件对社会历史进程产生了广泛影响。此外,对犹太教的救世主思想,以及基督教对耶稣的认同与理解而言,它都是根源所在。① 但沃尔泽首先是将"出埃及记"作为一种政治事件而非一种神创奇迹来理解的,"出埃及记对十七世纪四十年代的英国清教徒的自我理解,起着决定性的作用。它也是克伦威尔演讲中的一个重要主题,对早期美国革命者、犹太复国主义者以及南非黑人民族主义者也影响巨大。他们都将'出埃及记'作为对他们行为的解释与捍卫。"② "出埃及记是一个伟大的故事,它成为西方文化自觉的一部分,一系列的政治事件在它的叙事框架内被定位和理解。这个故事使其他故事的叙事成为可能。"③ "……在很大程度上,政治的革命语言是从这里开始并不断发展的,从那以后,反抗开始呈现出道德意义……从中可以看出,从'出埃及记'一直到我们时代的激进主义政治的一个持续发展史。"④ 沃尔泽对"公共生活"的理解似乎是:"我们彼此诉说着伟大的事件或重要的历史阶段,阐释着它们的意义,并将它们与其他事件或重要的文本、惯习等相关联,我们逐渐就会形成一种不同程度的自我理解,反过来,我们同时也改变着那些事件、文本和惯习。因此,公共生活本身总是不断变化的,今日的情形已可能不同于昨日的情形。"⑤ 对"公共生活"这个概念必须进行广义的理解:它不仅包括一个共同体实际发生的事实,而且也包括共同体的制度结构、基础文本(如成文宪法)、基本信念(如关于正义的信念)以及"法律和宗教文本、道德教化故事、史诗、行为规范和礼俗习惯等"。所有这些都深刻影响着该共同体的政治实践与正义观念。⑥

沃尔泽的正义观念也和公共生活的概念紧密相关,他的正义理论涉及了关于社会善的独特观念。正是基于这种独特的社会善观念,他才形成和

---

① M. Walzer, *Exodus and Revolution*. New York: Basic Books, 1985, p. 16.
② M. Walzer, *Exodus and Revolution*. New York: Basic Books, 1985, p. 6.
③ M. Walzer, *Exodus and Revolution*. New York: Basic Books, 1985, p. 68.
④ M. Walzer, *Exodus and Revolution*. New York: Basic Books, 1985, pp. 24-25.
⑤ M. Walzer, *Exodus and Revolution*. New York: Basic Books, 1985, p. 73.
⑥ [美]迈克尔·沃尔泽:《阐释和社会批判》,任辉献等译,江苏人民出版社2010年版,第60页。

发展了自己的分配正义理论。首先,善一定是社会性的。人们在公共生活的背景中创造和生产善,善是在一定的社会历史文化条件下被创造出来的,并在这些条件下发挥作用。但这并不意味着,在社会之间不存在善的转移和传递。不同的社会可能对同样的社会善共享着相同的理解,尽管这种"共享理解"可能只是它们不同"公共生活"的一部分。如,两个差异很大的共同体都信奉罗马天主教,在这种背景下,这两个共同体就可能以一种实质上相同的方式来理解"神职与神恩"等社会善。同样,一种社会善虽被不同的共同体所认同,但这些共同体对它的理解,可能完全不同。"人们构思和创造出物品,然后在他们自己当中进行分配。……我并不想否认人类能动性的重要性,我只是想把我们的注意力从分配本身转移到构想和创造上来:为物品(善)命名,赋予其意义以及集体制造它们。"① 在此,"赋予其意义"可能并不大容易理解,这要联系到沃尔泽的另一个重要概念:"善的社会意义"。"善的社会意义"是由共同体成员共同为一种善指定的意义,不同共同体根据公共生活的不同,可能对同一种善赋予不同的意义。也就是说,他们可能以不同的方式理解它们。这种观点产生了非常重要的影响。基于这样的社会善理论,分配正义就不能产生具有普遍解释力的适用原则,也不存在可以适用于所有共同体的、普适的制度设计或道德选择方法。相反,分配原则的制定,必须与共同体对社会善的不同理解相结合。沃尔泽列出了十一种主要的社会善:共同体的成员资格、安全与福利、金钱与商品、职位、艰苦劳动、闲暇时间、教育、爱与亲情、神恩、承认、政治权力。他认为,为自然界和社会赋予意义,是公共生活的重要功能,这是一个历史的过程。善的社会意义将随着历史的发展而变化,分配原则相应的也将发生变化。"分配正义的每一个实质解释都是一种地方性解释。"②

总之,沃尔泽试图发展一种可以适用于具有"共享理解"的特定共同体的分配正义理论。他的目的既不是功利主义的,也不是要在特定的理想条件下发展一套正义的制度安排,如,罗尔斯的"原初状态"。他对这

---

① [美]迈克尔·沃尔泽:《正义诸领域:为多元主义与平等一辩》,褚松燕译,译林出版社2002年版,第5—6页。
② [美]迈克尔·沃尔泽:《正义诸领域:为多元主义与平等一辩》,褚松燕译,译林出版社2002年版,第419页。

种理论上的假定，以及由此而推导出的普遍正义理论并不是很信服。"政治共同体中的成员最可能要提的问题并不是'在诸如此类的普遍状态下理性的个体可能选择什么？而是像我们一样的个体是谁？谁与我们共享同一种文化？这样的问题可以转化为：在公共生活交往中我们已经做出了怎样的选择？我们在共享怎样的理解？'正义是一种人类建构，认为只有一种普遍的方式就可以达成这样的建构是值得怀疑的。"[1] 通过承认和尊重共同体的"共享理解"，沃尔泽试图设计一种分配正义理论，它不仅具有较强的阐释性而且具有较普遍的规定性。正如柯亨（Joshua Cohen）所指出的，沃尔泽试图使其正义理论对社会产生一种批判的视角。至于这种观点是否准确，本书将在下文中做进一步的分析。

沃尔泽的很多批评者认为，《正义诸领域》一书带有明显的相对主义或保守主义特征。究竟是什么因素给批评者造成了这样的印象呢？正如上述引文中表明的那样，沃尔泽的基本诉求是探讨具有共享理解（或公共生活）的共同体中的分配正义问题。他利用历史事例去说明，即使是同一种社会善也可能出现不同的甚至是相互冲突的分配原则，不同的共享理解会产生不同的分配正义原则。而且，这些社会善具有社会历史性，它们的意义与公共生活的共享理解有关，是会随着历史的发展而发生变化的。对沃尔泽而言，可能存在适用于跨文化的分配正义原则，但并不存在适用于所有共同体的普遍的分配正义原则。

沃尔泽也在社会善观念的背景下，提出了复合平等理论。复合平等是沃尔泽分配正义理论的重要论题，根据善的社会意义将不同的社会善归入不同的分配领域，这样一来，就可以避免"简单平等"的问题。"简单平等"意味着所有的社会善和机会应该平等地向社会中的每个人平等分配，除非不平等分配有利于公共利益（如罗尔斯的差异原则）。但沃尔泽认为这种"简单平等"并没有可行性。"简单平等"要求消除对社会善的垄断，所有的社会善应平等地向每个人开放，而"复合平等"则允许在不同的分配领域内存在"有限制的"不平等。沃尔泽试图通过确保每个分配领域的自主性（即拥有某种社会善的人，不能仅仅因为他拥有这种善，而不顾其他善的社会意义而随意占有其他的社会善），来实现社会的一种总体平等。也就是说，复合平等只是要求消除人们对"支配性善"（如财

---

[1] M. Walzer, "Philosophy and Democracy", *Political Theory*, vol. 9, no. 3, August 1981.

富、权力等）的垄断，从而避免某个分配领域对其他分配领域的宰制。如，某人可能合法拥有大量财富，只要他的财富没有"转换成"对政治权力、更好的医疗或更好的教育等其他社会善的支配，那么他就没有违背"复合平等"的要求。某种社会善不合理地跨越了所在分配领域的边界，进而形成了对其他社会善的支配，这时就会出现社会的不正义。"产生平等主义政见的，并不是有富有与贫困并存这一事实，而是富者'碾碎穷人的容颜'，把贫穷强加到他们身上，迫使他们恭顺这一事实。"[1] 这里的关键问题是，通过消除"支配性善"的垄断，尽可能地保证人们进行选择与行动的自由。"保证自由平等，要讲究区分的艺术。……欲在当代复合多元的社会条件下，保证自由平等就必须对分配领域做出区分，消除领域间社会善的支配性，就像要在政治权力与宗教之间做出的区分那样。当然，在每个领域内部，可能存在着垄断和不平等，但只要其反映了该领域的内在的分配原则，我们就没有必要担心。……分配正义在很大程度上是区分确定不同分配领域界限的问题。"[2]

通过确定善的社会意义以及由社会意义所决定的分配原则，我们就可以设定分配领域的边界。在此，德沃金批评沃尔泽的分配领域过于"理想化"，但这可能是德沃金的一种误读。德沃金使用"理想化"一词可能意味着"普遍与永恒"，但对沃尔泽而言，这些分配领域在不同社会之间可能是变化的；唯一普遍的是，无论何种社会都应对分配领域进行区分。沃尔泽在《正义诸领域》一书中，对分配领域所做的区分，就是针对他所处的社会（美国社会）而言的。[3] 善的社会意义是与共同体紧密相关的，在不同的共同体中，善的社会意义可能不同。就这一点而言，分配正义是与实施它的共同体密不可分的。在《正义诸领域》一书中，沃尔泽多次强调了这一点："正义原则本身在形式上就是多元的；不同的社会善应当基于不同的理由、依据不同的程序、通过不同的机构来分配；并且，所有

---

[1] ［美］迈克尔·沃尔泽：《正义诸领域：为多元主义与平等一辩》，褚松燕译，译林出版社 2002 年版，第 3 页。

[2] M. Walzer, "Liberalism and the Art of Separation", *Political Theory*, vol. 12, no. 3, August 1984, pp. 320–321, 323.

[3] ［美］迈克尔·沃尔泽：《正义诸领域：为多元主义与平等一辩》，褚松燕译，译林出版社 2002 年版，第 5—8 页；R. Dworkin, "To Each His Own", *New York Review of Books*, April 14, 1983.

第五章　社群主义的类型及其对罗尔斯的批评

这些不同都来自对社会诸善本身的不同理解——历史和文化特殊主义的必然产物。"① "正义是与社会意义相关的。……我们不能说这个人或那个人应得的是什么，除非我们知道这些人是如何通过他们生产和分配的东西彼此相联系的。……有无限多的可能生活，他们受无限多的可能文化、宗教、政治安排、地理条件等影响。如果一个社会是以某种特定方式——也就是说，以一种忠实于成员们共享知识的方式过实质生活的，那么，这个社会就是公正的。"②

通过上文的阐释，我们已经考察了有关自由主义的社群主义批评的相关思想家。最后，我们通过总结的方式来看一下他们对于自由主义的批评是否是相互关联的，以及这四位思想家是否是同一意义上的"社群主义者"。

1. 我们概括一下他们派别的相似性，主要从对自由主义批评的五个方面分别进行论述。

（1）人的观念。在这一方面，问题的焦点是某种作为先验的个性化或者无负担的人的观念，一种不承认个人发展附属于共同体，来选择他们的目的、价值、善观念的可能性，也不承认共同体可能成为他们身份的构成部分。桑德尔和麦金太尔明确地论证说罗尔斯持有这种观点。

（2）个人与共同体。假定任何个人的目的、价值以及身份（无论其内容如何）可以被认为先于他作为其成员的广泛共同体而存在的哲学错误；没有承认那些特殊的人类诸善的意义内容或者核心是内在公共的特别是共同体的善。麦金太尔与泰勒展开的论证，试图颠覆这一利己个人主义的哲学观点，并且麦金太尔明确地论证了罗尔斯持有这种观点；桑德尔展开的论证，反对利己个人主义的实质性见解，并且明确认为罗尔斯持有这一见解。

（3）普遍主义与多元主义。在这里，问题是罗尔斯的正义理论是否倾向于普遍地适用和跨文化地适用，而不顾这一理论的文化特殊性。沃尔泽提出了一种观点，试图批判任何这样的政治理论观念；他也明确地指出

---

① ［美］迈克尔·沃尔泽：《正义诸领域：为多元主义与平等一辩》，褚松燕译，译林出版社2002年版，第4页。

② ［美］迈克尔·沃尔泽：《正义诸领域：为多元主义与平等一辩》，褚松燕译，译林出版社2002年版，第417—418页。

罗尔斯持有那种观念。

（4）道德偏好。在这里，分歧的焦点是那种个人的目的、价值与善观念的选择是任意偏好的任意表达的观点，在根本上无法得到合理证明。麦金太尔和泰勒试图瓦解这一观点；桑德尔和麦金太尔都明确地指出罗尔斯持有这种观点。

（5）善观念与价值选择。人们批评罗尔斯的正义理论并非表面上看起来的那样，在各种竞争性善观念之间保持中立。人们论证说，那种禁止在政治领域里援用"强"善观念的政治理论，其本身必然会利用这种观念为自己辩护；作为贯彻这一理论结果的自由主义社会，可能会歧视它的公民所持有的善观念，这些善观念在某些方面没有明确地为那种保护所有公民自律的需要所认可。桑德尔、麦金太尔和泰勒都在这方面对罗尔斯展开批评。

社群主义对自由主义的批评主要集中在人的观念、利己个人主义、普遍主义、道德主观主义以及中立的主张方面。正如我们在前文中所强调的，任何一个持有先验个性化的人的观念的人，都很有可能被吸引到为特定的利己个人主义和道德主观主义辩护的立场上来。因此，他的道德与政治思想也将依赖一系列强有力的非中立的前提假定。但是，这些信念并没有限定某种特殊的政治推理方法论的概念，也没有为这种特殊的方法论概念所限制。大体来看，前一种信念规定了一种理论的实质内容，而后一种观念则限定了这一理论的范围，而一个人的理论是否应该具有普遍适用性在很大程度上与它的内容无关。

2. 作为整体的社群主义者之间的异同。每一位自由主义的批评家，似乎都可以被看作是"社群主义者"。我们已经考察过的这四位社群主义批评家，以三种明显不同的方式运用了共同体的概念。麦金太尔和泰勒体现为一种方式，他们把对共同体的参照看作是任何有关人类自我、行为以及实践推理说明的主要部分；桑德尔的主张较为局限，大体相当于这样一种观点，即对共同体的构成性归属是一种重要的人类善；沃尔泽之所以援用共同体，仅仅是为了对于有关正义的实践推理做出一个充分的说明——有关正义的客体而不是正义的主体。根据这一理解，我们可以说，麦金太尔和泰勒是最明显的社群主义者；桑德尔和沃尔泽则表现为社群主义的两个变体，他们所针对的焦点不同，而且其视野也更为有限。

综合来看，所有这四位社群主义者都在运用某种特殊的、公共导向的人的观念,在这一点上他们是相似的。在麦金太尔和泰勒的情形中这一点最明显:泰勒所主张的人类作为语言共同体中的自我解释动物的基本观点,与麦金太尔的新亚里士多德主义观点十分相似。那就是,人类只有通过由实践和传统遗留给他们的概念和标准,才能使他们作为人的自我具有意义。沃尔泽的贡献主要体现在关于政治理论的方法论方面,他主张,政治理论首先应该承认人类在根本上是文化创造的和文化的产物。桑德尔对于拯救的关注,以及对于共同体构成性归属的可能性的强调,可以很容易地理解为这样一种方式,即突出人类身份与共同体认同之间的相关程度。大体而言,所有四位社群主义者在某种观念上是一致的,即人的观念在整体上与人们所创造、保持和生活的文化、语言共同体紧密相关。

社群主义对罗尔斯的利己个人主义、道德主观主义以及在各种善观念之间的不充分中立的批评,大多依赖于把他的著作归结为某种先验个性化的人的观念。这种人的观念明显在根本上与我们已经断言的支撑这些社群主义者的那种人的观念是对立的。因为如果自我是先在地个性化的,那么实现对于共同体构成性归属的可能性便被排除掉了;而那种公共框架的创造、居住和保持可能成为人格的主要部分的观念,也无法得到充分的承认。当然,看到自由主义与社群主义在竞争性的人的观念之间的根本对立,也恰好凸显了罗尔斯持有这样一种观念在这场争论中的核心作用。

桑德尔之所以认为罗尔斯持有形而上学的先验个性化的人的观念,是因为这能够说明罗尔斯赋予保护个人自律的绝对的优先性。因此,在这一意义上,桑德尔归结于人的观念的角色,反映了他对于自由主义框架下基本自律的理解。当然,展开某种作为文化创造的和文化定居的人的观念的关键结果之一,就是那一强调落在了个人只能通过与他人合作,才能行使的那种能力上。文化与社会是人类共同体的创造物,它们无法在个人的基础上产生和保持,它们所提供的对于人类的人格与行为如此重要的资源,是通过我们的共同体留传给人们的。因此,通过强调个人对于共同体的必要依赖的程度和范围,社群主义者的人的观念反对强调个人自律的经典自由主义观念。

这一表述表明,在自由主义者与社群主义者的不同侧重点之间,不必存在明显的对立和矛盾。更为特别的是,社群主义者强调不应该认为单个人独立于他或他的共同体的诸方面,也没有限定个人自律应该被完全废弃,或者作为一种人类善而被彻底降级。它是旨在质疑那种绝对的优先性，以及自由主义者倾向于分配给那种善的普遍性；它是在主张，那种优先性和普遍范围都应该有所限定或限制。这就是说，在所有的社群主义者之中，只有麦金太尔明确地并且近乎绝对地敌视作为一种普遍道德传统的自由主义；泰勒明确关注的是批评自由主义的辩护方式的某些方面，而不是批评作为整体的自由主义传统；沃尔泽的诸多方法论辩护带有某种强烈的自由主义色彩；桑德尔的明确批评仅仅是要表明，自由主义有它的局限性。在这一意义上，社群主义者对于自由主义的批评，可以用这段文字加以总结：它是试图确定自律的诱人之处与价值的局限性，而不是要拒绝自由主义的整体价值和诱人之处。

第六章

罗尔斯正义理论的证立

证立（justification）不同于论证（proof）。对罗尔斯而言，论证仅仅显示了命题间的逻辑特征；而证立则要求我们对于初始命题的认可同意，并且由命题所得来的结论必须是广泛为人所接受的，即是直觉上不得不支持的。罗尔斯的想法是：理想上，企图证立一个正义观念也就是给对方一个对于共同接受之前提的推论，而这些原则和结论也依次符合我们深思熟虑的判断。

第一节 道德证立

罗尔斯正义理论的证立问题必然涉及其程序正义理念，以及同程序正义理念配套的所有观念，诸如正义即公平、原初状态、反思平衡等。但从罗尔斯正义理论的整全性设计出发，其中最重要的似乎是道德证立——即选择正义原则之理论系统的证立，究竟该以什么为出发点（starting points）的问题。对于道德证立可分为三个层面。即第一序的证立：可称之为适用证立。当我们对某一个人或某一团体的行为，或者整个社会制度做道德判断的时候，我们必须依据某一道德原则；而第一序的道德证立所要做的便是检查我们所做的道德判断，是否确实为这个道德原则所支持，换言之，这个道德原则是否能够妥帖地适用于特定的行为或制度。第二序的证立：可称之为原则证立。我们不难发现，支持第一序证立的道德原则本身也需要被证立。第三序的证立：可称之为理论证立。借由上述的分析，我们也将发现支持这个道德原则背后的整个理论系统，同样也需要被证立。笔者所处理的证立问题将只是在第二序的道德证立上。相关于道德原则的第三序证立，换句话说，推导道德原则背后的整个理论系统的证立，并不在本书的处理范围之内。笔者将假定罗尔斯正义理论的第三序是成功的，在这样的前提下，检查其第二序的原则证立是否合理。同样地，笔者将接受罗尔斯的证立观点，即，证立不但显示了命题之间的逻辑特征，同时也要求我们对于初始命题的认可，而且，由命题之间所得出的结论，必须是广泛为人所接受的。[1]

罗尔斯正义理论的中心是纯粹的程序正义，是假然的契约理论，同时也是反思平衡。当然对于罗尔斯来说，这三者现在是稳定的融贯在一起的，但事实上是否真正实现了这种稳定的融惯性就是留给我们的证立问题。否则，很可能会消解掉整个的纯粹程序正义、假然契约论而终至反思的平衡这样的骨牌效应。对罗尔斯的正义理论而言，这三者只能是彼此融贯在一起，缺一不足以解释其二。

反思平衡是一个非常值得讨论的方法论。罗尔斯给予深思熟虑的直觉判断以极高的地位，实质目的与契约论推导正义原则的命题必须经过同意的想法是一样的。因为罗尔斯的证立理念，原本就是要说服原先不同意他的人，最终能够同意他的论述。因此，起始的同意到最终的同意之间的平衡是不可或缺的。反思的平衡就是要说服我们自己，要说服他人，使得所有的人能够达致并同意我们最终的结论。契约论与罗尔斯理论的效力部分，也就是"同意"，这样的理念在反思的平衡中占据了一个主导的地位，这使得我们不能去除契约论的主要部分，即之所以有效力的部分，而仍保持反思平衡的完整性。

现在我们再看纯粹的程序正义，可以发现整个契约理论的架构就是程序正义的理念。当双方订立契约，同意在达成某些原则之下，双方应有的义务与应得的权利要求，只有当这些双方认为公平的依序达成的情况下，原则的效力才会实现。我们不会订立一个契约，内容只是针对于分配结果，契约的概念就是程序正义理念的实现，我们不会也不能因为其他的理由来要求对于原先已经分配好的事物的权利。契约的效力起源就在于白纸黑字上的程序内容。如德沃金所言，我们不能够因为其他合理的理由，其他的程序内容，改变其结果而仍具约束的效力。当然必须得说明的是，这里所谓的契约效力是不讨论因欺诈、胁迫或受限制的契约内容。我们乃是假想一个公平的缔约环境，理性人为追求自身的利益而在其中所缔定的契约；而这样的契约，其效力是在同意之下为程序正义所说明的。

---

[1] John Rawls, *A Theory of Jutice*, revised edition, pp. 507–508.

第六章 罗尔斯正义理论的证立

回顾罗尔斯对正义理论的分析，存在一种使得其正义理论不能做一个较没有问题的二合一区分。即，其一说明原初状态的设定与直觉判断之间反思平衡的特征，另一说明所选的正义原则与纯粹程序正义之间的应用特征。这种二合一的划分法虽然没有理论系统的问题，但同样是在反思平衡的作用之下。这样的设计是否确实只能推导出程序正义理念是为反思平衡的对象之一，换言之，笔者不同意程序正义也可以是反思平衡的对象。理由就是因为笔者认为反思平衡、程序正义与契约理论是三合一而融贯的理论系统，是道德证立中的主要对象群组，没有一个理念可以独立说明从同意到效力，从效力到证立之间的特征。罗尔斯认为，我们可以修饰对于原初状态（initial situation）的说明，或许是改正我们既存的判断。那我们确实要指出一个问题所在，即，既然我们同意原初状态的设定，既然我们采纳契约论的观点，采取正义即公平的理念，那为什么直觉对于这样公平的结果具有否定的力量呢；或者，我们可以反问罗尔斯，反思平衡的对象可不可以是"程序"本身呢；问题就在这里，会不会存在一种可能性，即，所有我们能够接受的前提，经过程序正义的作用之后，得出的结果都是我们直觉上不能接受的？假如存在这种情况，反思的平衡是不是得考虑修正"纯粹的程序正义理念"？换言之，有没有可能，反思平衡作为一种方法论，得出另一组融贯一致却在结构上完全不同于罗尔斯正义原则的系统环境？

对于罗尔斯的另一个诘问，也就是演绎推论的问题，同样是困在反思平衡的概念之下。但这个问题倒没有程序正义理念问题来的严重。如果说演绎推论只不过是加强我们对于所得结论的信念，或者是说一个强有力的理由；假设存在其他的方式，或其他的直觉、理由导致更强的另一种信念，那放弃演绎推论以求得广泛的同意，在不违背正义即公平的理念下是否存在这种可能？笔者认为演绎推论无论有无，都能够与正义即公平的理念、契约论进路以及反思平衡的技术相容。对比于罗尔斯的理论，笔者最终提出的问题是：直觉的力量必须有所限制，如果我们不能说明它为何合理、不能说明其意义。那被限制的直觉，就不应拿来做平衡的因素，无论这样的直觉感受是多么的强烈。因此，问题在于对某种分配的接受度，是不是个该被限制的直觉。德沃金曾对罗尔斯假然契约的效力表示质疑，这事实上只是转移了我们对于罗尔斯正义理论的约束力是来自于假然契约概念的想法。德沃金并不认为理性的理由、原初状态的设定、假然性契约等概念，能够足以提供约束的理由。套用诺齐克所定义的语词，我们似乎可以宣称，罗尔斯其实是一个模式化的分配正义论者，即使他化着程序正义的面装。但这么说又失之公允，因为我们可以发现，罗尔斯将分配正义作为体现纯粹程序正义理念的努力。这一切只能说明，我们的直觉信念，总是在类模式化之分配正义理论，或类历史观分配正义理论之间摆荡着，有待我们的拨正与厘清。

总体而言，罗尔斯正义理论所遭遇的困难与攻击，主要是原初状态的设定以及从原初状态这样的抉择环境到差异原则之间的推导与证立问题。罗尔斯希望能够将他的假然契约的抉择环境，也就是原初状态设定为一个符合纯粹程序正义理念的缔约环境，并且引入反思平衡的方法，在原初状态的设定与我们深思熟虑的直觉判断之间取得一个均衡，使得我们最终推导出来的正义原则是能够被普遍接受的，也是具有约束力的道德原则。罗尔斯论证，假如我们接受原初状态的设定，也就是他认为是通过反思平衡的最终设定；那我们在这些设定之下，如，无知之幕的限制、候选原则的形式限制、缔约者的特质、正义的环境等，我们最终将会采取最小值极大化的理性规则，选择他所提出的差异原则。

第二节 最小值极大化规则

我们所要探讨的问题就在这样的推导中浮现出来。首先，我们可以质疑罗尔斯原初状态是否真的是一个符合纯粹程序正义的缔约环境，而德沃金则质疑假然性的契约是否具有道德上的约束力。其次，在差异原则的论证方面，我们也可以质疑在原初状态下采用最小值极大化规则就必然是理性的作为，反而采用期望值极大化规则的做法才是理性的，但期望值极大化规则并不能推导出差异原则，而只能是平均效益主义原则。即使我们同意最小值极大化规则是不确定抉择环境下的理性策略，那么我们还是不会推导出差异原则，反而可能会是平等原则。我们或许可以看到，罗尔斯所谓推导出最小值极大化规则的"不确定抉择环境下之三特征"，其中的后两项特征，将与罗尔斯正义理论的前提相冲突，而即使不相冲突，"不确定抉择环境下之三特征"也不蕴含最小值极大化规则，而只能是某种最低限度的担保原则。

罗尔斯不确定抉择环境下应用最小值极大化原则的第一个特征，也就是概率是不可计算的，或者计算是没有把握的特征，会受到不同程度的质疑。因为即使在不确定的抉择环境下我们没有办法计算各种选项的概率，但我们也不可避免地会对于各种选项做出主动的概率分配，即使是采用最小值极大化规则的人们也一样。因为从他们的思维当中，我们可以隐然推论出他们主动安排近乎100%的概率给最糟糕的结果，而这样的主动概率分配却是不理性的，有什么样的理由能够支持这样100%的概率分配？在不确定抉择环境下，我们或许应该对所有的选项安排相同的概率，而这样的概率安排，才是合乎理性的做法。除此之外，我们必须还有相关于我们能够承受、能够接受的底线知识。假如决策的结果都在底线之上，换句话说，我们都能够接受这些结果，那么期望值极大化规则确实比最小值极大化规则来的合理。但是，万一某些决策的结果是在底线之下，而最小值的极大化的结果是能够超过这样的底线，那么，似乎最小值极大化规则就比期望值极大化规则还要来的合理了。我们可以发现，期望值极大化规则似乎只有在不需要考虑决策方处境的情况下，才是合乎理性要求而有效的。反对上述论点的人可能会认为，在原初状态当中，我们可是在无知之幕背后做选择的，而先前的设定，却只是部分的无知而已，使人们知道自己的底线，或者是具备考量底线的知识，而罗尔斯的理论设定却不会同意这样的知识。退一步来说，即使底线知识的考量与计算是不可能的，或者，是无知的，期望值极大化规则还是不能够用来做我们在不确定抉择环境下的抉择策略。"底线"会影响到我们对于期望值极大化规则的应用，现在即使我们不知道"底线"究竟在哪一个水平，我们还是知道存在着"底线"。对于期望值极大化规则的应用，唯有在我们能够提出一个理由，证明我们不需要理会"底线"所带来的影响，或者证明根本没有"底线"，不然，就是必须保证期望值极大化规则，是应用在"底线"的水平之上的，换句话说，是不需要将"底线"纳入考量的。所以，期望值极大化规则也只是在我们不需要考虑"底线"水平的时候是对的。当我们需要考虑"底线"的时候，最小值极大化规则还是比较能够让人接受的不确定环境下的抉择规则。

  由于理性的生涯规划在原则的决定之前是没办法判断的，因此我们没有办法找到一个保证达到所有人需求水平之上的门槛。因此，如果我们只是注意到最不利地位者的利益，反而可能使得所有人的分配份额低于门槛，而如果所有人的分配份额是高于门槛，那反而没有理由去偏好可能导致某些人的分配份额低于门槛的最小值极大化规则，这还是得当我们知道"门槛"的需求水平在哪里才能够判断，既然我们没有办法知道门槛的水平，要求一个最低额的担保原则即使是合理的也是无法实行的。最小值极大化规则在"厚无知之幕"的要求下，还是最合理而可行的抉择策略。

罗尔斯论证的两难在于：一方面，倘若我们所假设的"门槛"是可以被定义的，那么最低限度的担保原则将会比最小值极大化规则或者是平等原则来的好；另一方面，倘若这样的门槛是不能被定义的，我们便失去了一个基础，去排除收入与财富的分配则沦为是一种赌注的说法。在前面我们已经论证"门槛"至少在"厚无知之幕"下是没有办法定义的，但是我并不认为，假如"门槛"不能够被定义，收入与财富的分配便沦为一种赌注。上文的说法如果要成立，就得论证其他不确定抉择环境下（除了他所提的担保原则之外）的抉择规则都不具理性的基础，也就是说，即使这些规则决定了收入与财富的分配，却没有合理的理由说明我们为什么采取这些规则，在这样的条件下，我们才能够说分配不过是一种赌注，或抉择规则的选择不过是一种赌注。但是我们确实有合理的理由，说明某规则在不确定的抉择环境下，背后是有着坚实的理性基础的。即使无知之幕揭开之后，我们发现另一原则对我们来说才是比较好的，我们还是得承认，在"无知之幕"之下所做的选择是理性的选择。即使在审慎考虑之后所做出的决定即使在后来被证明是错误的，我们也不能说在当时审慎考虑之下所做的决定不过是一种赌注；而唯有在我们不过是随便选择，这样的情况才能够说是一种赌注。

另外，正义原则所应用的合作体系，并不保证我们能够实践我们的理性规划，理性规划依旧是必须与正义的概念相容的，我们的理性规划不应超过一个合作体系所能够承受的程度。更何况当我们选择正义原则的时候，我们只能就基本有用物品做考量，而基本有用物品是愈多愈好的，即使掀开"无知之幕"之后，我们发现基本有用物品不能够满足我们的需求，我们仍旧没有理由宣称正义原则的选择不过是一种赌注。

从以上的理由，大体可以得出这样的结论：一方面，需求门槛在厚"无知之幕"之下是不能够被定义的；另一方面，我们不能在现实世界事后宣称在"无知之幕"之下的理性决定不过是一种赌注，我们不能在对于资讯全然掌握的情况下，揶揄在另一种情况下，有效利用有限资讯的理性决定不过是一种赌注。

至于相关当然原则的论辩，主要在于当然原则究竟适不适用于正义的抉择环境。对于某些学者来说，当然原则与其他原则所构成的决策原则可能会与我们公平的观念相抵触。如，说明对于当然原则来说并没有差别的抉择环境，却不相容于我们的公平观念；而且当然原则并没有考虑到信守的压力，也因此与罗尔斯正义理论的部分设定相冲突。不过，在某些条件之下，两个相同结构的分配，如六四分配与四六分配，不会因为其中一种的分配是每个人都有机会分配到较高的份额，而在道德上可以接受的。不过，假如这样的结构是中性的，无关乎道德议题的，或者是道德上没有其他更好的选择的，那我就认为公平机会的想法是具有其道德意义的。

因此，假如结构本身就是道德上具有争议的，那么即使付诸机会平等的理念也没有办法消弭这样的错误。只有在结构本身并不牵涉到道德判断，那么机会平等的想法在这样的结构下才具有一定道德上的分量。但是，假如某种分配的结构在道德上被证明比其他的结构好（即使同样是有争议的），甚至是比其他非结构式的分配方式可行（非结构式的分配方式，如诺齐克的历史观分配正义原则，他也将这种结构式的分配正义原则称为模式化的分配正义原则），那么我们将机会平等的要求施加在这样的分配结构就更能够加强我们对于这种结构的接受程度。至于有些学者认为当然原则并没有考虑到信守的压力，笔者也同意这样的说法，而且笔者觉得，理性公设似乎并不考虑抉择者的处境，这些公设都只考虑到抉择选项的资讯，却忽略了相关于抉择者这方面的问题。综合以上的讨论，笔者还是认为，最小值极大化规则，或者称之为小中取大规则，是最贴切于正义的观念，也是最为合理的不确定环境下的抉择原则。

此外，有一个问题是值得考虑的。假如我们同意最小值的极大化规则在原初状态之下的应用是理性的话，那我们从候选原则当中，选择符合最小值极大化规则要求之正义原则究竟意味着什么？这或许有两种解释：一是我们选择一个正义原则，其理念是保障社会中的最不利地位者；另一种解释是，我们衡量所有的正义原则，选择一个正义原则在社会基本结构的应用上，结果是最能够实现最不利地位者之利益的。这样的区分预设着：不同的正义原则应用在基本社会结构上，会有不一样的经济生产总值，换句话说，我们并不是对一份固定的资源做分配。

假如以保障最不利地位者需要理念的差异原则应用在基本的社会结构上，这样的结果使得最不利地位者的利益提升到 100 个利益单位，另一个并不以保障最不利地位者为目的的 X 原则却使得落在 X 原则所应用的基本社会结构中的最不利地位者，获得超过 100 单位的利益。那么，依据最小值的极大化规则，我们应该选择 X 原则还是差异原则？依据定义，最小值极大化原则会支持 X 原则而不是差异原则，同样地，最小值极大化规则也有可能选择平等原则而不是差异原则。

第三节　反思平衡的道德方法论

在审视罗尔斯的原初状态是否为符合纯粹程序正义理念的缔约环境时，一开始便会遭遇到基础性问题，即罗尔斯的纯粹程序正义的理论是什么？假如他有这一套理论，理论却不止支持一套缔约环境，换句话说，可能会有许多原初状态的版本都受到这套理论的背书，却每一组原初状态都推导出不一样的正义原则。在这样的情况下，我们应该选择哪一套原初状态作为我们决定正义原则的公平抉择环境呢？诺曼·丹尼尔斯（Norman Daniels）曾指出，罗尔斯并没有一套关于程序正义的理论[1]，在《正义论》一书中，罗尔斯只是提到了各种程序正义的类型[2]，而且丹尼尔斯也认为："即便我们有了一套程序正义的理论，我们还是没有办法依据这套理论，来决定原初状态公正与否的问题。因此我们便期待厚的无知之幕能够保证所要的公平，排除代表人能够揣测出不公平利益的特定资讯。然而，并没有任何一套独立的程序正义理论可以决定出帘幕的厚度。我们还是必须知道，关于个人的什么样的事实是道德上相关的或者是中立的。"[3] 笔者并不能够理解丹尼尔斯为什么会认为没有一套独立的程序正义理论能够决定出帘幕的厚度，以及我们还是需要怎样的关于人的事实是道德上中立或相干的想法。程序正义理论本来就是应该确保程序本身的中立性，这样的中立性也是程序正义理念广为众人所接受的地方，也因此，程序本身在建构上是不能够偏于任何一方的。所以，在建构程序的时候，我们本来就必须厘清、解决什么样的事实、资讯是道德上中立或者是相干

---

[1] Norman Daniels, *Justice and Justification: Reflective Equilibrium in Theory and Practice*. Cambrige 1996, pp. 50–52.

[2] 如：完善的程序正义、不完善的程序正义与纯粹的程序正义。

[3] Norman Daniels, *Justice and Justification: Reflective Equilibrium in Theory and Practice*. Cambrige 1996, p. 51.

的。也就是说，一套程序正义的理论自然必须涉及一套判准，是用来决定什么样的事实或知识是道德上中立与相干的。在这样的情况下，怎么会有一套程序正义理论，对于这样道德相干的与中立的事实是束手无策的呢？

或许丹尼尔斯的初衷是认为我们并没有办法提出、证立一套程序正义理论对于这类事实的判准。换句话说，可能有多套程序正义理论，其中有多套对于道德上中立与相干事实的判准，因此导致多套罗尔斯式的原初状态与"无知之幕"。但究竟哪一套判准、哪一个版本的原初状态或者是"无知之幕"才是对的呢？才是为人所接受的呢？笔者认为答案就在于反思的平衡。

反思平衡借助我们深思熟虑的直觉判断与正义原则之间的适切度，决定了哪一套关于程序正义的"判准"才是对的，是为人所接受的。换句话说，反思平衡告诉了我们：哪一套"纯粹程序正义的理论"才是对的，即使事实并没有这套理论。笔者曾认为罗尔斯"正义即公平"的理论之建构理念，却可能会因为反思平衡的结果而被消解掉的疑虑，在这里便获得了解决。假如我们一开始同意一套程序公平的原初状态，而从这套原初状态之中推出了一组正义原则，这组原则的实行结果却与我们深思熟虑的直觉判断相冲突，那么我们的做法便是再检查我们的直觉判断，不然就是回去检查这套原初状态的设定，从这两边去权衡、修正。在这样的反思平衡过程中，我们不但可以重新组织我们的直觉判断，排除部分我们原先坚信却是不相容于我们体系的直觉，另一方面，我们也是正在修整，甚至是建立一套程序正义的理论。我们并没有放弃纯粹程序正义的理念，对于我们直觉判断与正义原则分配结果的冲突，也不会破坏我们对于程序正义理念的支持。而是我们只是放弃了一套程序正义的理论，寻求另一套正确的、为人所接受的程序正义理论，来达成我们内在道德判断的一致性。

如果我们并不能决定"无知之幕"的厚度，换句话说，我们不知道到底该隐藏多少资讯，即，我们对于某些事实是否是道德上中立或者是相干的问题无从判断；那么，我们深思熟虑的直觉判断就是最好的答案。如果某种"薄无知之幕"所推导出的正义原则所安排的分配，相较于罗尔斯"厚无知之幕"所推导出的差异原则所安排的分配，可以更为我们深思熟虑的直觉判断所接受，那么"薄无知之幕"的版本就是较为正确的程序正义理论所支持的版本。所以，笔者认为罗尔斯正义理论的"纯粹程序正义"的理念并不会因此而松动，我们只不过是寻求更为人所接受的，更正确的程序正义理论罢了。因此，笔者并不认为反思平衡的作用会将程序正义的理念纳入修正的对象，反思平衡的作用仅会影响到一套程序正义理论的内容，尤其当我们考虑到罗尔斯不希望将分配正义的问题成为一个分派正义的问题的时候。

  罗尔斯建立"作为公平的正义"这个理论的主要目的是要在功利主义、直观主义及完美主义之外提供给我们一个别的选择。由于他深信功利主义在西方伦理及社会上有着根深蒂固的基础，他一定也充分地了解到他的理论会引起很大的争议，因而，它需要强而有力的理论依据。道德方法学在这里扮演一个重要的角色。传统上，有两种伦理学家们经常用来证明道德理论的方法，罗尔斯对于它们都不满意。第一种被广泛应用的方法，罗尔斯称之为笛卡尔主义（Cartesianism）。这种道德理论的证明法，一开始就提出一组被认为是自明的原则（self-evident principles），从这组自明的原则，我们再采用演绎推理的技巧导出一组实质的道德原则。笛卡尔主义者们认为，我们可以不需要证明就发现这样的一组道德真理，有些人甚至认为这组原则是必然地真。在道德哲学中，第二种我们常碰到的证明方法是自然主义（naturalism）。自然主义方法的第一步是用一些非道德性的词语来界定道德性的词语，然后再用日常我们所接受的常识或科学的程序来证明道德的原则。虽然自然主义者们并不认为有一组不证自明的道德原则，但他们也不认为自己的证明方法会造成任何的困难。只要我们对于一些基本的道德词语能够界定得妥当的话，对于道德原则有效性的证明就像对于科学理论的证明一样，并不会造成一种特别的问题。

  罗尔斯对这两种证明方法都不满意。因为我们找不到一组不证自明的基本道德原则可以作为其他实质的道德原则的基础，因此，笛卡尔主义是站不住脚的。罗尔斯指出，如果我们把道德原则视为立约者们在原初状态中对于普遍的事实有了解的情况下所作的选择的话，那么它们就不是必然性的。自然主义由于把定义视为建构道德理论的主要工作，而那些定义本身最后还是需要找到理论依据，因此，它成功的希望也不大。如果我们回想一下罗尔斯对于道德理论的想法，就不难了解他为什么会反对这两种证明的方法。他在方法学等基础问题方面深受他的同事蒯因（Quine）的影响，因而采取了一种整体主义（holism）的立场。从这个立场，他认为在建构实质的道德理论时，概念分析的方法是不足够的。在《论哲学的方法》文中，尼尔森（Kai Nielsen）把这点说得很清楚："当我们专门来考虑罗尔斯的作品时,必须牢记在心的重点是,在有关基础方面的问题,他深受他的同事蒯因的影响。特别可以指出的是,这表示他对于分析与综合的区分(一般所公认的区分)并不赋予什么哲学意义,并且,他不认为他分内的哲学工作是对于道德或政治的概念作分析或阐释。他对于阐释概念的分析工作与探讨实质上的问题的工作并不作明显的区分——他认为这种区分是不自然的,更不用提把前者当作哲学唯一的分内的工作这种主张了。罗尔斯提出实质的主张,把他的理论建立在非必然性的事实上,借用科学上的理论,并且把他自己的主要工作——道德哲学的工作——视为是给予我们道德能力的一个说明。这种能力包括提供及辩护我们有关对错以及好坏的深思熟虑的判断。"[1] 由于对笛卡尔主义及自然主义的不满,再加上对道德哲学的基本看法,罗尔斯必须提出自己对于道德原则证明的方法。在推导与证明道德原则这个问题上,罗尔斯采用了两个方法,他认为,一组道德原则之所以成立能够由下面两种方法得到证明:如果我们可以证明这组原则是立约者们会选择的,这是契约的方法;如果我们可以证明这组原则与我们对于道德问题的深思熟虑的判断相吻合,这是反思的平衡法。

反思平衡法有两个用途,它一方面被用来对自然状态作规定及解释;另一方面,它被用来作为证明道德原则的根据。在描述及规定自然状态时,反思平衡采取的是双管齐下的办法。我们先规定出一组深思熟虑的判断,把它们视为是暂时的固定点,对于这组判断,我们具有直观的信心;但是,由于理论尚未建立,所以它们不能说有理论上的根据。在找到这样一组判断后,我们开始进行对自然状态的描述,我们希望尽量地采用弱的以及大家都愿意接受的前提。在对自然状态描述完成后,我们试看它能够推出什么原则,然后用这些原则来跟那组深思熟虑的判断作比较,如果这组原则与那组判断相吻合,则它们之间就显示出一个均衡。所谓吻合所指的是,从这组原则及相关的初始条件,我们可以推导出该组判断。初始条件所描述的是某些具体的环境,它们之间显示这种均衡也就表示我们对自然状态的描述可以被接受。当然,在描述自然状态时,一开始就能有这种吻合的情况出现是不太可能的事,它们之间在某些地方总会有些差距。当

---

[1] Kai Nielsen, "On Philosophic Method", *International Philosophical Quarterly*, Vol. XVI, No. 3 (Sept. 1976), pp. 358-359.

这种差距出现时，我们就面临一个选择，在修改对自然状态的描述或放弃一些深思熟虑的判断之间，我们可以作一个选择。一方面，如果对某些判断并不是那么有信心，则我们可以将它放弃；另一方面，如果对某些深思熟虑的判断极有信心，则我们可以修改对自然状态的描述。我们一直作这样来回的修正，直到两者之间有了完全的吻合。这时候的情状，罗尔斯称之为反思的均衡。它是一种均衡，由于自然状态所推导出的原则与深思熟虑的判断之间没有任何差距；它又是一种经过来回修正后所获取的结果，因此，是经过反思的。

反思平衡的证明方式是一种整体主义式的，它把建立理论依据的问题视为是一种一个理论中各项元素之间彼此支持的结构。深思熟虑的判断与实证论者所提出的观察语句之不同处就在于它是可以被修正或放弃的，因此，它也不是一种基础主义（functionalism）的证明论。究竟这种证明理论是否能克服直观主义及相对主义的困难，是一个有待探讨的问题。

结　　语

以赛亚·伯林（Isaish Berlin）曾写道："二十世纪没有出现政治哲学方面的权威著作。"[①] 从现象上看，这种情况似乎仅仅是政治哲学家们创造力衰竭的某种表征，却在更深的层次上引发了关于西方政治和政治文化总危机的争论，以至在20世纪五六十年代，西方学术界有人发出了政治理论已经衰落和政治哲学已经死亡的惊呼。在政治哲学从社会中隐退了将近半个世纪之后，罗尔斯《正义论》的出版，将它重新由象牙塔中带进了社会。政治哲学在经历了政治理论史研究和行为主义政治学的冲击后恢复了尊严，进入了以罗尔斯为中心的新的发展阶段，迎来了继古希腊城邦政治学和近代社会契约论这两个经典政治哲学创造性时期后的第三个高峰时期。罗尔斯本人也由此进入了20世纪最为重要的政治哲学家的行列。这本书1971年出版之后所引起的冲击不仅是限于学院中的哲学系以及专业的哲学刊物，经济学家、法理学家、政治学家也都纷纷讨论及批评罗尔斯的理论。更有甚者，除了学术界的专业刊物之外，我们可以在《纽约书评》（New York Review of Books）、《纽约时报书评》（New York Times Book Review）、《经济学人》（The Economist）、《旁观者》（The Spectator）、《新共和国》（New Republic）、《华盛顿邮报》、《观察者》（Observer）及《泰晤士报高等教育增刊》（The Times Higher Education Supplement）等非专业性的书报中找到讨论罗尔斯的文章及书评。一本哲学著作引起非哲学界中如此的回响，在半个世纪以来英语世界的哲学界中几乎是空前的。迄今为止，《正义论》已经有不下二十种不同文字的译本，其影响波及除哲学、政治学、伦理学之外的法学、经济学、心理学、社会学、教育学、宗教、

[①] I. Berlin, "DoesPiltical Theory Still Exists?" 引自 A. Gould 和 V. v. Thursby 所编《现代政治思想》，商务印书馆1985年版，第406页。

公共管理、公共政策、公共福利、环境管理和犯罪学等广泛的领域。国际上有关罗尔斯的评论、研究文献更是汗牛充栋，以至于有人将《正义论》的问世所带来的政治哲学和伦理学的繁荣戏称为"罗尔斯产业"。

人们一致公认，《正义论》是第二次世界大战后伦理学、政治哲学领域中最重要的著作，甚至被认为将列入经典之林。20 世纪最重要的法理学家之一，牛津大学的哈特（H. L. A. Hart）教授承认，在他读过的所有政治哲学经典著作中，没有一本像罗尔斯的《正义论》那样深深地激荡着他的思想。美国社会学和文化保守主义思想的泰斗贝尔（D. Bell）称誉罗尔斯为"二十世纪的洛克"，认为《正义论》将决定 20 世纪后期甚至 21 世纪的发展，就如同洛克和亚当·斯密的理论决定了 19 世纪欧美社会的进程一样。罗尔斯的同事，也是他最强有力的论敌之一，罗伯特·诺齐克甚至把《正义论》誉为自约翰·斯图亚特·穆勒（John Stuart Mill）的著作以来所仅见的一部有力的、深刻的、精巧的、论述宽广和系统的政治与道德哲学著作，他认为，后《正义论》时期的政治理论家们必将要在罗尔斯的框架内开展工作。

这个现象显示了西方世界在经过 20 世纪 60 年代的动荡之后，大家了解到西方社会的根本基础之一——自由主义——并非如 20 世纪 60 年代初期高唱意识形态的时代已经终结的那些人所描绘的那么完美无缺，它本身只是诸多意识形态中的一种，同时，它的普遍有效性仍是可以被质疑的。这个现象所显示的另一点是，哲学，尤其是伦理学与政治哲学，与现实世界是息息相关的。它不是也不应该只是哲学家们在象牙塔中的一套概念游戏。一个哲学理论之所以对人类有影响力，主要是由于它对当代人所面临的最尖锐及最具挑战性的问题提出了一套系统的看法，柏拉图、亚里士多德、笛卡尔、康德、洛克等大哲学家所提出的理论，正是对于他们时代所面临的最尖锐的基础性问题所提出的看法。这个问题可能是有关知识的基础，也可能是有关政府的合法性，也可能是有关道德的根据。20 世纪 60 年代中期以来在西方世界出现的几个运动，如美国少数民族的民权运动，以学生为主的新左派运动，嬉皮运动及反越战运动等，都促使人们从美梦中惊醒过来。这些运动所针对的并非资本主义制度中的细枝末节的问题，而是对整个现代西方社会建立的哲学基础提出怀疑。罗尔斯的工作可以被视为是受这个运动的激荡所作出的一种哲学性的反省，他的理论则可以被视为是对于这些运动所引起的问题的一个答案。

要理解罗尔斯这部里程碑式的著作为何标志着规范政治哲学的复兴以及《正义论》在政治哲学中的地位，必须来审视一下20世纪的政治哲学在《正义论》发表以前的情形。《布莱克维尔政治学百科全书》(The Blackwell Encyclopedia of Political Science)将政治理论规定为系统地反映政府的性质和目的的学说，它既涉及对现存政治制度的认识，又涉及有关如何改变这些制度的观点，它的问题可以包括是否应该有国家和政府，其目的和功能是什么，应该如何组织，国家和政府及公民之间有怎样的权利和义务关系，等等。十分明显，这样理解的政治理论和西方文明一样古老。[1] 同样明显的是，政治理论应当包括可欲(desirable)和可行(feasible)两方面的研究。

随着现代科学的兴起，知识领域发生了很大的变化，自从现代经验论的鼻祖，英国哲学家大卫·休谟(David Hume)在"是"(to be)和"应当"(ought to be)之间作出清晰的区分以来，其间的鸿沟愈来愈被人们认为是不可逾越的或难以填平的。现代经验论追随休谟，对经验性陈述（其正误取决于对具体个案的观察和分析）、形式的陈述（诸如数学命题，其正误取决于构成术语本身的含义）和评价性陈述（诸如各种道德命令，这种陈述一般来说从何种意义上讲均无正误之分，而且亦不受经验性或形式上的陈述的影响）进行区分，如果这些区分被人们接受，那么科学就会被认为是一门涉及经验性陈述的学科，而哲学则被认为是一门纯粹涉及形式上的陈述的学科。既然政治理论包含可欲原则，即涉及评价、应当和价值，那么它就既不能等同于科学，又不能等同于哲学。从这个意义上说，20世纪上半叶，至少在英语世界所形成的政治理论的危机，其学理上的原因恐怕要到现代经验论中去寻找。

学科的分化使得政治理论中可欲的和可行的两个原则的距离愈来愈远了。一方面，经济学家和政治学家以把自己称作科学家而自豪，而按照现代经验论的预设，他们关心的是事实领域而非价值领域，这也就意味着他们根本不关心可欲性问题。另一方面，哲学家们则坚持他们的学科是分析的或先验的，这也就意味着哲学可以根本不关心可行性问题，因为可行性涉及经验的探索，而所谓分析的或先验的学科则只将他们的注意力集中于抽象的和形式的逻辑分析方面。学科的分化意味着不再有一门学科可以声

---

[1] 参见《布莱克维尔政治学百科全书》，"政治理论"条目，中国政法大学出版社1992年。

称它能同时研究可欲性问题和可行性问题了。

就与可行性相分离，单独地探索可欲性问题的哲学而言，20世纪上半叶英语世界流行的语言分析哲学在倡导所谓后设伦理学（metaethics）的基础上亦将政治哲学变成了对与可欲性判断相关的概念的分析，或者对我们关于价值和可欲性的经验的分析。因此，占据政治哲学领域的是大量的对于功利、自由、平等这些概念的琐碎分析，就如同后设伦理学沉迷于对何谓善、何谓正当的分析一样。

就与可欲性相分离的可行性问题的探索而言，福利经济学从探索透过市场制度的效益最大化的可行性，降低到满足所谓"帕累托标准"（Pareto Criterion）的制度的可行性。在政治学中，可行性问题也不再有任何突出的位置。一方面是政治理论史的研究代替了政治理论的研究，另一方面是行为主义政治学完全放弃了传统政治理论对可欲性的诉求。这就使政治理论与它的伟大传统失掉了连续性，有许多人声称是为马基雅维利、霍布斯、卢梭、孟德斯鸠和穆勒的学生，但不再有人试图去做这些人曾经做过的事情了。就像罗尔斯自己所感叹的，"政治哲学和道德哲学相对来讲已经荒芜了很长一个时期。"[①]

罗尔斯的理论是一个有关公正的理论，它所处理的是分配公正（distributive justice）的问题。分配公正所牵涉到的是：社会的成员应该根据什么原则来分配他们的权利、自由、物质报酬，以及他们应有些什么义务。这是规范伦理学（normative ethics）的问题。有关这个问题，在现代西方传统中，主要有两派不同的主张，一派是"功利主义"（utilitarianism），另一派则为"契约论"（contractualism）。虽然这两派有不同的哲学主张，但是，自18世纪以来，功利主义几乎笼罩了整个西方伦理、政治及经济思想的领域。休谟、边沁、亚当·斯密、穆勒等思想家所提出的理论，最后都归结到效益这个原则。这个思想一直延伸到20世纪，当今的福利经济学（welfare economics）可以被视为是功利主义的继承人。

虽然功利主义本身面临许多困难，但没有人提得出一个与它在系统性及涵盖性上能够相对抗的理论。大家所做的只是对它作一些枝节性的批评

[①] J. Rawls, "For the Record", interviewed by R. Aybar, Joshua D. Harlan and Won. J. Lee, in *The Harvard Review of Philosophy*, Spring 1991, p. 42.

及做一些修补的工作。最终我们所能达成的只是一种妥协——基本上,我们接受功利主义作为最根本的原则,但是用一些直觉上认为是正确的原则对它加以部分限制。罗尔斯指出,功利主义一直占据着垄断性的地位,并非由于它真正地道出了公正的原则,而是由于我们缺乏一个如它那样系统性且强有力的理论。

由于上面这些原因,罗尔斯认为我们必须建构另外一个道德理论来取代功利主义。他所提出的理论——作为公平的正义(justice as fairness)就是希望能够完成这个目的。这个理论是继承传统的契约论而发展出来的。罗尔斯指出,他所做的尝试乃是将传统上由洛克、卢梭及康德所代表的社会契约论普遍化,将它推向一个更高的抽象层次。

自从伦理学受分析哲学的影响,把注意力完全集中在后设伦理学以来,哲学与道德、公正等规范性的问题就开始脱节。因此,在英语世界中,哲学与现实人生、文化变得几乎完全不相干。伯纳·威廉斯(Bernard Williams)曾认为,当代道德哲学发现了一种具有原创性的使人们感觉沉闷的途径,这就是它完全不谈论道德的问题。罗尔斯想要做的是恢复从亚里士多德到西季维克(Henry Sidgwick)这个伦理学的传统,这点正是《正义论》所提供给我们的。罗尔斯作为当代的穆勒,只要读了《正义论》,就会让人觉得这种比喻并非过誉了。

但值得注意的是,即使在英美世界,20世纪上半叶的社会政治哲学也并非一无可为。1954年,卡尔·波普(Karl Popper)发表了名噪一时的《开放社会及其敌人》一书;进入六十年代,奥地利学派的思想大师哈耶克(F. A. Hayek)和以赛亚·伯林分别发表了《自由宪章》和《自由四论》两本大著,昭示了政治哲学复兴的某种迹象。但是,缺少的是一部能够总结所有这些发展的巨著,尤其是没有人能够系统地运用伦理学的原则,建立与伦理学、道德哲学相融贯的政治哲学体系。这在很大程度上仍然是由于后设伦理学的形式主义倾向的重大影响。但是,随着后实证主义时代的来临,对伦理学和政治哲学的实质性和系统性的要求得到了重视,时代也在呼唤将可行性和可欲性原则相结合,既能总结以前的道德哲学和政治哲学的遗产,又能直接面对时代问题的巨著,在这种期待和呼声之中,罗尔斯的《正义论》应运而生了。

罗尔斯之所以取得如此重大的成就,一个根本原因就在于他深深地扎根于西方的思想文化传统之中。他所置身于其中的是西方特有的一种理性主义的政治文化传统。当然，理性主义的恰切内涵是一个聚讼未已的话题，罗尔斯所面对的政治文化传统也不是铁板一块。一个真正有成就的思想家的根本特征既不是脱离传统去盲目地创新，也不是一味地去复兴这种传统或那种传统，而应当是直接面对时代的境遇，在创造性的传统中赋予传统以新的意义，使它获得前所未有的诠释力量。罗尔斯对他的《正义论》所担当的理论使命有十分清醒的自我意识。在《正义论》的前言中，罗尔斯即明言，他的意图是要建立一个新的理论体系，以取代在政治哲学和道德哲学中占支配地位的功利主义，从而为民主社会奠定最合适的道德基础。

罗尔斯注意到，在分析哲学影响下，后设伦理学的直觉主义并不能提供足以与功利主义抗衡的力量。直觉主义意识到作为社会伦理原则的功利主义在付诸实行时，有侵犯个人权利的弊病，与某些人直觉到的正义观不符。但"直觉主义只是半个正义观"，它无法提供系统有序的正义原则与功利主义对抗。在罗尔斯看来，先前的哲学家们所犯的一个错误就是在功利主义和直觉主义之间作非此即彼的选择，而没有考虑到第三种可能性。罗尔斯认为，透过重新解释在近代政治哲学中曾经显赫一时而后来又逐渐衰落下去的社会契约论，可以为我们找到这第三条道路。因此，只有将《正义论》放到其历史背景即罗尔斯所面对的传统中，才能深入理解其理论立场和基本意图。事实上，无论是在对正义观念的一般性说明还是在对正义论的精巧、复杂的证明中，罗尔斯都始终没有忘记对功利主义和直觉主义进行批判，始终关注如何从传统的社会契约论的历史形态中剥离其合理的内核，从而为"作为公平的正义"提供证立。

从 20 世纪 70 年代到 80 年代，新自由主义内部即以罗尔斯为代表的左翼自由主义和以诺齐克为代表的右翼自由主义的争论占据了当代政治哲学的中心舞台；而从 80 年代至 90 年代，随着社群主义的崛起和社会批判理念介入这一争论之中，新自由主义、社群主义和批判理论鼎足而立的局面就已经成为当代社会政治哲学中最为引人瞩目的现象。[①] 其影响之大，使得有人断言，政治哲学已经取代语言哲学走到了当代西方学术的中心位

---

① 参见 M. Kelly（ed.）: *Hermeneutics and Critical Theory in Ethics and Politics*，Cambridge: Mit Press; K, Baynes: *The Normative Ground of Social Criticism; Kant Rawls and Habermas*，New York: 1992; G. Warnke: *Justice and Interpretation*，Polity Press，1992。

置。一方面，社群主义的崛起和批判理论的介入之直接的刺激因素，就是自由主义在当代的发展形式即新自由主义；另一方面，罗尔斯的思想亦正是在与社群主义、后现代主义和批判理论的争论中发展的。可以说，《正义论》发表后罗尔斯思想的发展是和上述当代社会政治哲学中鼎足而立局面的形成相伴随的，甚至是一件事情的两个侧面。罗尔斯与以诺齐克为代表的右翼自由主义、桑德尔为代表的社群主义和哈贝马斯为代表的批判理论进行了无与伦比的相互批评、论战和对话。

诺齐克和罗尔斯的冲突其本质在于前者认为洛克式的权利是基本的约束，而后者则否。一旦如诺齐克那样认为这些权利是基本的约束，那就必然会反对原初状态中的各方决定支配财产的分配的原则这样的观念。罗尔斯式的程序使得洛克式的权利只有当能透过由契约论的设计所表征的检验后才能得到承认和尊重，用罗尔斯的术语来说，就是必须透过公平的检验。从实践含义的层面来看，诺齐克认为，罗尔斯的理论或者任何用来调节社会的结构、模式化的正义观，在实践中必将导致要求国家持续不断地干预人们的所作所为这种难以忍受的后果。诺齐克认为，如果不去不断干涉人们的生活，任何目的论原则或模式化的分配正义原则就都不能持久地实现。但诺齐克在这方面的批评同样是建立在对罗尔斯理论的巧妙的误解之上。罗尔斯的理论所支持的那种国家，并不如诺齐克指控的那样不断地干涉人们的生活。在法治条件下，众所周知的由结构化模式支配的税收政策和允许一种制度在一旦机会出现时进行干涉之间存在巨大的差异。总的来说，诺齐克的理论与罗尔斯的理论是当代政治哲学中新自由主义一派的两种不同版本。自由和平等本来就是自由主义传统中两种相互冲突的要素。罗尔斯的理论抱负是在自由主义的两种传统之间进行平衡与调和，其理论带有强烈的折中色彩和综合倾向，而诺齐克则站在种极端的自由至上自由主义的立场上。因此，尽管诺齐克的理论洞察到了罗尔斯理论的弱点并作了机智的批评，但总体上难以提供某种可与后者全面抗衡的政治哲学理论。

社群主义是与自由主义不同的另一种对于社会秩序的反应方式。总体而言，社群主义的理论建构在形而上学即哲学基础方面，是用社会本位取代自主的个人；在政治哲学方面，是用社群利益取代个人自由的中心位置；在道德哲学方面，是用共同体的善取代个人权利的优先性。社群主义对自由主义的批判是尖锐、深刻的，但应当看到，这种批判并非无懈可击,尤其是当我们考虑到罗尔斯在《正义论》之后的思想的发展,至少可以说社群主义对罗尔斯的批判是很成问题的。社群主义作为一种后自由主义话语,本身是在自由主义高度发达的前提下产生的。一方面,作为一种政治哲学的社群主义在自由主义的基础信念已经成为人们的基本共识的社会情境中难以全面地取代自由主义;另一方面,自由主义和社群主义的相互磨荡、砥砺也使得他们彼此不断调整自己的立场,社群主义的某些观点有时很难和他们攻击的自由主义区分开来,罗尔斯后期思想发展的某些方面亦似乎有向社群主义靠拢的趋向。这是当代西方政治哲学中值得注意的动向。

如同我们前面已经分析过的,自由主义重视超越特定社群的普遍原则,社群主义重视特定历史传统和社群中包含的伦理生活形式和善的观念。哈贝马斯则既像自由主义那样强调法的普遍性向度,又像社群主义者那样强调法的规范性向度,并进而把重视法的道德向度的观点(即商谈伦理学)与社群主义所重视的伦理向度(特定社群的自我理解)和自由主义所重视的实用向度(不同利益的平衡协调)综合了起来。总的来说,可以把罗尔斯和哈贝马斯的理论看作是对当代社会的合理的多元分化和人们在基本的宗教、道德和哲学真理方面的深刻分歧的两种不同的反应方式。罗尔斯在其后期思想的发展中,回应了激进自由主义和社群主义的挑战,调整了自己的理论立场,并透过把他的政治哲学与以杜威为代表的美国传统的实用主义哲学联系起来,试图系统地表达和诠释潜在于自由民主社会的公共政治文化中的基本价值理念,为一个稳定统一的社会提供支持;哈贝马斯则透过他的交往行动理论和商谈伦理学,实现了从意识哲学向交往哲学的转移,深刻地回应了后现代主义(在一定程度上也包括社群主义)对启蒙运动这一现代性计划的质疑,出色地捍卫了启蒙运动包含的基本价值理念。从这一角度来看,尽管哈贝马斯和罗尔斯在正义观念及其证明方法上存在很大的分歧,但其基本的价值关怀则是相通的。正是在这个意义上,哈贝马斯把他与罗尔斯的争论称作"家族内部的争论"[1]。

毋庸置疑,罗尔斯即使不是 20 世纪最重要的道德哲学和政治哲学家,那他也肯定是 20 世纪最重要的道德哲学和政治哲学家之一,并将为未来

---

[1] J. Habermas, "Reconciliation through the public use of Reason: Remarks on John Rawls's Political Liberalism", in *The Journal of Philosophy*, Vol X cll, No. 3, 1995.

几个世纪的人们所承认。每当人们要面对正义哲学问题时，罗尔斯必定是一位无法逾越的哲学家。他的工作仍然深刻地影响着目前有关社会正义、政治正义和国际正义的争论，也对道德哲学产生着重大影响。道德和政治哲学的角色，不在于告诉我们应当如何生活，如何安排社会政治制度。相反，它的角色在于为理解历史悠久的道德和政治传统及其原则提供新的路径，在于为当代道德和政治意识的观念支持（或反对）、证明这些立场提供新的路径。这就是罗尔斯的主要贡献，也将是他的主要遗产。从一开始，探索实践理性活动的性质，探索道德证明的可能性，就是他的道德哲学和政治哲学的指导性主题。他有关契约论、深思过的道德确信地反思平衡、公共理性和公共证明、道德和政治建构主义、政治自由主义，以及合理性与理性之区分的诸多见解，全都成为他为提供有关道德证明和客观性见解所做持续努力的必要组成部分。他在极大程度上复活和发展了康德的道德哲学和政治哲学。除此以外，罗尔斯还提供了民主思想自由主义传统的重要解释和证明，人类不断走向良序社会是他不懈追求的社会理想，正如其所言："假如使其成员的权力服从于合理目标的一个通情达理的正义的万民社会和良序社会是不可能的，人类大多是不讲道德的，纵使不是不可救药地玩世不恭和自我中心的，那么我们会和康德一起质问，人类是否值得苟活于这个世上。"[①] 正义与人性相通，合理正义的社会是人心所向。这也许是罗尔斯一生的主要遗产。

[①] John. Rawls, *The Law of Peoples*. Cambridge, MA: Harvard University Press, 1999, p. 128.

参考文献

［英］柏克：《法国革命论》，何兆武等译，商务印书馆1998年版。

［古希腊］柏拉图：《理想国》，郭斌和等译，商务印书馆1986年版。

［法］邦雅曼·贡斯当：《古代人的自由与现代人的自由》，阎克文等译，商务印书馆1999年版。

包利民：《古典政治哲学史论》，人民出版社2010年版。

［英］边沁：《道德与立法原理导论》，时殷弘译，商务印书馆2000年版。

［英］边沁：《政府片论》，沈叔平等译，商务印书馆1995年版。

［美］布坎南：《自由、市场与国家》，上海三联书店1989年版。

曹瑞涛：《多元时代的"正义方舟"》，浙江大学出版社2008年版。

［加］查尔斯·泰勒：《黑格尔》，张国清等译，译林出版社2002年版。

［日］川岛武宜：《现代法与法》，王志安译，中国政法大学出版社1994年版。

慈继伟：《正义的两面》，三联书店2001年版。

［意］多·德·拉吉罗：《欧洲自由主义史》，杨军译，吉林人民出版社2001年版。

［德］斐迪南·滕尼斯：《共同体与社会》，林荣远译，商务印书馆1999年版。

［法］弗朗索瓦·傅勒：《思考法国大革命》，孟明译，三联书店2005年版。

［法］伏尔泰：《风俗论》上册，梁守锵译，商务印书馆1994年版。

［法］伏尔泰：《哲学通信》，高达观等译，上海人民出版社2000年版。

龚群:《罗尔斯政治哲学》,商务印书馆 2006 年版。

顾肃:《自由主义基本理念》,中央编译出版社 2003 年版。

[德] 哈贝马斯:《在事实与规范之间》,童世骏译,三联书店 2003 年版。

韩升:《生活于共同体之中:查尔斯·泰勒的政治哲学》,中国社会科学出版社 2010 年版。

[美] 汉娜·阿伦特:《过去与未来之间》,王寅丽等译,译林出版社 2011 年版。

[美] 汉娜·阿伦特:《极权主义的起源》,林华译,三联书店 2008 年版。

[美] 汉娜·阿伦特:《人的条件》,竺乾威等译,上海人民出版社 1999 年版。

何霜梅:《正义与社群》,人民出版社 2009 年版。

[德] 黑格尔:《哲学史讲演录》第 2 卷,贺麟等译,商务印书馆 2005 年版。

[英] 霍布斯:《利维坦》,黎思复等译,商务印书馆 1986 年版。

[美] 卡尔·J. 弗里德里希:《超验正义——宪政的宗教之维》,周勇等译,三联书店 1997 年版。

[德] 康德:《历史理性批判文集》,何兆武译,商务印书馆 1990 年版。

[德] 康德:《实践理性批判》,邓晓芒译,人民出版社 2000 年版。

[美] 肯尼思·W. 汤普森编:《宪法的政治理论》,张志铭译,三联书店 1997 年版。

[英] 昆廷·斯金纳:《自由主义之前的自由主义》,周勇等译,上海三联书店 2003 年版。

李强:《自由主义》,中国社会科学出版社 1998 年版。

[美] 列奥·施特劳斯:《自然权利与历史》,彭刚译,三联书店 2003 年版。

刘贺青:《罗尔斯国际政治思想研究》,上海大学出版社 2012 年版。

刘军宁等编著:《自由与社群》,三联书店 1998 年版。

[法] 卢梭:《论人类不平等的起源与基础》,周勇等译,商务印书馆 1962 年版。

［法］卢梭：《社会契约论》，何兆武译，商务印书馆1980年版。

［美］路易斯·亨金等编：《宪政与权利》，郑戈等译，三联书店1997年版。

［美］罗尔斯：《道德哲学史讲义》，张国清译，上海三联书店2003年版。

［美］罗尔斯：《万民法》，张晓辉等译，吉林人民出版社2001年版。

［美］罗尔斯：《正义论》，何怀宏等译，中国社会科学出版社1988年版。

［美］罗尔斯：《政治自由主义》，万俊人译，译林出版社2000年版。

［美］罗尔斯：《作为公平的正义》，姚大志译，上海三联书店2002年版。

［英］洛克：《政府论》下篇，叶启芳等译，商务印书馆1964年版。

［英］洛克：《自然法论文集》，李季旋译，《世界哲学》2012年第1期。

［美］迈克尔·桑德尔：《自由主义与正义的局限》，万俊人译，译林出版社2001年版。

［美］迈克尔·沃尔泽：《正义诸领域：为多元主义与平等一辩》，褚松燕译，译林出版社2002年版。

［美］迈克尔·扎克特：《洛克政治哲学研究》，石碧球等译，人民出版社2013年版。

［美］麦金太尔：《德性之后》，龚群等译，中国社会科学出版社1995年版。

［美］诺齐克：《无政府、国家与乌托邦》，何怀宏等译，中国社会科学出版社1991年版。

欧阳英：《走进西方政治哲学》，中央编译出版社2005年版。

［美］乔·萨托利：《民主新论》（第2版），冯克利译，东方出版社1998年版。

［法］让·弗朗索瓦·利奥塔：《后现代状况——关于知识的报告》，岛子译，湖南美术出版社1996年版。

石元康：《当代西方自由主义理论》，上海三联书店2000年版。

［美］斯蒂芬·L.埃尔金，卡罗尔·爱德华索乌坦编：《新宪政论》，三联书店1997年版。

[美] 涛幕思·博格：《康德、罗尔斯与全球正义》，刘莘、徐向东等译，上海译文出版社 2010 年版。

[法] 托克维尔：《论美国的民主》，董果良译，商务印书馆 1988 年版。

[意] 托马斯·阿奎那：《阿奎那政治著作选》，马清槐译，商务印书馆 1963 年版。

万俊人：《现代西方伦理学史》，北京大学出版社 1992 年版。

[加] 威尔·金里卡：《当代政治哲学》，刘莘译，上海三联书店 2004 年版。

[英] 威廉·葛德文：《政治正义论》下卷，何慕李译，商务印书馆 1980 年版。

文长春：《正义：政治哲学的视界》，黑龙江大学出版社 2010 年版。

[古罗马] 西塞罗：《国家篇·法律篇》，沈叔平等译，商务印书馆 1999 年版。

[古希腊] 修昔底德：《伯罗奔尼撒战争史》，谢德风译，商务印书馆 1960 年版。

徐贲：《通往尊严的公共生活》，新星出版社 2010 年版。

徐清飞：《求索正义：罗尔斯正义理论发展探究》，法律出版社 2010 年版。

[古希腊] 亚里士多德：《尼可马科伦理学》，苗力田译，中国社会科学出版社 1991 年版。

[古希腊] 亚里士多德：《政治学》，吴寿彭译，商务印书馆 1965 年版。

杨伟清：《正当与善：罗尔斯思想中的核心问题》，人民出版社 2011 年版。

姚大志：《何谓正义：当代西方政治哲学研究》，人民出版社 2007 年版。

[英] 以赛亚·伯林：《自由论》，胡传胜译，江苏人民出版社 2003 年版。

[德] 尤根·哈贝马斯：《包容他者》，曹卫东译，上海人民出版社 2002 年版。

俞可平：《社群主义》，中国社会科学出版社 1998 年版。

[英]约翰·格雷:《自由主义的两张面孔》,顾爱彬等译,江苏人民出版社 2005 年版。

[美]约翰·凯克斯:《反对自由主义》,应奇译,江苏人民出版社 2005 年版。

[英]约翰·密尔:《论自由》,程崇华译,商务印书馆 1959 年版。

[美]詹姆斯·斯密特编:《启蒙运动与现代性》,徐向东等译,上海人民出版社 2005 年版。

张容南:《一种解释学的现代性话语:查尔斯·泰勒论现代性》,上海人民出版社 2011 年版。

A. John Simmons. "Justification and Legitimacy", *Ethics*, Vol. 109, No. 4 (July 1999).

A. John Simmons. "The Anarchist Position: A Reply to Klosko and Senor", *Philosophy &Public Affairs*. Vol 16. No. 3. 1987.

A. Wald. *The New York Intellectuals: The Rise and Decline of the Anti-Stalinist Left from the 1930s to the 1980s*. Chapel Hill: The University of North Carolina Press, 1987.

Arthur Ripstein. "Foundationalism in Political Theory", *Philosoohy and Public Affairs* 16, (Spring, 1987).

Allen, Anita L, and Regan jr.. Milton C. edited, *Debating democracy's Discontent*, Oxford, UK: Oxford University Press, 1998.

Avineri, Shlomo and de-shalit, Avner. edited, *Communitarianism and Individualism Oxford*, UK: Oxford University Press, 1992.

Buchanan, Allen. "RawIs's Law of Peoples: Rules for a vanished Westphal World", in *John Rawls: Critical Assessments of Leading Political Philosophers*, Volume IV, edited by Chandran Kukatblas. Routledge, 2003.

Bell. Daniel. *Communitarianism and Its Critics*, Oxford, UK Clarendon Press, 1993.

Berlin, Isaiah. *Four Essays on liberty*, Oxford University Press, 1969.

Berlin, Isaiah. *Liberty*, edited by Henry Hardy, Oxford University Press, 2002.

Barry, Brian. *Theories of Justice*, Berkeley, CA: University of California Press, 1989.

Barry, Brian. *Justice as Impartiality*, Oxford, UK: Oxford University Press, 1995.

Barry, Norman. *An Introduction to Modern Political Theory*, London The Macmillan Press Ltd. 2000.

Bernstein, R. J.. *The New Constellation: The Ethical Horizons of Modernity \ Postmodernity*, Cambridge, UK: Polity Press, 1991.

Best, Sleven and Kellner, Douglas. *Postmodern Theory*, New York: The Guilford Press, 1991.

Buchanan, Allen E. *Marx and Justice*, Totowa, NJ: Rowman and Allan held Publishers, 1982.

Campbell, Tom. *Justice*, Atlantic Highlands, NJ: Humanities Press International, Inc., 1988.

Cupit, Geoffrey. *Justice as Fittingness*, Oxford: Clarendon Press, 1996.

Charles R. Beilz. Cosmopolitanism and Global Justice, *The Journal of Ethics*, Vol. 9. No. 1/2.

Christoph Menke. The "Aporias of Human Rights" and the One Human Right: Regarding the Coherence of Hannah Arendt's Argument. *Social Research*, Vol. 74, No. 3. Hannah Arendt's Centenary: Political and Philosophical Perspectives, Part I (Fall 2007).

Daniels, Norman. (ed.), *Reading Rauls*, Stanford, CA: Stanford University Press, 1989.

Daniels. *Norman, justice and Justification*, Cambridge University Press, 1996.

Dworkin, Ronald. *Taking Rights Seriously*, Cambridge, MA: Harvard University Press, 1977.

Dworkin, Ronald. *A Matter of Principle*, Cambridge, Ma.: Harvard University Press, 1985.

Dworkin, Ronald. *Sovereign Virtue*, Cambridge, Ma.. Harvard University Press, 2000.

Dreyfus, H. L. and Rainbow, Paul. *Michel Foucault: Beyond Structuralism and Hermeneutics*, Chicago: The University of Chicago Press, 1982.

Dale Dorsey. "Global Justice and the Limits of Human Rights". *The Philosophical Quarterly*, Vol 55, No 221 (Oct 2005).

Etzioni, Amitai. *The Spirit of Community: Rights, Responsibilities, and the Communitarian Agenda*, New York: Crown Publishers, Inc. , 1993.

Etzioni, Amitai. *The New Golden Rule: Community and Morality in a Democratic Society*, New York: Basic Books, 1996.

Etzioni, Amitai. *The Third Way to a Good Society*, London: Demos, 2000.

Etzioni, Amitai. *Next: The Road to the Good Society*, New York: Basic Books, 2001.

Etzioni, Amitai. *The Common Good*, Cambridge, UK: Polity Press, 2004.

Elster Jon. *Solomonic Judgements*, Cambridge, UK: Cambridge University Press, 1989.

Forst, Rainer. *Contexts of Justice*, Translated by John M. M. Farrell Berkeley, CA: University of California Press, 2002.

Foucault, Michel. *The Order of Things, An Archaeology of the Human Sciences*, London: Tavis tock Publications, 1970.

Foucault, Michel. *The Archaeology of Knowledge*, translated by A. M. Sheridan Smith. New York: Pantheon Books, 1972.

Foucault, Michel. *Madness, and Civilization: A History of Insanity in the Age of Reason*, translated by R. Howard. New York: Vintage Books/ Random House, 1973.

Foucault, Michel. *Discipline and Punish*, translated by Alan Sheridan, New York: Vintage Books/Random House, 1979.

Foucault, Michel. *Power/Knowledge*, edited by Colin Gordon, New York: Pantheon Books, 1980.

Foucault, Michel. *The Foucault Reader*, edited by P. Rabinow, Harmondsworth: Penguin, 1984.

Foucault. Michel. *The History of Sexually, Volume 1: An Introduction* translated by Robert Hurley, New York: Vintage Books, 1990.

Foucault, Michel. *The Use of Pleasure (History of Sexuality, Volume 2)*, translated by R. Hurley, New York: Vintage Books, 1986.

Foucault, Michel. *The Care of the Self (History of Sexuality, Volume 3)*, translated by R. Huxley, New York: Pantheon Books, 1986.

Foucault. Michel. *Power, essential Works of Foucault 1954 – 1984. Volume

Three, edited by James D Faubion, translated by Robert Hurley and others. New York: The New Press, 2000.

Freeman, Samuel. *The Umbridge Companion to Rawls*, Cambridge University Press, 2003.

Frohlich Norman and Oppenheim, Joe A. *Choosing Justice*, Berkeley, CA: University California Press, 1993.

Gauthier. David. *Morals by Agreement.* Oxford, UK: Oxford University Press. 1992.

Gray, John. *Isaiah Berlin*, Princeton University Press, 1996.

Horton, John and Mendus, Susan. edited, *After MacIntyre*, Cambridge, UK: Polity Press, 1994.

Haber, Honi Fern. *Beyond Postmodern Politics*, New York: Routledge, 1994.

Habermas, Jürgen. *Knowledge and Human Interests*, Poston: Beacon Press, 1972.

Habermas, Jürgen. *Legitimation Crisis*, Poston: Beacon Press, 1975.

Habermas, Jürgen. *Communication and the Evolution of Society*, Poston: Beacon Press. 1976.

Habermas, Jürgen. *Modernity Versus Postmodernity in Neu German Critique*, Winter, 1981.

Habermas. Jürgen. *The Theory of Communicative Action*, Vol. I, Boston: Beacon Press, 1984.

Habermas, Jürgen. *Moral Consciousness and Communicative Action*, The MIT Press, 1990.

Habermas, Jürgen. *Post metaphysical Thinking: Philosophical Essays*, The MIT Press, 1992.

Habermas, Jürgen. Reconciliation Through the Public Use of Reason Remarks on John Rawls's Political Liberalism. *The Journal of Philosophy*, Vol. 92. No. 3 (March, 1995).

Habermas, Jürgen. *Between Facts and Norms*, translated by William Rehg. Cambridge, Ma.: The MIT Press, 1996.

Heller, Agnes. *Beyond Justice*, Oxford: Basil Blackwell, 1987.

Hayek, Law. *Legislation and Liberty*, *Rules and Order (1)*, the

University of Chicago Press, 1973.

Hayek. *The Constitution of Liberty*, London, and Chicago, 1960.

Lehman, Edward W., edited, *Autonomy and Order: A Communitarian Anthology*. Lanham, Maryland: Rowman and Littlefield Publishers Inc, 2000.

Lucas, J. R. *On Justice*. Oxford: Clarendon Press, 1980.

Lucash, Frank S, edited, *Justice and Equality: Here and Now*, Ithaca: Cornell University Press, 1986.

Lutz, Christopher Stephen. *Tradition in the Ethics of Alasdair MacIntyre: Relativism, Thomism, and Philosophy*, Lanham, Maryland: Lexington Books, 2004.

Lyotard, Jean-Francois. *Just Gaming*, Manchester: Manchester University Press, 1985.

James O. Hancey. "John Locke and the Law of Nature", *Political Theory*, Vol. 4. (Nov. 1976).

Kolm, Serge-Christophe. *Modern Theories of Justice*, Cambridge, Massachusetts: The MIT Press, 1996.

Kukathas, Chandran and Pettit, Philip. *Rael*, Cambridge, UK: Polity Press, 1995.

Locke, John. *Essays on the Law of Nature*, edited by W. von Leyden, Clar, 1954.

Lucas, J. R. *On Justice*. Oxford: Clarendon Press, 1980.

Lucash. Frank S. . (edited), *Justice and Equality: Here and Now*, Ithaca: Cornell University Press, 1986.

Lyotard, Jean-Francois. *The Postmodern Condition: A Report on Knowledge*, Minneapolis: University of Minnesota Press, 1984.

Lyotard, Jean-Francois. *Just Gaming*. Manchester: Manchester University Press, 1985.

Lyotard, Jean-Francois. *Lyotard Reader*, edited by Andrew Benjamin Basil Blackwell, 1989.

Lloyd L. Weinreb. *Natural Law and Justice*, Harvard University Press, 1987.

M. Stephen Weatherford, "Measuring Political Legitimacy". *The American Political Science Review*, Vol 86, No. 1 (Mar, 1992).

MaeIntyre, Alasdair. *Hose Justice? Which Rationality?* Notre Damen Diana: University of Notre Dame Press, 1988.

MacIntyre, Alasdair. *After Virtue*, Notre Dame Indiana: University of Notre Dame Press, Second Edition, 1984.

Macintyre, Alasdair. *Three Rival Version of Moral Enquiry*, London: Duckworth, 1990.

Macintyre, Alasdair. *The Macintyre Reader*, edited by Kelvin Knight, Notre Dame Indiana: University of Notre Dame Press, 1998.

Macintyre, Alasdair. *Dependent Rational Animals*, Chicago and La Salle, Illinois. Open Court, 2002.

Macintyre, Alasdair. *Ethics and Politics*, Cambridge, UK: Cambridge University Press, 2005.

Mandle, Jon. *What's Left of Liberalism?* New York: Lexington Books, 2000.

Miller, David, and Walzer, Michael. edited, *Pluralism, Justice, and Equality*, Oxford: Oxford University Press, 1995.

Murphy, Mark C., edited, *Alasdair Macintyre*, Cambridge UK: Cambridge University Press, 2003.

Mandle, Jon. *What's Left of Liberalism?* New York: Lexington Books, 2000.

Mecarthy, Thomas. *The Critical Theory of Jurgen Habermas*, The MIT Press, 1978.

Mill, John Stuart. *On Liberty and Other Essays*, Oxford, and New York: Oxford University Press, 1991.

Mulhall, Stefhen and Swift, Adam. *Liberals and Communitarians*, Oxford. UK: Blackwell Publishers. 1992.

Nagel, Thomas. "Rawls on Justice", in Norman Daniels (ed.), *Reading Rawls*, Stanford, CA: Stanford University Press, 1989.

Nagel, Thomas. *Equality and Partiality*, Oxford, UK. Oxford University Press, 1991.

Nozick, Robert. *Anarchy, State and Utopia*, New York: Basic Books, 1974.

Nozick, Robert. *Invariances: The Structure of the Objective World*, Cambridge, Ma: The Belknap Press of Harvard University Press, 2001.

O'Monique, John. *The Origins of Justice*, Philadelphia: University of

Pennsylvania Press, 2003.

O'Neill, Shane. *Impartiality in Context*, Albany, NY: State University of New York Press, 1997.

Pogge, Thomas. W. *Realizing Rawls*, Ithaca, NY: Cornell University Press, 1989.

Raffel, Stanley. *Habermas, Lyotard and the Concept of Justice*, London: The Macmillan Press Ltd, 1992.

Pettit, Philip. *Republicanism: a Theory of Freedom and Government*, London: Oxford University Press, 1999.

Raphael David. *Concepts of Justice*, Oxford: Clarendon Press, 2001.

Raphael, David. *Justice and Liberty*, London: The Athtone Press, 1980.

Rawls, John. *A Theory of Justice*, Cambridge, Massachusetts: The Belknap Press of Harvard University Press, 1999.

Rawls, John. "Political Liberalism: Reply to Habermas", *The travel of Philosophy*, Vol. 92, No. 3 (March, 1995).

Rawls, John. *Political Liberalism*, New York: Columbia University Press, 1996.

Rawls, John. *Collected Papers*, edited by Samuel Freeman, Cambridge, Massachusetts: The Belknap Press of Harvard University Press, 1999.

Rawls, John. *Justice as Fairness*, Cambridge, Massachusetts: The Belknap Press of Harvard University Press, 2001.

Richardson, Henry S. and Weithman, Paul J. (edited), *The Philosophy of Rawls*, New York: Garland Publishing, Inc, 1999.

Rojek, Chris and Turner, Bryan S. *The Politics of Jean-Francois Lyotard*, New York: Routledge, 1998.

Rorty, Richard. *Philosophy and the Mirror or Nature*, Princeton: Princeton University Press, 1980.

Rorty, Richard. *Contingency, Irony and Solidarity*, Cambridge: Cambridge University Press, 1989.

Rorty, Richard. *Objectivity, Relativism and Truth*, Cambridge: Cambridge University Press, 1991.

Rorty, Richard. *Truth, Politics and Post-modernism*, Van Gorcum,

1997.

Rorty, Richard. *Philosophy and Social Hope*, London, UK: Penguin Books, 1999.

Raz, Joseph. "Authority and Justification", *Philosophy Public Affairs*. Vol 14. No. I (Winter 1985).

Sandel, Michael. *Liberalism and the Limit of justice*, Cambridge University Press, 1982.

Scanlon. T. M. "Contractualism and Utilitarianism", in *Utilitarianism and Beyond*, edited by Amartya Sen and Bernard Williams, Cambridge: Cambridge University Press, 1982.

Sen, Amaya, and Williams, Bernard (ed.). *Utilitarianism and Beyond*, Cambridge: Cambridge University Press, 1982.

Sher, George. *Desert*, Princeton, NJ: Princeton University Press, 1987.

Sterba, James P. (ed.), *Justice: Alternative Political Perspectives*, Wadsworth Publishing Company, 1999.

Sciulli, David. *Etzioni's Critical Functionalism: Communitarian Origins and Principles*, Leiden: Koninklijke Brill NV, 2011.

Walzer, Michael. *Spheres of Justice*, New York: Basic Books, Inc, 1983.

Walzer, Michael. *Thick and Thin*, Notre Dame, Indiana: University of Notre Dame Press, 1994.

Warnke, Georgia. *Justice and Interpretation*, Cambridge. UK: Polity Press, 1992.

White. Alan R. *Rights*, Oxford: Clarendon Press, 1984.

White, Stephen K. *Political Theory and Postmodernism*, Cambridge University Press, 1991.

Williams, Bernard. *Moral Luck*, Cambridge, UK: Cambridge University Press, 1981.

Waxman, Chaim I. edited, *The End of Ideology Debate*, New York: A Clarion Book, 1968.

Young, Iris Marion. *Justice and Politics of Difference*, Princeton, N Princeton University Press, 1990.

后　　记

从 20 世纪 70 年代开始，以罗尔斯发表《正义论》为标志，西方哲学出现了明显的变化，即正义问题而非语言问题成为大家关注的焦点，政治哲学取代语言哲学占据西方哲学舞台的中心。近十年来，我一直在关注和研究正义问题和政治哲学，曾发表一些文章来解释政治哲学的正义问题，也曾出版了一本著作来专门解读某位西方政治哲学家。作为一个对于纯学术有兴趣的学人，我更习惯于通过纯学术的文字来表达我的思想与感受。

哲学是一种高度抽象的学科，但与人们的现实生活也有关联。如果说哲学中有某个概念最能体现学术与现实的关联，那么它就是正义。现实生活形成了人们的正义观念，而正义观念也在塑造人们的现实生活。在今天，正义不仅是学术研究的焦点，而且也是现实生活的焦点。人们不仅谈论正义，而且也试图实现正义。特别是近年来中国社会所要达到的目标出现了明显变化，从比较单纯的经济发展转变为中华民族的伟大复兴。从政治哲学的角度看，要实现中华民族的伟大复兴，更好地实现人民对美好生活的向往，就必须实现社会正义。

实现社会正义的关键是制度。社会正义必须由制度来保证。一个社会只有其基本制度是正义的，充分体现了自由、平等、法治人权、民主等价值，人们才能够希望享有正义的公共生活。在这种意义上，正义和政治哲学的实质是制度设计问题。制度源自传统但更需要创新。如果我们有了一种适当的正义观，那么我们就应该把这种正义观体现在我们的社会制度之中，以达到一种更理想的社会。

本书试图对当代西方政治哲学的发展进行整体性的分析与批评，其核心线索是社会正义。感谢课题组成员张国清、高礼杰、斜利珍、李哲罕、夏远永、张鑫炎、李子旻、马丽、王子谦、杨雨莲等人，感谢我的家人，感谢我所在的大学。没有家人以及众多身边的人的无形支持,也就没有我取得的这点微薄的成绩。同样要衷心感谢各位学界前辈,你们光辉而厚重的研究积累照亮了我的学术道路,感谢你们的辛勤付出以及对后辈的无私支持和帮助。